同济博士论丛
TONGJI Dissertation Series
总主编 伍 江 副总主编 雷星晖

王晓飞 郭忠印 著

灾变条件下通道路网运营安全管理及应急处置研究

Research on Operation Safety Management and Emergency Disposal Against Disastrous Conditions of Freeway Corridor

同济大学出版社
TONGJI UNIVERSITY PRESS

内 容 提 要

本书以通道路网为研究对象，以路网运营安全为基本目标，依托济青南线相关路网，在各类灾变条件下（灾害性天气事件、不良交通状态事件、交通事件），研究事件影响范围内路网运营安全管理及应急处置方法，对部分关键技术进行深入理论研究，并将结果应用于青岛—新疆红旗拉甫公路青岛至莱芜段工程实践。

本书适合相关专业高校师生、研究人员阅读。

图书在版编目(CIP)数据

灾变条件下通道路网运营安全管理及应急处置研究 / 王晓飞，郭忠印著. —上海：同济大学出版社，2018.12

（同济博士论丛/伍江总主编）

ISBN 978-7-5608-8229-1

Ⅰ. ①灾… Ⅱ. ①王… ②郭… Ⅲ. ①道路网—交通运输管理—灾害管理—研究—中国 Ⅳ. ①F512.99

中国版本图书馆 CIP 数据核字(2018)第 257456 号

灾变条件下通道路网运营安全管理及应急处置研究

王晓飞 郭忠印 著

出 品 人 华春荣 责任编辑 王有文 卢元姗

责任校对 谢卫奋 封面设计 陈益平

出版发行 同济大学出版社 www.tongjipress.com.cn

（地址：上海市四平路 1239 号 邮编：200092 电话：021-65985622）

经 销 全国各地新华书店

排版制作 南京展望文化发展有限公司

印 刷 浙江广育爱多印务有限公司

开 本 787 mm×1092 mm 1/16

印 张 13.25

字 数 265 000

版 次 2018 年 12 月第 1 版 2018 年 12 月第 1 次印刷

书 号 ISBN 978-7-5608-8229-1

定 价 68.00 元

“同济博士论丛”编写领导小组

组　　长：杨贤金　钟志华

副 组 长：伍　江　江　波

成　　员：方守恩　蔡达峰　马锦明　姜富明　吴志强
徐建平　吕培明　顾祥林　雷星晖

办公室成员：李　兰　华春荣　段存广　姚建中

“同济博士论丛”编辑委员会

袁万城　莫天伟　夏四清　顾　明　顾祥林　钱梦騄
徐　政　徐　鉴　徐立鸿　徐亚伟　凌建明　高乃云
郭忠印　唐子来　闾耀保　黄一如　黄宏伟　黄茂松
戚正武　彭正龙　葛耀君　董德存　蒋昌俊　韩传峰
童小华　曾国荪　楼梦麟　路秉杰　蔡永洁　蔡克峰
薛　雷　霍佳震

秘书组成员： 谢永生　赵泽毓　熊磊丽　胡晗欣　卢元姗　蒋卓文

总 序

在同济大学110周年华诞之际，喜闻“同济博士论丛”将正式出版发行，倍感欣慰。记得在100周年校庆时，我曾以《百年同济，大学对社会的承诺》为题作了演讲，如今看到付梓的“同济博士论丛”，我想这就是大学对社会承诺的一种体现。这110部学术著作不仅包含了同济大学近10年100多位优秀博士研究生的学术科研成果，也展现了同济大学围绕国家战略开展学科建设、发展自我特色，向建设世界一流大学的目标迈出的坚实步伐。

坐落于东海之滨的同济大学，历经110年历史风云，承古续今、汇聚东西，秉持“与祖国同行、以科教济世”的理念，发扬自强不息、追求卓越的精神，在复兴中华的征程中同舟共济、砥砺前行，谱写了一幅幅辉煌壮美的篇章。创校至今，同济大学培养了数十万工作在祖国各条战线上的人才，包括人们常提到的贝时璋、李国豪、裘法祖、吴孟超等一批著名教授。正是这些专家学者培养了一代又一代的博士研究生，薪火相传，将同济大学的科学研究和学科建设一步步推向高峰。

大学有其社会责任，她的社会责任就是融入国家的创新体系之中，成为国家创新战略的实践者。党的十八大以来，以习近平同志为核心的党中央高度重视科技创新，对实施创新驱动发展战略作出一系列重大决策部署。党的十八届五中全会把创新发展作为五大发展理念之首，强调创新是引领发展的第一动力，要求充分发挥科技创新在全面创新中的引领作用。要把创新驱动发展作为国家的优先战略，以科技创新为核心带动全面创新，以体制机制改革激发创新活力，以高效率的创新体系支撑高水平的创新型国家建设。作为人才培养和科技创新的重要平台，大学是国家创新体系的重要组成部分。同济大学理当围绕国家战略目标的实现，作出更大的贡献。

大学的根本任务是培养人才，同济大学走出了一条特色鲜明的道路。无论是本科教育、研究生教育，还是这些年摸索总结出的导师制、人才培养特区，"卓越人才培养"的做法取得了很好的成绩。聚焦创新驱动转型发展战略，同济大学推进科研管理体系改革和重大科研基地平台建设。以贯穿人才培养全过程的一流创新创业教育助力创新驱动发展战略，实现创新创业教育的全覆盖，培养具有一流创新力、组织力和行动力的卓越人才。"同济博士论丛"的出版不仅是对同济大学人才培养成果的集中展示，更将进一步推动同济大学围绕国家战略开展学科建设、发展自我特色、明确大学定位、培养创新人才。

面对新形势、新任务、新挑战，我们必须增强忧患意识，扎根中国大地，朝着建设世界一流大学的目标，深化改革，勠力前行！

万　钢

2017 年 5 月

论丛前言

承古续今，汇聚东西，百年同济秉持“与祖国同行、以科教济世”的理念，注重人才培养、科学研究、社会服务、文化传承创新和国际合作交流，自强不息，追求卓越。特别是近20年来，同济大学坚持把论文写在祖国的大地上，各学科都培养了一大批博士优秀人才，发表了数以千计的学术研究论文。这些论文不但反映了同济大学培养人才能力和学术研究的水平，而且也促进了学科的发展和国家的建设。多年来，我一直希望能有机会将我们同济大学的优秀博士论文集中整理，分类出版，让更多的读者获得分享。值此同济大学110周年校庆之际，在学校的支持下，“同济博士论丛”得以顺利出版。

“同济博士论丛”的出版组织工作启动于2016年9月，计划在同济大学110周年校庆之际出版110部同济大学的优秀博士论文。我们在数千篇博士论文中，聚焦于2005—2016年十多年间的优秀博士学位论文430余篇，经各院系征询，导师和博士积极响应并同意，遴选出近170篇，涵盖了同济的大部分学科：土木工程、城乡规划学(含建筑、风景园林)、海洋科学、交通运输工程、车辆工程、环境科学与工程、数学、材料工程、测绘科学与工程、机械工程、计算机科学与技术、医学、工程管理、哲学等。作为“同济博士论丛”出版工程的开端，在校庆之际首批集中出版110余部，其余也将陆续出版。

博士学位论文是反映博士研究生培养质量的重要方面。同济大学一直将立德树人作为根本任务，把培养高素质人才摆在首位，认真探索全面提高博士研究生质量的有效途径和机制。因此，“同济博士论丛”的出版集中展示同济大学博士研究生培养与科研成果，体现对同济大学学术文化的传承。

“同济博士论丛”作为重要的科研文献资源，系统、全面、具体地反映了同济大学各学科专业前沿领域的科研成果和发展状况。它的出版是扩大传播同济科研成果和学术影响力的重要途径。博士论文的研究对象中不少是“国家自然科学基金”等科研基金资助的项目，具有明确的创新性和学术性，具有极高的学术价值，对我国的经济、文化、社会发展具有一定的理论和实践指导意义。

“同济博士论丛”的出版，将会调动同济广大科研人员的积极性，促进多学科学术交流、加速人才的发掘和人才的成长，有助于提高同济在国内外的竞争力，为实现同济大学扎根中国大地，建设世界一流大学的目标愿景做好基础性工作。

虽然同济已经发展成为一所特色鲜明、具有国际影响力的综合性、研究型大学，但与世界一流大学之间仍然存在着一定差距。“同济博士论丛”所反映的学术水平需要不断提高，同时在很短的时间内编辑出版 110 余部著作，必然存在一些不足之处，恳请广大学者，特别是有关专家提出批评，为提高同济人才培养质量和同济的学科建设提供宝贵意见。

最后感谢研究生院、出版社以及各院系的协作与支持。希望“同济博士论丛”能持续出版，并借助新媒体以电子书、知识库等多种方式呈现，以期成为展现同济学术成果、服务社会的一个可持续的出版品牌。为继续扎根中国大地，培育卓越英才，建设世界一流大学服务。

伍　江

2017 年 5 月

前 言

在“五纵七横”国道主干线和国家高速公路网系统规划下，我国公路运输网由疏到密，逐步形成和完善。但因灾害性天气、不良交通状况和交通事件等引发公路交通拥挤、交通中断和交通延误以及伤亡惨重的交通事故也随着路网里程的增多而增加。造成这种情形的很大一部分原因在于管理水平没有跟上路网建设的发展水平。因此，有必要适时、超前地研究路网运营安全管理问题。

本书以通道路网为研究对象，以路网运营安全为基本目标，依托济青南线相关路网，在各类灾变条件下（灾害性天气事件、不良交通状态事件、交通事件），研究事件影响范围内路网运营安全管理及应急处置方法，对部分关键技术进行深入理论研究，并将结果应用于青岛—新疆红旗拉甫公路青岛至莱芜段（以下简称济青南线）工程实践。

在高速公路通道运营安全管理路网构建方面，在分析影响道路运营安全的三类灾变事件基础上，提出高速公路通道管理路网确定的基本原则，并提出完整的路网构建流程和管理单元划分方法。

在高速公路管理单元属性分析方面，全面分析了影响道路运营安全以及影响运营管理决策的各类静态属性和动态属性，建立了静态属性矩阵和动态属性矩阵。

在灾变条件下通道路网运营安全管理及应急处置研究方面，主要包括以下几个方面的内容：

首先，提出对策类型和决策依据(灾变事件类型、灾变事件等级、交通流状况、运营安全性及用户行程时间)。

然后，重点分析表征管理单元运营安全性的实时安全可靠度确定方法，和作为路阻函数的管理单元行程时间确定方法。实时安全可靠度确定方法根据交通流状态不同而不同，自由流下采用模糊综合评判的方法，主要考虑道路设施因素、交通工程及沿线设施因素和环境因素；非自由流下实时安全可靠度包括静态安全可靠度和动态安全可靠度，静态安全可靠度仍采用模糊综合评判方法，动态安全可靠度以单车行车风险为基础，采用可靠性图能分析方法。行程时间的计算方法分为未发生交通事件和发生交通事件两种情形。

其次，对各类灾变事件的影响范围确定方法进行了探讨。灾变事件的影响范围分为两类：主线高速公路事发单元：出现灾害性天气、不良交通状况、交通事件等灾变事件的主线高速公路管理单元；事发点上游单元：上游事件影响范围。

再次，针对高速公路上各类灾变事件的不同影响范围，针对性的采取实时安全管理对策，并对各类管理对策研究决策模型，即灾变条件下通道路网运营安全管理及应急处置决策模型研究。对于第一类影响范围，根据灾变事件类型、事件等级和实时交通流状况，提出相应的车速控制、车道控制、限流管理等对策，以防止交通事件的发生或再发生。对于第二类影响范围，以实时安全可靠度为基本约束条件，行程时间为路阻函数，研究基于运营安全的通道路网交通诱导决策模型。

最后，设计简单路网，举例说明决策流程。

工程应用方面，结合济青南线依托工程，以济青南线为主线高速公路，将灾变条件下通道路网运营安全管理及应急处置研究成果应用于工程实践。

目 录

第1章 引言

1.1 研究背景

1.1.1 国内公路网建设现状

据交通部最新的《2006年公路水路交通行业发展统计公报》显示，截至2006年底，全国公路总里程达345.70万公里。路网结构进一步改善，上述公路里程中，国道13.34万公里，省道23.96万公里，县道50.65万公里，乡道98.76万公里，专用公路5.80万公里，村道153.20万公里，分别占公路总里程的3.9%、6.9%、14.7%、28.6%、1.7%和44.3%。2006年底，全国高速公路总里程达到45 335公里，其中，东部地区高速公路20 279公里，中部地区高速公路13 339公里，西部地区高速公路11 717公里。2006年，全国新增高速公路通车里程4 334公里，其中，河南、浙江、江苏和陕西四省全年新增高速公路通车里程均超过300公里。[1] 2007年，全国的高速公路里程已达到5.3万公里。

不仅如此，在“五纵七横”国道主干线系统规划的指导下，2005年1月，交通部出台了《国家高速公路网规划》，规划了7条首都放射线、9条南北纵向线和18条东西横向线，简称为“7918网”，到2010年，国家高速公路网总体上将实现“东网、中联、西通”的目标。从2005年起到2030年，国家将斥资2万亿元，新建5.1万公里高速公路，使我国高速公路里程达到8.5万公里。[1]

由此可见，我国高速公路的密度不断提高，公路网规模逐渐扩大，通达深度也进一步改善。以山东省的公路网为例，山东省的公路网遍布全省，以路面质量和公路里程位居全国之首，截至2006年底，山东省高速公路总里程达到3 280公里。到2007年底，全省高速公路通车里程突破4 000公里，到2010年，全省公路通车里程达到90 000公里，其中，高速公路5 000公里，一级公路6 000公里，二级公路 27 000 公里。公路密度达到每百平方公里 57.7 公里，公路平均好路率达到 80%，基本建成“五纵连四横、一环绕山东”的高速公路网和布局合理、结构优化的公路网络，干线网络聚集效应将日趋显现。[3-4]

1.1.2 国内道路运营安全现状

在公路建设大发展的同时，我国已建成通车的公路在运营中也出现了较为严重的交通安全问题。

从中国各类事故伤亡来看，2004 年，各类事故统计中，安全生产领域道路交通事故成为“第一杀手”。[8] 2004 年共发生道路交通事故 517 889 起，死亡 107 077 人（占各类事故死亡人数的 78.3%），见表 1－1。2007 年，全国群众安全感调查主要数据显示，在影响群众安全感受的问题中，选择“交通事故”的占 38.2%，与 2006 年相比，上升了 5%，位居榜首。

表 1－1　2004 年中国各类事故数及伤亡人数

类　别	事故数(起)	死亡人数(人)	类　别	事故数(起)	死亡人数(人)
道路运输	517 889	107 077	消防火灾	252 701	2 557
铁路运输	11 921	7 992	农业机械	5 047	1 431
民　航	4	61	渔业船舶	682	570
煤　矿	3 639	6 027	水上交通	562	489
建筑业	2 582	2 789	烟花爆竹	138	322
金属与非金属矿	2 248	2 699	化学品	193	291
			其　他	5 965	4 450

从历年的交通事故及死亡人数看，随着道路安全工作者对安全问题的日益重视，近两年来，全国道路交通事故有所下降，但形势仍然十分严峻，见图 1－1。2007 年，全国共发生道路交通事故 327 209 起，造成 81 649 人死亡、380 442 人受伤，直接财产损失 12 亿元。与 2006 年相比，事故减少 51 572 起，下降 13.6%；死亡人数减少 7 806 人，下降 8.7%；受伤人数减少 50 697 人，下降 11.8%；直接财产损失减少 3.0 亿元，下降 19.5%。[2]

从国内外交通安全对比来看，我国道路交通安全形势的严峻主要表现在人员较高的伤亡率上，平均是西方国家的 10 倍以上。与美国相比，美国汽车保有量超过 2 亿辆，公路通车里程超过 700 万公里，每年交通事故数量约 250 万起，

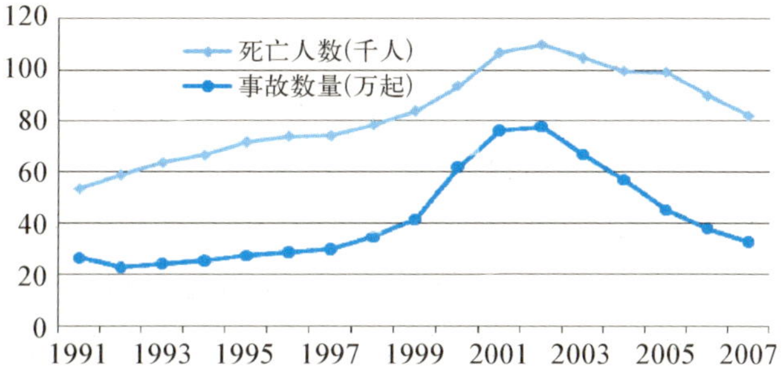

图1-1 1990～2006年道路交通安全状况

但每年交通事故人员死亡只有约40 000人。日本每年交通事故死亡9 000人，瑞典只有600人等。如果再将道路长度、交通量等因素考虑进去，中国的交通安全状况将更令人堪忧，从万车死亡率来看：1992年，美国为每万车死亡2.1人，德国为每万车死亡2.7人，日本为每万车死亡1.9人，而中国每万车死亡84.9人。再从亿车公里死亡率来看：1992年美国为亿车公里死亡1.1人，德国为亿车公里死亡2人，日本为亿车公里死亡1.7人。而中国为亿车公里死亡13.7人，上述各项指标均远远超过这些发达国家。

从各等级道路的安全状况对比来看，一般而言，高速公路由于采取了一系列确保行车安全的措施，行车事故大大减少。据统计，各国高速公路的交通事故率和死亡率平均分别只有普通公路的1/3和1/2。日本一般公路上每亿车公里交通事故为195起，而在高速公路上只有27起，美国1980年在一般公路上交通事故死亡人数为51 153人，平均每亿车公里死亡2.1人，而高速公路的死亡人数为4 643人，平均每亿车公里仅1人，减少了一半。[5]而我国高速公路交通事故频繁，事故率大大高于日本、美国等发达国家，在全国高速公路上，2006年死亡人数为6 631人，[2]事故死亡率为0.146人/km，二级、三级公路的事故死亡率为0.066人/km，高速公路的事故死亡率是二、三级公路的2.12倍。可见，国内的高速公路运营安全状况仍然不容乐观。

1.1.3 研究的必要性

通过最近十几年高等级公路的全面建设，我国公路路网整体功能和技术水平有了极大的提高，特别在东部地区，一些省份的公路网水平已接近发达国家的水平。大规模的公路建设促成了公路网的形成，对道路管理提出了新的要求。但目前的道路管理水平还不能在灾变条件下应对自如，例如2008年1—2月份春运期间，发生在南方各省市的雪灾，导致了严重的交通拥堵和一系列重大交通事故，部分高速公路也因此关闭。而得不到及时疏散、救援的车辆、物资和人员，更进一步地加大了旅客、货物滞留，使得资源浪费，生命受到威胁，经济蒙受巨大损失，对我国的道路运营安全管理形成了严峻考验，提出了更加紧迫的要求。为了适应公路网建设发展的趋势，有效利用、发挥现有公路设施整体效能，有必要研究适时、超前的路网运营安全管理问题。[6]将对高速公路的管理着眼于其所处的局域路网，从通道路网的角度进行全天候运营安全管理，体现公路的网络服务特性，真正发挥路网的整体效率。

高速公路面临的灾变条件包括灾害性天气、不良交通状况、交通事件等，在这三类灾变条件下，良好的运营安全性是保证运营效益的基本前提，交通事故不仅造成交通拥挤和阻塞，带来直接的人员伤亡和经济损失，还将造成巨大的社会负面影响。在一定的道路交通和自然环境下，应保持较高的路网管理水平，及时有效地疏通和诱导交通，使路网上的交通流运行处于最佳状态，改善交通拥挤和阻塞，最大限度地提高路网的通行能力，减少环境污染，节约旅行时间和运输费用，提高运输系统的效率和效益，从而提高整个公路运输系统的机动性、安全性和生产效率，并对社会经济发展的各方面都将产生积极的影响。因此，通过灾变条件下通道路网运营安全管理及应急处置研究，对高速公路进行智能化和系统性管理，发挥沿线道路交通工程及沿线设施的作用，充分利用高速公路周边主干线道路，能有效保证高速公路自身和相关路网安全畅通，具有重要的经济及社会效益和政治意义。

1.2 国内外研究现状

1.2.1 国内外相关管理系统的研究现状

在国外，尤其是发达国家，安全问题受到政府和公众的重视。政府通过法制、法规和行政指导来引导安全管理活动的走向，使安全管理活动走上了统一、协调、系统的轨道。

1. 美国的公路安全信息系统、气象信息系统和道路安全管理系统

1）公路安全信息系统

公路管理者总是面临着有关公路运营的决策问题，决策过程中一个重要部

分就是研究所运营的公路对使用者的安全造成的潜在影响。因此，有依据的安全管理决策需要具备以下前提：了解道路几何设计对安全的影响；路侧设施的选择与布设对安全的影响；交通控制措施对安全的影响；车辆性能与类型对安全的影响以及道路用户的能力与需求对安全的影响等[9]。而对这些问题的研究是通过合理分析交通事故、道路几何特征、交通控制措施、交通流数据以及路侧设施和障碍物的位置等信息来实现的，并且要求上述信息必须按规定格式存储，以便快速地获取后用于分析[9]。

针对上述需求，美国联邦公路局（FHWA）开发了公路安全信息系统（HSIS），该系统能够提供高质量的事故数据、道路数据和交通营运数据等，这些数据被用于进行公路运营安全分析，即从基本的事故鉴别到确定安全问题的严重程度和影响范围，甚至能够依据道路特性和交通因素来进行建模分析，以预测未来的交通事故发展情况，所使用的数据是由指定各州每年收集上报来的[9]。

HSIS 系统的实现意义重大，它有利于支持 FHWA 的安全研究项目，可作为项目决策和政策制定的根本依据。另外，公路研究项目的系统分析人员、大学研究人员以及其他研究公路安全的人士都可以利用该系统进行分析研究。

2）道路气象信息系统

美国的道路气象信息系统（RWIS—Road Weather Information System）几乎覆盖了灾害性天气下交通安全问题的方方面面。如：该系统能够通过埋入路面的传感器和大气测温设备，实时采集气象数据，及时预报冬季道路的结冰状况和沿线降雪情况，以便于采用相应的措施融化冰雪[10]。对冰雪的观测处理是现在国外研究的重点和热点。对暴雨、大雾、扬尘、大风等的观测和分析相对较少，但也取得了较大的成功。美国甚至还研究了洪水季节探测洪水水位的传感器，当洪水达到某一限定高度时，传感器将这一信号传递给相应处理机构，处理机构再将这一信息经发布设施传递给道路用户，警示他们前方行车危险[10]。

道路气象信息系统在为道路管理部门提供服务的同时，也为道路用户的出行提供信息服务，如不同道路的沿线天气情况、交通情况等[10]。信息的传播途径目前仍然是两种方式，一种是利用语音系统，如调频广播等；另一种则是利用图像显示系统，向用户提供视觉信息，也可以通过互联网提供天气信息，在互联网上发布天气信息和道路交通情况在美国已较普遍[10]。

为了能够及时准确地获取实时气象信息，RWIS 需要在道路网上布设一定数量的观测站，如美国华盛顿州已在全州布设了超过 200 个这样的观测站（是美国各州中最多的），观测站一般与某一气象台站相关联，结合卫星云图和雷达图像，主控中心可以每5～6 min就获得一组图像信息和实时观测信息，经处理后发布，图像信息主要用于预报，而实时信息则主要用于决策[11]。RWIS的一般组成包括传感器、主计算机和信息发布终端[10]。

目前美国各州都已充分认识到一个集内容广泛的气象信息采集功能和道路天气信息实时发布和预报功能为一体的道路天气信息系统的重要性。在将天气预报信息向道路管理信息系统传输方面，美国现在有三个这样的程序系统：FORETELL、RWeather和Aurora[10-13]。FORETELL是由联邦公路局资助的一个公路天气信息系统，现已完成了在多个州的野外试验工作，并在5个州和几个大城市开始实施。RWeather是华盛顿州交通局开发的一个天气信息和道路信息收集和发布系统，该项目的一期目标是建成自己的数据采集和预报系统，二期目标是建立面向公路决策部门和道路用户的信息发布系统。Aurora是由美国联邦公路局、瑞典联邦公路局、加拿大公路局和其他欧洲研究机构及美国几个州的公路部门共同开发的项目。其目标是建立一个先进的、高度集成的、内容丰富的RWIS。通过成员单位的技术合作，建立多方面的天气监测和数据处理信息系统。研究内容包括路况监测系统、决策支持系统和信息发布系统。

美国各州建立的相关系统还有犹他州的能见度预警系统、犹他州的除雾系统、弗吉尼亚州的天气事故检测系统、华盛顿州的车速管理系统、新泽西州的道路天气信息系统、加利福尼亚的天气事故检测系统、田纳西州的低能见度预警系统、卡洛莱纳州的低能见度提示系统等[15-16]。

目前，美国灾害性天气下的道路交通安全系统几乎覆盖了所有的灾害性天气类型，而其中又以冰雪、雨、风、低能见度、洪水等为主要的天气类型，研究成果一般以预警系统或驾驶员信息系统的方式表达。

3）道路安全管理系统

美国联邦公路局(Federal Highway Administration)建立的道路安全管理系统主要包括以下内容：建立系统的、综合的道路安全管理方法；鉴别和研究危险或具有潜在危险的道路位置和道路特征，并提出建议措施；保证在道路建设计划和项目中尽早地考虑安全问题；在道路规划、设计、建造和运营过程中考虑道路特殊用户的安全要求；道路安全设施和道路基础设施的日常养护和定期改善等[17-19]。

2. 加拿大的高速公路交通管理系统和指南针交通监控系统

1）高速公路交通管理系统

加拿大的高速公路交通管理系统（FTMS）包括交通检测子系统、交通监视子系统、交通诱导子系统和交通控制中心四个部分[20]。它通过实时采集交通信息，实时处理并发布相应的诱导信息，派出紧急救援车辆等来进行有效地交通管理。加拿大安大略省首府多伦多市是世界上较早实施高速公路管理系统的都市之一，在过去的25年中，其FTMS从最初的密西索加(Missisauga)实验段单路控制系统，到接下来的伯灵顿(Burlinton)系统，又发展到401公路大型交通走廊控制系统(Compass)，再到融407公路及上述所有FTMS于一体的多伦多市大型交通网络控制系统，堪称FTMS成功发展的典范。

2）指南针交通监控系统

加拿大的指南针交通监控系统在监控、信息发布以及紧急救援方面取得了一定的成果。以加拿大安大略省交通部MTO为例，它在重要的路网干线高速公路上均设置了指南针交通监控系统。在401高速公路上，为了管理3 715万辆的日交通量，该高速公路上的指南针系统在55 km的路段上设置了74台外场摄像机、2 996个检测线圈、30处门架式可变情报板，真正做到了对交通状况的全程监控。该系统可以在十几秒的时间内自动判别交通事故的发生，并确定事故发生点的桩号，同时由外场摄像机传回现场事故图像以判断事故的类型和严重程度，利用可变情报板及时发布交通事故信息，引导上游车辆提前离开高速公路以避免大规模交通堵塞[20]。

另外，配备的紧急救援系统可以在30 min的时间内使交通完全恢复正常。据统计，指南针系统的应用每年可获得超过3 000万美元的回报，减少30万小时的交通延误和避免200起交通事故，还使交通高峰期的交通流流动速度提高了7%～19%，由此带来的能源和环境效益也极为可观[20]。

3. 瑞典的道路气象信息系统[21]

瑞典地处北欧，早在1972年，就开始尝试建立通过电话网络来传递道路结冰情况的简单警报系统。现如今，共有650个RWIS野外观测站遍布瑞典南北。

早期的RWIS观测站主要通过设置的传感器来观测温度、湿度、风力和风向等气象要素。这些简易的传感器使用了较长一段时间。20世纪70年代末，RWIS系统演变成了基于微机的计算机系统。传感器信息首先发往遍布全国的24个测控站，然后再发送到瑞典国家道路局的主控中心，数据经过处理后再反馈回测控站。而现在，传感器数据不再通过测控站传递了，而是每隔半小时直接传输到主控中心。目前，瑞典的RWIS除上面提到的650个野外观测站外，还有

3颗卫星和21个雷达观测站，因此数据来源非常广泛。就使用功能来讲，该系统仍主要对冰雪天气进行监测和信息发布。如图1－2和图1－3所示。

图1－2　灾害性天气下限速信息发布

图1－3　RWIS野外观测站

4. 通道管理系统[22]

美国联邦公路局对高速公路与地面街道运输网管理和控制进行了探讨，认为进入21世纪，有潜力在通道系统范围内交通受干扰时，有效提高运转机动性和降低交通拥挤的影响。各机构较少关注长期改善交通实时协调、管理和控制，以响应管辖区域边界或高速公路与地面街道之间的交通和道路状况，但这些区域的管辖是很重要也是必要的，原因如下：

（1）沿地面街道的交通监控能力并非具有典型不变的，都市领域的高速干道沿线监控存在着很大差异。

（2）绝大多数机构只对都市范围内高速公路和地面街道运输网部分路段进行事前管理和控制交通。

（3）对城市通道中的高速公路和地面街道交通管理和控制的改善只实行有限的计划和协调工作。

（4）没有为各机构提供典型操作决策、控制计划和程序，来处理高速公路通道中由交通拥挤引起的事件。

联邦公路局指出，城市通道范围内，事前管理和协调交通控制能有效改善高速公路和地面街道运输网运营安全、提高运营效率和可靠性。各机构成功证明了这些措施能够减少出行时间，改善交通可靠性，提高运营效率，减少碰撞，减少在信号灯前的停车延误。这些成果的获取需要有一个创新的交通管理程序，各机构之间强有力的合作，必要资源委托事项，技术和交通控制系统的支持和布设，运转策略和控制计划的开发，都市高速公路通道事前交通管理和控制。采用车道管理策略、比较交通路线、运营策略、联动控制计划、事前交通管理和控制、协调改变交通状况的方法，为现有道路通行能力潜力的挖掘提供了可能性：

(1) 建立正式运营政策协议和文件；

(2) 拟订草案、程序、运营策略和控制计划；

(3) 布设交通控制系统，建立和维持系统界面、实施智能运输系统(ITS)技术控制交通和共享信息；

(4) 在所有交通信号灯之间、高速公路与城市通道交界处实施联动交通控制；

(5) 设置交通管理中心；

(6) 在通道内采用车道控制运营和入口控制策略。

5.《高速公路运营管理手册》、《科罗拉多州作业区交通事故管理指导方针》

2003年，美国运输部资助完成的《高速公路运营管理手册》中，对高速路网各种规划和运营管理的制度和技术进行了汇总。高速公路运输网的管理由自然要素、模式、服务、管理系统和运营策略组成，使人员和货物便捷快速地得到转移。有效高速公路管理系统人员包括用户、决策人员、回应者、实践者和提供服务人员。运输决策权分散在不同级别的政府部门，如国家级、地区或州级以及各机构级，通常在一个级别中几个机构相互协调。首先，将高速公路运营的管理分成几个项目进行，各项目间相互协调、互相联系，形成一套策略，各项措施和计划均为了达到政策和声明中陈述的目标，操作流程如图1-4所示。然后，对道路使用全生命周期均进行运营监控和评价，提出技术标准和制定政策，进行自我评价，采用的分析技术有道路通行能力指南方法、仿真分析方法、事前事后研究方法等。在运营监控和管理的过程中，及时发现需改善的道路设施特征，道路设施改善的内容包括调整平纵线形、道路加宽(增加辅助车道、变速车道、爬坡车道或加宽而不加车道)、路肩转为行车道、改善交叉口交织区或匝道交通组织，此外还包括设置路障，改善路表抗滑性能，设置紧急安全出口等。最后，通过合理布设交通控制设施(静态标志、路面标线和齿纹带)和道路照明(确定照明标准和道路照明设计)，准确估计交通需求管理。除此之外，提高道路运营安全性的手段还

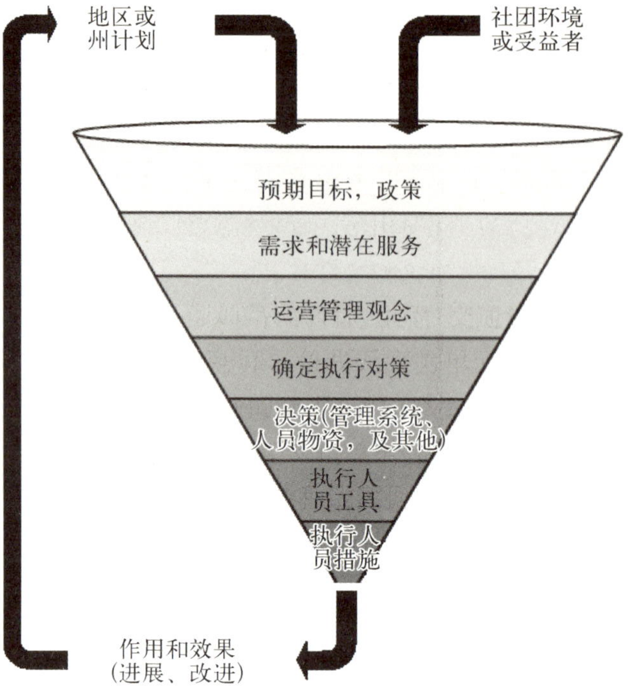

图 1－4　美国《高速公路运营管理手册》的运营管理流程

包括匝道控制和管理、车道管理、高占有率车辆优先处理、交通事故管理、特殊事件下交通管理、紧急事件下高速公路管理、信息发布、运输管理中心、道路检测和监控等。[18]

6. 中国的相关系统

在公路安全管理问题研究方面，国内开展得较晚，目前的研究主要集中在单个路段的交通管理。

1）北京市的道路交通流实时动态信息系统

北京市已开展了建立"道路交通流实时动态信息系统"的研究，目的是通过信息的充分利用和共享来显著地改善交通环境，大大提高路网的通行能力，为道路交通的有序化奠定基础。该系统由信息采集、信息处理与分析、信息发布和数据库四大部分构成[24]。系统一期开发建设的主要内容是：根据北京市道路交通的特点和交通信息采集、处理及发布的现状，在统筹规划系统总体方案的基础上，充分利用四环路以内现有的交通流采集手段，借助于 GIS 技术，实现交通流信息的高度整合和共享，开发和扩展对外信息发布系统[24]。预计系统一期工程将极大地提高交通管理者的控制、管理和决策水平，提高道路用户获取交通信息的能力，促进交通出行方式的主动选择和调节。

2）上海市的高速公路交通监控应急系统

到2006年底，上海市已建成560公里的高速公路网，并同步建成了上海市高速公路监控应急系统[25-26]。该系统初步实现了高速公路路网级的交通监控、应急指挥、运营管理和GPS调度服务等功能。其中，交通监控子系统能对路网交通信息、路网气象信息进行深入融合，根据先进的模型算法判别路网交通状态，采用基于路网GIS以及路网变形图的方法对路网交通状态以及设备采集信息进行展示，并根据可定制的信息发布预案，为路段诱导信息发布提供丰富的资源；应急指挥子系统在GPS定位功能的支撑下，能够对路网范围内的重特大交通事故进行及时地协调、控制与处理；运营管理子系统能够对各个部门的运行效率进行跟踪统计，从而提高了行业行政管理能力。

由此可见，上海市高速公路交通监控应急系统承担着本市高速公路网的信息汇集与发布，突发事件处置以及高速公路交通管理、控制、分析和研究的任务，是名副其实的高速公路路网的“大脑中枢”[25-26]。该系统的应用提高了高速公路的运行管理水平和服务能力，对促进高速公路运行的科学化具有重要意义。

3）上海市的城市快速路交通信息广播发布系统

被称为“顺风耳”的上海城市快速路交通信息广播发布系统已开通了一年多，这一系统中的交通信息由市政工程管理部门联合上广交通频率共同发布[27]。市政交通管理部门将路况信息实时传递给演播室，由播音员在第一时间向市民公布。且广播信息与快速路上的路况情报标志发布的内容完全同步。

通过广播发布的路况实时信息包括：快速路整体交通状况、具体路段的信息（行程车速、当前交通状态的持续时间）、交通分析统计信息、匝道开放关闭信息、越江桥隧开放关闭信息等，若遇上重大交通事件还将及时插播[27]。

此系统弥补了以往的交通诱导系统存在的“只能看不能听”的缺陷，如驾驶员只有行驶在快速路上才能从情报板获取信息，等上了快速路看到阻塞信息想下来也不可能了，广播发布系统则为驾驶员装上了“顺风耳”，即使没有行驶在快速路上，也能掌握路况，避免盲目上高架后遭遇堵车尴尬[27]。由此可见，广播发布信息系统的开通有利于扩大信息传达范围，提高交通诱导效率。

4）广东的京珠北高速公路雾天预警系统

广东的京珠北高速公路有一路段处于常年雾区，因此建立了相应的雾天预警系统。该系统由气象监控中心（位于高速公路监控中心）、沿线气象检测站、防雾灯、可变限速标志和可变情报板组成[28]。沿线气象检测站负责气象数据的采集，气象监控中心负责气象数据的分析处理，可变限速标志和可变信息标志负责预警信息的发布(有关设备见图 1-5-图 1-8)。系统运行后，该雾区路段事故极少，预警系统取得了满意的效果，且具有极大的经济和社会效益。

图 1-5　雾天可变信息发布

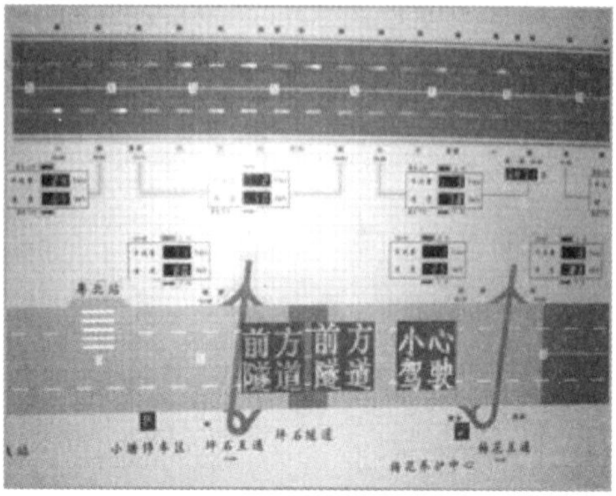

图 1-6　监控中心大屏幕显示

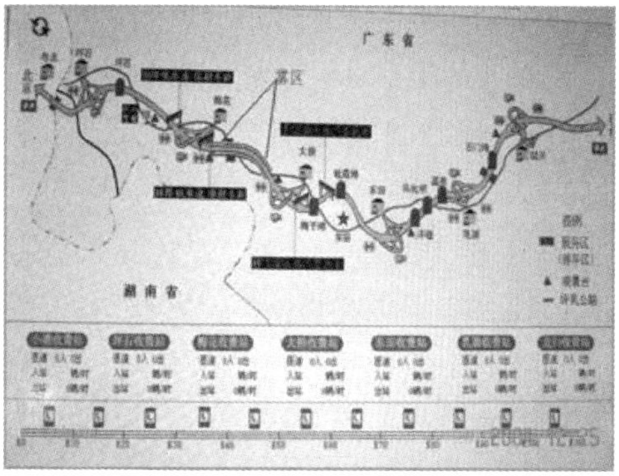

图 1-7　监控系统界面

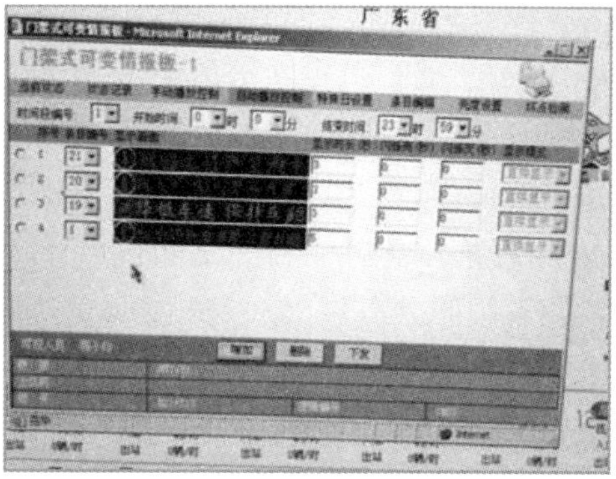

图 1-8　可变信息发布控制界面

5) 基于 GIS 的高速公路网运营安全管理系统

同济大学齐莹菲博士依托上海沪宁高速公路和杭州湾跨海大桥两项工程，以高速公路网为研究对象，以影响路网运行安全的事件(灾害性天气、不良交通状态、交通事件和临时施工)为基本研究条件，以地理信息技术为研究手段，研究了建立基于 GIS 的高速公路网运营安全管理系统的一些关键技术和问题。在完善高速公路网运营安全管理各类标准形式的基础上，基于所提出的高速公路交通网络 GIS 数据模型，综合运用系统工程的建模方法、优化方法、仿真方法、预测方法、评价方法和决策方法，建立和设计了不同安全管理条件下的高速公路网运营安全管理决策模型与算法。并建立了基于GIS的高速公路网运营安全管理系统的数据库框架，具体研究了数据库各组成部分的内容、关系、数据结构以及编码规则。

7. 评述

(1) 良好的信息系统为道路安全管理提供了有力的数据支持，在实际应用中取得了较好的效果，对交通安全状况的改善起到了促进作用，减少了事故和拥挤的发生率，提高了道路交通安全的现代化管理水平。

(2) 发达国家，尤其美国，拥有各类完善的公路安全信息系统、气象信息系统，供道路用户和监控管理部门使用，应用这些资源建立系统、合理的道路安全管理系统是道路安全管理发展的方向。

(3) 目前大部分交通管理系统停留在事后(交通拥挤、交通事故发生后)及路段的管理上，美国提出：进入21世纪，在通道系统范围内进行交通干扰，有效提高运转机动性和降低交通拥挤，是道路安全管理的发展新趋势。但美国的通道管理系统所针对的是城市道路中的高速公路。

(4) 国外的各类安全管理系统较多关注在道路寿命周期的各个阶段(即规划、设计、建设、运营和维护)实施安全管理，如美国的道路安全管理系统，侧重于对道路安全规划、道路及路网的定期安全评估与改善等。

(5) 路网管理成为发展的趋势，加拿大大型的走廊系统、美国的通道管理系统探索，都表明道路建设发展到一定规模后，路网级的管理成为高速公路网管理的趋势。

(6) 国内高速公路安全管理逐步放眼于路网级的安全管理，但目前还缺乏适合中国国情的路网管理系统。

1.2.2 国内外灾变条件下的管理对策研究现状

1. 国外研究现状

在华盛顿观光地区，由于旅客对路况不熟悉，所以该地区的冬季事故发生率很高。华盛顿州采用了车速管理来保证雾天和冰雪天气的交通安全，车速管理系统中的行驶环境传感器可以测量空气温度和湿度、空气沉淀物浓度、风速、路面温度和湿度等环境信息，监控中心计算机决策支持系统根据这些环境信息制定了相应的控制管理策略，包括车速管理和车辆管理，详细对策见表1-2。[31]

表 1-2 华盛顿州车速管理对策

天气状况	路面状况	控制对策
小雨或中雨、能见度>800 m	干燥或潮湿	车速<104.5 km/h，无轮胎要求
大雨或雾、能见度<320 m	泥泞或有冰	车速<88.4 km/h，建议使用斜胶轮胎
大雨或雪、飞雪、能见度<160 m	浅的积水、雪或冰覆盖	车速<72.4 km/h，建议使用斜胶轮胎
雨夹雪，大雨或大雪，能见度<160 m	深积水、深积雪或融雪	车速<56.3 km/h，建议使用防滑链

针对各种灾变条件，美国各州建立了相应的道路安全控制管理系统，制定了相应的控制和管理对策，见表 1-3。[31]

表 1-3 美国各州灾害性天气下管理对策

州名	车速管理	
	能见度/m	预警信息
犹他州	200～250 150～200 100～150 60～100 < 60	薄雾，正常行驶 浓雾，限速 80 km/h 浓雾，限速 65 km/h 浓雾，限速 50 km/h 浓雾，限速 40 km/h
田纳西州	146.3～402.3 74～146.3 <74	限速 80.4～105.4 km/h 限速为 56.3 km/h 关闭道路，分流绕道行驶
卡洛莱纳州	< 213 137～213 92～137 <92	要求启动照明 限速 45 km/h 限速 35 km/h 限速 25 km/h，并可能关闭道路

田纳西州的低能见度预警系统覆盖了 30.6 km 道路，设置了两个环境检测站、八套前向散射能见度检测器和 44 个车辆检测装置，还有两个高速公路广播站、十个动态情报板和十个限速标志，以及控制中心和相应的决策支持系统，利用光纤作为传感器数据传输媒介。其车速管理见表 1-3 所列。该系统的动态情报板信息见表 1-4。该系统 1994 年投入使用以来，只有一起因雾而发生的交通事故。[31]

表1-4 动态情报板提示信息

行驶环境	显示信息
交通拥挤	“小心行驶”“前方减速”
雾	“小心行驶”“前方有雾，请打开车灯”
要求限速或减速	“前方有雾”“请收听交通广播，频率为××AM” “前方有雾”“减速，请打开车灯” “前方有雾”“限速××km/h”
道路关闭	“前方绕道行驶”“减速，右行” “道路关闭”“请绕道行驶” “前方有雾”“请收听交通广播，频率为××AM”

日本某企业针对异常天气条件下，如强风、大雨、雪、路面结冰等，极易发生道路交通事故的恶劣天气，提出了相应的安全驾驶方法，用来指导本企业的驾驶人安全开车，详见表1-5。[29]

2. 国内研究现状

同济大学的张丽君结合气象学与交通工程学知识，对影响道路安全的灾害性天气进行了分类，提出了灾害性天气影响强度的计算方法。分析天气气象条件与高速公路事故之间的关系，确定了灾害性天气下的事故特点。运用车辆动力学理论，研究了车辆的微观运行特征，推导了保障各类灾害性天气下高速公路单车和交通流行驶安全性的车速模型，在模型参数的选取中充分考虑了天气变化对驾驶员产生的心理和生理影响。在考虑了天气条件对道路系统中人、车、路三方面的影响，并确定了各类灾害性天气下的限速标准。[16]

江苏省为解决雾、雪等恶劣天气交通组织和管制问题，对现行的高速公路管理情况进行了研究，提出了高速公路“红黄蓝”分级管制应对恶劣天气交通管理模式。雾天的管理对策见表1-6。[32]

3. 评述

根据上述调研情况，可得到以下两点结论：

(1) 灾变条件下的对策绝大部分都是针对不同灾害性天气下展开的，国内气象方面的系统主要偏重对能见度的管理，而国外的RWIS几乎覆盖了对所有灾害性天气类型的管理。

(2) 目前灾变条件下的管理对策大部分是针对如何对事发路段进行控制、

表 1－5　恶劣天气下的驾驶控制方法

异常气象条件			不同道路的安全驾驶方法			
			一般道路	山区道路	高速公路	共同注意事项
强风	风速<15 m/s	整棵树晃动,迎风步行困难	车速<30 km/h,小心驾驶	车速<20 km/h,小心驾驶	车速<50 km/h,小心驾驶	禁止超车,急打方向、急刹车,隧道出入口、山崖、高地等特别注意安全
	风速15～20 m/s	小树枝折断,迎风无法步行	车速<20 km/h,小心驾驶	慢行,小心驾驶	车速<30 km/h,小心驾驶	
	风速>15 m/s	整棵树刮倒	临时中止驾驶,到就近的安全场所躲避			
大雨	视界不清	视距40 m以下	慢行,小心驾驶	慢行,小心驾驶	小心驾驶	隧道出入口、山崖、河道附近、低洼地等特别注意安全。即使积水在30 cm以下,如认为对安全驾驶有妨碍,仍应中止驾驶。驶过桥梁或道路积水时,应下车确认不会妨碍安全驾驶,方可通过
		视距30 m以下		临时中止驾驶,等待视界清晰	慢行,小心驾驶	
		视距10 m以下	临时中止驾驶,等待视界清晰			
	道路积水	积水30 cm,积水路面长50 m,有相当大流量	中止驾驶			
	驶过桥梁	水位达到警戒水位或水面在桥面以下1～2 m	慢行通过桥梁			
		水位达到警戒水位或水面在桥面以下1 m	中止驾驶			

续 表

异常气象条件			不同道路的安全驾驶方法			
			一般道路	山区道路	高速公路	共同注意事项
浓雾	视界不清	视距<40 m(高速公路<300 m)	车速<30 km/h，小心驾驶	车速<20 km/h，小心驾驶	车速<60 km/h，小心驾驶	开启雾灯、尾灯，保持足够车间距，随时按喇叭，禁止超车，注意其他车辆的动向
		视距<30 m(高速公路<200 m)	慢行，小心驾驶			
		视距 10 m 以下	临时中止驾驶，到就近的安全场所等待雾散			
降雪	视界不清	视距<40 m(高速公路<300 m)	车速<30 km/h，小心驾驶	车速<20 km/h，小心驾驶	车速<60 km/h，小心驾驶	开启雾灯，尾灯，保持足够的车间距，随时按喇叭，禁止超车，尽可能避开雪天开车
		视距 30 m(高速公路<200 m)	慢行，小心驾驶			
		视距 10 m 以下	临时中止驾驶，到就近的安全场所等待雪止			
路面积雪	积雪	积雪深度<20 cm	车速<30 km/h，小心驾驶	慢行，小心驾驶	车速<30 km/h，小心驾驶	车轮上装防滑链，无法识别路肩路面状况或因陡坡等有滑溜危险时，中止驾驶
		积雪深度>20 cm	中止驾驶			
路面结冰	结冰	有的路段结冰	车速<30 km/h，小心驾驶	慢行，小心驾驶	车速<30 km/h，小心驾驶	车轮上装防滑链，如路面很滑时，中止驾驶
		结冰路面>20 m	中止驾驶			

表 1-6　江苏省高速公路恶劣天气分级管制方案

管制等级	能见度 D(m)	禁止驶入的车辆	对通行车辆的要求	限速 S (km/h)
特级管制	$D<30$ 路桥面全线结冰	除重要领导特别紧急公务、紧急抢险救护等特殊车辆在警车带道下通行外，禁止其他各类车辆驶入	开启雾灯、近光灯、示廓灯、前后位灯、危险报警闪光灯，就近驶离高速公路或进入服务区	$S<20$
一级管制	$30<D<50$ 路桥面部分路	危险品运输车辆、“三超”车辆、大型客货车及后尾灯不亮的小型车辆	开启雾灯、近光灯、示廓灯、前后位灯、危险报警闪光灯，保持车辆间距不小于 30 m	$S<40$ 禁止超车
二级管制	$50<D<100$ 路桥面	危险品运输车辆、“三超”车辆及重载大型货车	开启雾灯、近光灯、示廓灯、前后位灯，保持车辆间距不小于 50 m	$S<60$
三级管制	$100<D<200$		开启雾灯、近光灯、示廓灯、前后位灯，保持车辆间距不小于 80 m	$S<80$

管理，罕见事件的影响范围分析，交通流疏导方法的研究也较少。

(3) 目前国内外灾变条件下的安全管理对策均是针对不同的气象指数给出不同的管理对策，没有涉及道路运营安全的实时管理，也就是说，没有考虑实时的交通流状况。

1.2.3　动态路径诱导系统的国内外研究现状与发展

1. 国内外研究现状

在发达国家，已经有比较成熟的动态路径诱导产品推向市场，而我国在这方面的研究尚处于起步阶段。关于该方面的研究现状主要有以下几点：[33-41]

日本 1973 年就开始了动态路径诱导系统的研究，在 CACS(Comprehensive Automobile Traffic Control Systems)项目的开展中进行了基于 RF 射频通信的车载动态路径诱导系统的开发实验，结果证明该系统可以减少 13%的行程时间。1990 年开始的 VICS(Vehicle Information and Communication Systems)项目，在日本建立了世界上第一个进行交通信息服务的通信系统。日本目前正在部署一种与 VICS 相兼容的乘势交通管理系统 UTMS(Urban Traffic Management Systems)，它与 VICS 兼容，利用红外信标进行路段行程时间的采集，其中的动态路径诱导系统是一种交互类型的中心决定式路径诱导系统。日本的动态路径诱导系统是世界上第一个投入使用的中心式路径诱导系统。

欧洲的动态路径诱导系统研究是基于红外信标通信展开的，德国和英国分别在20世纪80年代末期开发出了用于示范的基于红外信标进行通信的DRGS：LISB系统和Autoguide系统，二者都是利用历史数据进行诱导。而后英国推出了世界上第一个商用车载路径诱导系统TrafficMaster（目前已经发展成为具有提供语音信息功能的Traffcmate）。进入20世纪90年代，德国西门子基于LISB开发Euro-Scout系统得到一定的应用，其缺点是需要大量投资用于安装路边的红外信标。目前德国的STORM项目致力于开发双模式的路径诱导系统，即在安装红外信标的区域开发基于红外信标的路径诱导，同时在广域内开发基于RDS-TMC(Radio Data System - Traffic Message Channel)交通广播的路径诱导。目前基于ALERT-C协议的交通数据频道RDS-TMC广播已经或者即将在英国、德国、意大利等11个欧洲国家开通，它能够向用户提供交通事故、拥堵、道路施工等信息；另外，隶属于PROMETHEUS计划的DMRG(Dual Mode Route Guidance)将静态的自主导航和基于RDS-TMC广播联合起来构成分布式动态路径诱导系统，扩展的系统可以用GSM代替RDS-TMC系统。从实际应用方面看，依据RDS-TMC设计的安装于高档轿车上的商用路径诱导系统CARMINAT、DYNAGUIDE等现在不但可以显示和提示交通信息，还可以实现分布式的动态路径诱导。

20世纪90年代后，美国开始展开ITS研究工作，并先后进行了Pathfinder，TravTek，ADVANCE，SEIFT等以动态路径诱导系统为主要内容的现场运营实验。TravTek系统实现的路径诱导是基于拥挤和事故等实时交通条件进行的，并具有为出行者服务的“黄页”信息，尤其适用于对该地区不熟悉的旅行者使用：在美国芝加哥进行的ADVANCE项目(1991.7—1996.12)的研究为动态路径诱导系统建立了系统性的研究基础，该系统是一种基于实时交通条件（当前路段行程时间）的分布式路径诱导系统，车辆定位主要采用差分GPS，在GPS处于盲区时辅以基于车轮速度和方向传感器的航位推算法进行定位；美国随后进行的SWIFT项目(1994.8—1997.12)使用高速的调频FM载波向传呼机式手表、车载专用电台、便携式微机提供实时交通信息，便携式微机可以显示诸如事故报告、检测器数据等信息，可实现分布式的路径诱导；TravInfo项目(1993.4—1998.12)通过一系列设备，如传呼机、出行者咨询电话系统、车载导航系统和Internet主页向出行者提供及时而准确的多方式信息和动态路径建议。目前，美国投入使用的MAYDAY系统可以使用户通过连续保持与服务中心的无线通信联系自动报告车辆自身的位置，必要时，可以获得紧急帮助。该系统的扩充功能包括提供：出行者信息、路径帮助和诱导等服务。另外，美国各地广泛布置了区域性的多方式出行者信息系统(Multimodal Traveler Information Systems)，可以提供实时的交通信息，而且 Internet 上的交通信息资源在美国已十分丰富。

最近，美国开发出一种采用语音识别技术的新型汽车导向系统。驾驶员只要讲出想要去的街道或地点标志中的一个字，该系统便会用声音报出可能要去的目的地，供驾驶员选择。经驾驶员确认后，便会告诉驾驶员开车到达目的地的方向、路线、距离和估计所需的时间。这样，就是原来对行车路线不熟悉的驾驶员，也可以顺利地把汽车开到目的地。[42]

我国对动态路径诱导系统的研究[35-43]起步较晚，目前处于对定位系统、电子地图、双向通信等问题的研究阶段。国内从事这方面研究的高校有：同济大学、哈尔滨工业大学、清华大学等。同济大学和上海交警总队于 1995 年合作完成的多段接力式动态标志路线引导系统，通过可变标牌和交通广播电台实现路径诱导。该系统采用在相邻交叉口前连续设置显示多路段交通信息的可变标牌，就好像接力棒那样，通过各个交叉口上的多路段动态交通信息，把车辆逐段诱导到不拥挤的路段上，直到目的地。哈尔滨工业大学运用 GPS 和集群通信系统设计的实验性指挥调度系统，适合于公安、消防、电力和特殊交通集团作分组调度使用。由通信中心、手持机用户和车载机用户组成常规的集群通信系统。在这种系统中，某些用户具有组呼等调度功能，可指挥其所在单位的其他用户。这种系统的调度过程为：首先，有组呼权的指挥用户向通信中心发出申请查询本组定位车辆位置的呼叫；然后，通信中心向该组用户发出定位命令，并分配专用信道供车载机回送车载 GPS 接收机收到的位置数据；最后，通信中心再把车辆的位置数据转发到该指挥中心。但由于系统采用的是专用信令信道的集中控制方式，系统内所有的移动用户平时都守候在信令信道上，因而存在着系统用户争抢信令信道或用户等待时间过长等问题。由清华大学、北京人民广播电台和中科院遥感所共同研制的广播调频幅载波车辆导航系统，利用调频广播传送差分 GPS 信号，供车载接收机修正自身位置，该系统目前只能提供车辆定位功能和静态地理信息。由吉林工业大学带头开发的城市交通流诱导系统 UTFGS(Urban Traffic Flow Guidance System)是中国的第一个动态路径诱导系统研究项目，UTFGS 根据我国混合交通的实际特点，以城市交通面控系统资源为依托，是一种基于实时交通信息的出行者信息和分布式动态路径诱导系统。这是一种结合我国国情，考虑到长远发展的比较全面的系统，是我国"九五"国家自然基金重点开发项目。目前对

UTFGS已提出了研究的系统框架，但到整个系统的完善和投入实际应用还需要一定的时间。另外，宁波将实施我国首个动态非车载导航系统。在2004年的"数字交通和动态导航"中德合作研讨会上，宁波市正式签署动态非车载导航示范系统的合作协议。据介绍，"动态非车载导航"是相对于"静态车载导航"而言的，即导航信息不是由车载终端产生，而是源于远程中心。其最大的好处就是能根据城市道路实时拥堵情况给出合理的路线。宁波实施的这一动态导航系统，在国内具有试点意义。

此外，沈阳、长春、哈尔滨、广州、大连、上海、北京等许多城市都开通了调频交通信息广播电台，及时发布部分重要路段的交通状态和交通事故通报，供出行者决策参考。

总体来看，我国对动态路径诱导系统的研究和应用大部分是以无线电广播为基础的初级诱导手段，基于GPS、集群通信、可变标牌的诱导系统正处于研究和试验阶段，而比较全面的动态路径诱导系统的研究成果尚未见报道。

2. 评述

根据上述调研情况，可得到以下几点结论：

(1) 欧美、日本的动态路径诱导相比国内，居于领先地位。

(2) 路网交通诱导是基于一定的路网对象的，目前罕见对管理路网确定方法的研究。

(3) 由于单车动态诱导系统初建时需要花费大量的时间和大量的基础设施投资，用户也需要花费较多的金钱购买车载诱导设备，因此，目前在国内以可变标牌和交通广播电台方式为主进行群体诱导。

(4) 目前动态路径诱导较多的是给出一条最优路径，能满足非灾变条件下道路用户的要求。但是当发生灾变条件时，管理者期望能够给事件影响范围内的交通流提供足够的疏散路径，因此，灾变条件下，对影响范围以及在管理路网中如何选择多条疏散路径的研究成为一种新的发展趋向。

(5) 目前对于动态路径诱导均是基于行程时间的诱导，最优路径也是行程时间最短的路径，没有考虑实时的运营安全这个基本的要素。

1.3 本书主要研究内容

在现阶段国内的公路网建设和运营安全状况下，以及目前的技术、设施水平条件下，中国的高速公路运营安全管理应有其自身的特点。本书依托济青南线（青岛—新疆红旗拉甫公路的一段），以高速公路及周边的并行道路组成的路网为研究对象，在各类灾变条件（灾害性天气、交通事件和不良交通状况）下，进行通道路网运营安全管理及应急处置研究，研究的主要内容如下。

1.3.1 高速公路通道运营安全管理路网构建

将高速公路置于周边路网进行运营安全管理及应急处置研究之前，首先需要有一个明确的管理范围，即确定相关的管理路网，为了便于理论研究，需对路网进行单元划分和数学模型的构建。这部分的主要研究内容有以下一些。

1）路网的确定

从影响通道路网运营安全的交通事件出发，分析路网运营安全管理范围需考虑的因素，提出路网确定的基本原则，并应用一定的理论方法确定将局域路网中哪些道路和结点纳入管理路网。

2）管理单元的划分

根据不同的研究目标，对管理单元划分成三个层次，便于路网的属性分析和对策研究。

3）路网拓扑结构的建立

应用图论方法，建立路网的拓扑结构模型。

1.3.2 高速公路通道路网管理单元属性分析

运营安全管理及应急处置研究必须建立在正确描述管理单元特性的基础上，管理单元的特性可由多个属性来表征，对管理单元的属性分析主要包括以下两个部分。

1）静态属性

静态属性包括：道路设施（普通路段、桥梁、隧道和立交四种类型的道路设施）属性及交通工程及沿线设施属性；对动态属性确定有重要意义的静态属性，作为运营安全管理对策研究重要参数的静态属性。

2）动态属性

动态属性包括：车流密度、流量、运行速度、车头间距、自由流车速、能见度、降雨强度、结冰面积率、降雪量、气温、风速、事件等级、水膜厚度、附着系数、可视距离、反应时间和通行能力。

1.3.3 灾变条件下通道路网运营安全管理及应急处置决策依据研究

提出通道路网运营安全管理及应急处置决策的依据，着重分析两个重要依据：管理单元实时安全可靠度和用户行程时间。

1）对策类型

提出灾变条件下通道路网运营安全管理及应急处置对策类型，包括车速控制对策、车距控制对策、流量控制对策、超车控制对策、照明控制对策、急刹车控制对策、车道使用控制对策、可逆车道交通组织对策、交通诱导对策等。

2）管理单元实时安全可靠度

分析自由流和非自由流两种不同交通流状态下，管理单元实时安全可靠度的确定方法。

3）用户行程时间

分析未发生交通事件和发生交通事件情形下，管理单元用户行程时间的确定方法。

1.3.4 灾变条件下通道路网运营安全管理及应急处置决策模型及算法

分析不同类型和等级灾变事件的影响范围，针对灾变事件不同的影响范围提出不同的管理及应急处置对策。这部分的主要研究内容有以下一些。

1）灾变事件影响范围研究

将灾变事件的影响范围分为两类：主线高速公路上的事件发生单元和事发点上游单元。

2）主线高速公路事发单元运营安全管理及应急处置对策

针对发生灾变事件的交通异常单元，提出相应的管理及应急对策。

3）基于运营安全的通道路网交通诱导决策模型

根据主线高速公路上的事件影响范围建立诱导模型，以管理单元实时安全可靠度为基本约束条件，行程时间为路阻函数，建立路径诱导模型。研究两点间通路求解方法，当交通需求较大时，搜索其他绕行路径提供可行通路集。

1.3.5 工程应用

结合济青南线依托工程，以济青南线为主线高速公路，将灾变条件下通道路网运营安全管理及应急处置研究成果应用于工程实践。

1.4 技术路线

针对上述主要研究内容，提出以下关键技术路线，如图 1－9 所示。

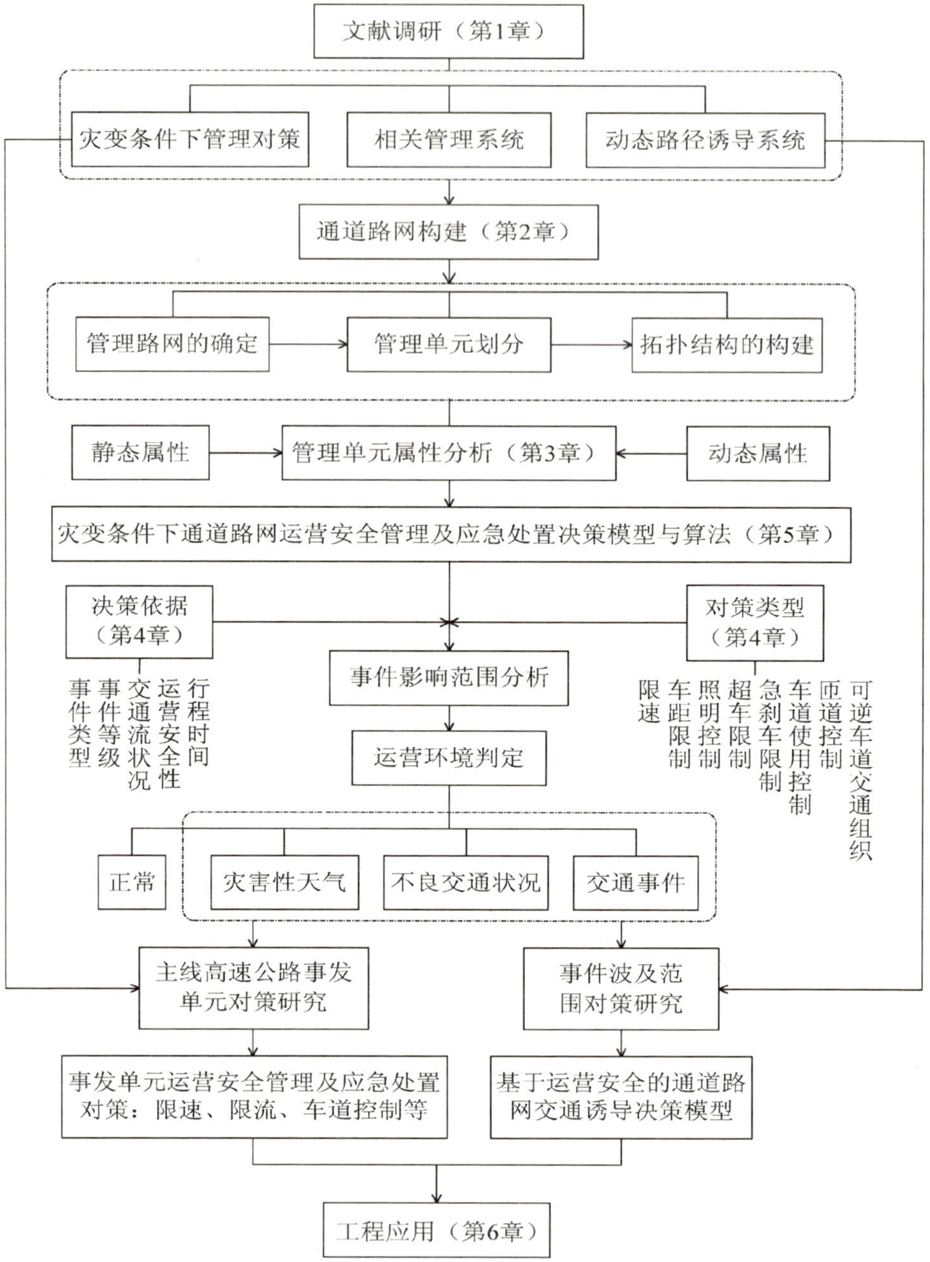
文献调研（第1章）
灾变条件下管理对策
相关管理系统
动态路径诱导系统
通道路网构建（第2章）
管理路网的确定
管理单元划分
拓扑结构的构建
静态属性
管理单元属性分析（第3章）
动态属性
灾变条件下通道路网运营安全管理及应急处置决策模型与算法（第5章）
决策依据（第4章）
对策类型（第4章）
事件影响范围分析
事件类型
事件等级
交通流状况
运营安全性
行程时间
限速
车距限制
照明控制
超车限制
急刹车限制
车道使用控制
匝道控制
可逆车道交通组织
运营环境判定
正常
灾害性天气
不良交通状况
交通事件
主线高速公路事发单元对策研究
事件波及范围对策研究
事发单元运营安全管理及应急处置对策：限速、限流、车道控制等
基于运营安全的通道路网交通诱导决策模型
工程应用（第6章）

图 1-9　研究技术路线

第2章

高速公路通道运营安全管理路网构建

将高速公路置于周边邻近的公路网中，进行路网级的通道运营安全管理，目标在于通过信息数据的采集、录入、管理、使用和发布，充分利用周边路网资源，建立完整的通道路网交通控制与管理体系，使路网信息数据实现动态管理。无论是数据采集、管理，还是应用这些数据进行对策、决策的研究，都是建立在一定的管理路网基础上。作为管理对象的路网，应拥有一定数量的路线作为发生灾变事件时车辆的备选路径；但不能毫无区分的囊括一个区域的所有道路，导致庞大的数据库，不利于管理者制定高效的实时动态对策。因此，在进行灾变条件下通道路网运营安全管理及应急处置研究时，有必要确定一个合理的路网管理。

本章首先提出了将局域路网中哪些道路和结点纳入管理路网的方法(2.1节)，然后针对路网划分管理单元(2.2节)和构建路网拓扑结构(2.3节)，为路网管理单元的属性分析和运营安全管理及应急处置研究提供一个层次分明的研究对象。

2.1　高速公路通道管理路网的确定

本节首先分析影响道路运营安全的各类灾变事件，从而提出高速公路通道管理路网确定需考虑的因素和原则性要求，然后根据这些要求和原则，提出相应的指标，采取距离综合评价法对高速公路邻近的道路进行综合指标的排序，根据实际需求确定路网的边界。

2.1.1　影响道路运营安全的灾变事件

灾变事件是诱发高速公路拥挤和运营安全性下降的重要原因。事件是指那些发生时间或位置不可准确预测的、造成道路通行能力临时下降的事件，例如，交通事故、车辆抛锚、不正当驾驶行为、货物散落等。[121]其定义也可扩充包括雾、积水、雨、雪、冰、路面失修、滑坡和其他一些引起道路通行能力下降的环境条件、道路条件等。[121]当高速公路上发生灾变事件时，道路的运营安全将受到影响，这种影响将随不同的交通流状况在路网范围内扩展。同时，发生事件地点的通行能力下降，如果它下降到低于交通需求时，就产生了交通拥挤(偶发性拥挤)。

本书将影响道路运营安全的灾变事件分为三大类：灾害性天气、不良交通状况和交通事件(包括交通事故、车辆抛锚、不正当驾驶行为、货物散落等)。管理对策针对这三类灾变事件展开。

1. 灾害性天气

灾害性天气是影响道路运营安全的重要因素之一，根据美国国家公路交通安全管理局(NHTSA)统计，超过22%的交通事故是由恶劣天气引起的。灾害性天气是指对运营安全有较大影响，可能导致灾害性后果的天气。[31]灾害性天气种类通常包括雾、雨、风、冰雪、高温、低温等，对道路运营安全的影响链见图2-1。

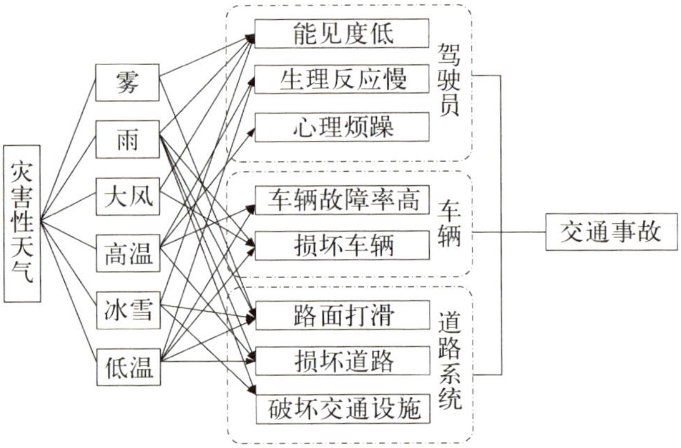

图2-1　灾害性天气对道路运营安全的影响

1) 雾

对于行车来说，雾天是最恶劣的气象条件之一，雾常被称为道路上最凶狠的“刽子手”，这是因为雾天最容易发生恶性交通事故。首先，在大雾天气下能见度低，有时降到30～40 m或者更低，会严重影响驾驶员的视线，使之看不清运行前方和周围的情况，在安全刹车距离内，往往由于看不清障碍物而引起碰撞，很容易发生交通事故；其次，由于道路上雾水和积累的油与泥土的混合，会使轮胎与路面的附着力减小，使车轮打滑，从而增加制动距离。[135]

2）雨

雨天对行车安全影响主要体现在：由于轮胎与路面之间存在水膜，附着系数也会相应降低，使刹车距离增加，危险性增加，车辆突然启动、急转弯、急刹车时容易引起车的横向滑移、转弯、滑溜及翻车，对行车造成很大的影响；能见度大大降低，且挡风玻璃被雨水模糊，影响驾驶员的视线。

当降雨很大形成暴雨时，危害更加显著。暴雨对交通设施起到了直接的破坏作用，另外，暴雨常伴有雷电，形成雷雨天气，如果在桥梁上没有避雷设施，司机和车辆易遭雷击，暴雨对交通影响的第二种方式（次生影响），是指由暴雨引起的泥石流、山体滑塌、冰雹等，虽然这种灾害出现的次数较少，但对交通运输的危害却是相当严重的。[135]

3）大风

大风尤其是台风天气不仅会对桥梁本身造成冲击，对交通安全同样也有相当大的影响。当高速行驶的车辆从侧面受到横风作用时，若风力较强，特别是在“风口”路段，会使车辆偏离行车路线而诱发交通事故；甚至，大风能使高速行驶的车辆翻车。另外，大风天气尤其是台风天气，常常使空中及地面上漫布着灰尘及散落物，这些杂物不仅会碰撞车辆，而且会降低能见度，影响驾驶员的视线及注意力，容易造成交通事故。[135]

4）冰雪

冰雪天气对道路运营安全影响最显著的是附着系数变小，使路面变滑，导致交通事故上升，运营安全性严重下降。

结冰现象在桥面的运营安全影响最为显著，这是因为桥是空腔体，直接与外界相连，下小雨雪时，相对于路面，桥面更易结出薄冰层，而桥面的视距较长，驾驶员往往看不清结冰，易导致车辆上桥时跳车失控而造成事故。[121]

雪天对道路运营安全不止于附着系数的减小，当积雪厚达一定深度时，会阻碍车辆通行，严重时，甚至能发生雪崩、雪阻，使交通完全中断。再次，如果遇上雨、雪兼有的天气，极易造成路面翻浆、公路损坏现象，从而使运输效率进一步下降。还有，大量雪花随风飞舞，能见度偏低。最后，雪花将会覆盖交通标志，使标志失去作用，妨碍行车。[135]

2. 不良交通状况

不同的交通流状态与交通安全之间的关系见图 2－2。从图中可以看出，当交通流开始处于稳定流后期状态时，交通事故相对数量急剧升高，并在形成饱和流状态时达到最高峰。依据这种影响关系，可以将非自由流中的某一交通流状态作为判别交通状态是否良好的拐点，即认为在其他条件都正常的情况下，当交通流处于自由流状态或稳定流状态前期时，其交通安全水平和道路服务水平都是可以接受的；当交通流处于稳定流后期、不稳定流或饱和流状态时，超车的危险性越来越大，直至无法实施超车，因此，行车安全性较差，表现出来的安全水平是不能令人接受的；当交通流处于阻塞流状态时，虽然交通事故相对数量大为减少，但道路服务水平也同时大幅度下降，这种交通流状态也是不能被接受的；当交通流处于拥挤状态时，交通安全水平和道路服务水平都不能满足要求。综上所述，高速公路不良交通状态是指不满足交通安全水平和道路服务水平任意一个条件的高速公路交通流状态。[7]

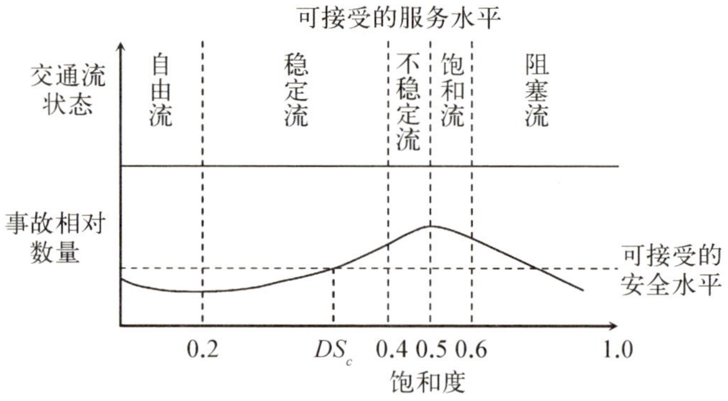

图 2-2　交通事故与交通流状态的关系[119]

3. 交通事件

当高速公路发生交通事故、车辆抛锚、不正当驾驶行为、货物散落等交通事件时，事发的车辆、货物将占据一定的空间，行驶在事发车道上的车辆在途经事发点时，必须变换车道行驶，增加变换车道的风险，并且，事发现场的存在，容易分散邻近车道驾驶员的注意力，这些状况均会诱发二次事故。交通事件对高速公路运营安全造成的影响大小是和其持续时间长短、交通事件类型、阻塞位置情况以及上游路段交通流状况等紧密联系在一起的，且这些因素是相互关联，互为影响的。

此外，交通事件导致事发点相应路段的通行能力下降，当下降到低于交通需求时，将发生偶发性交通拥挤。

2.1.2　高速公路通道管理路网确定需考虑的因素和基本原则

1）路网确定需考虑的因素

高速公路网存在的安全问题主要是由灾害性天气、不良交通状况和交通事件等引起的一定范围内交通拥挤、堵塞及排队，从而降低高速公路的安全性，诱发严重的交通事故。解决这些安全问题应基于路网着手，高速公路通道管理路网主要由高速公路、主干线道路、侧道、各种出入口以及交通枢纽节点组成。在建立安全管理路网时，预先考虑好路网绕行、紧急救援的辅助路线，以及交通需求出入口控制点等因素。归纳起来，建立路网所需考虑的因素有以下几点。

（1）安全管理路网的可知性和联通性

建立的路网是为运营安全管理这个目的提出的，纳入管理路网中的道路信息应该是能够获知的，能够获取的道路属性信息越全面，对道路的运营状况判断越准确，制定的管理对策就越科学。但根据目前国内公路建设的实际情况，并不是所有的道路都能有条件获得全部的信息，因此，对高速公路通道管理路网的可知性要求主要考虑以下两点：作为管理对象的主线高速公路，应当能够获取各类静态和动态属性信息，例如道路设施、交通工程及沿线设施、监控系统等静态属性，交通流状况、气候环境等动态属性信息，详见第 3 章属性分析；作为辅助对象的其他等级道路，没有可用的交通工程及沿线设施实时地检测动态属性，获取动态属性有困难时，要求能够获取道路的各类静态属性，获取方式可通过调研或历史资料收集。

联通性指构成公路网的全部结点之间在空间上是相互连通的，即管理路网中所有的结点不是孤立的结点，任意一个结点都可由若干道路连接到其他结点。两条道路之间联通性的好坏可由相互间连接线数量、等级、车道数等进行衡量。

（2）安全管理路网的可控性

包括对具体路段以及交通源的可控性。

路段的可控性要求具体路段具有相应的交通工程及沿线设施，作为管理对策实现的载体，如信息提示设施、出入口限流关闭设施、车道封闭设施、红绿灯信号设施等。

灾害性天气条件下易导致路网通行能力损失，针对这种状况，简单的路段控制不能完全解决安全问题，应控制路网交通需求源，因此，一个管理路网应该具有明确可控的 O－D，即路网所服务的边界应当是确定的。

（3）针对局部路段事件，建立的路网中任一高速公路均有邻近的绕行路线

就目前而言，高速公路虽也成一定的网络体系，但连通度和可达性并不高，

交通事故、养护、维修等事件导致当前路段发生拥堵和排队时，倘若邻近有可绕行的高速公路，就能及时诱导和疏散交通，但当高速公路之间距离较远时，应当就近利用邻近的其他等级道路及时疏散，以免对路网中其他相交高速公路造成过大的负荷。

2）路网确定的基本原则

根据上述分析，以及高速公路路网动态运营安全管理的特点，在确定纳入路网的控制结点和道路时，提出以下四条基本原则。

(1) 高速公路控制结点进行交通组织的可行性原则

当高速公路发生灾变事件而引起交通拥挤、堵塞现象时，能够在路网结点处实施限流、分流、封闭等交通组织行为，达到路网级的控制效果。因此，确定高速公路控制结点时，以能够进行交通组织行为为基本原则。

(2) 与主线高速公路具有相关性原则

建立的管理路网目的是在主线高速公路遭遇灾变事件而变得拥挤、堵塞时，可以合理地利用周边的道路进行交通疏导。因此，周边的道路应当跟主线高速公路具有良好的相关性，这种关联一方面要求高速公路与纳入路网的其他道路相互连通，另一方面，要求道路等级、通行能力等指标不能与主线高速公路相差太大，道路间距也不能相差太远，否则难以实现对主线高速公路辅助的作用。

(3) 高速公路交通流可疏散性原则

当高速公路出现灾变事件时，高速公路上游的交通量能够通过诱导到并行道路上得到及时疏散，即高速公路相应的并行道路的通行能力之和至少要等于所连接两个 O－D 间的交通需求。

(4) 经济性原则

除了满足上述三个原则外，还要考虑经济性原则。根据可疏散性原则，并行的相关道路越多越好，但是路网管理范围不宜过大，一方面，花费的成本会随管理路网的扩大而增加，另一方面，距离高速公路较远的辅助线，用户需要绕行较大的距离，费用较高，不符合经济性。

2.1.3 高速公路结点的确定

依据上述基本原则，高速公路上的结点主要有高速公路起终点、收费站、立交、出入口，高速公路上结点确定方法和步骤如下：

(1) 首先，确定高速公路的起终点，将具有交通限流作用的起终点、收费站确定为高速公路的结点，如图 2－3 所示。

(2) 确定高速公路上的立交、出口、入口位置，出入口的位置还需确定其所在路段的行车方向，如图 2－3 所示。

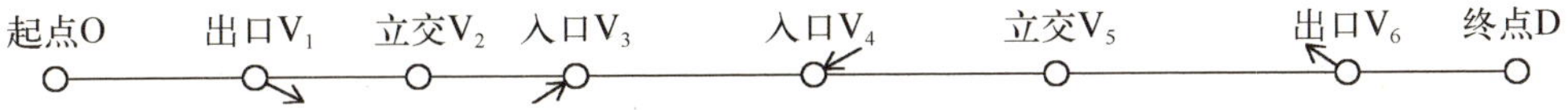

注：① 位于行车方向起点—终点的出入口标于线下方；② 位于行车方向终点—起点的出入口标于线下方；③ 箭头表示出口方向。

图 2－3　高速公路结点示意图

2.1.4　高速公路并行辅助线的确定

根据基本原则 2，其他道路和主线高速公路必须具有一定的相关性。在步骤 1 的基础上，首先确定与高速公路相关联的道路，分为两类：

(1) 并行道路：很多高速公路都会有与其大致方向并行的道路，如杭浦高速的 01 省道、沪杭高速、老省道，济青南线高速的 S329、济青北线，部分并行的道路，如济青高速的 S236、疏港高速等，这些道路对高速公路具有非常重要的辅助作用；

(2) 连接线：连接线将高速公路与其他道路的连成路网，是高速公路网不可缺少的组成部分。

其中并行线是主要待确定的道路，连接线随并行线的确定而定。由于公路网形式的复杂性，有的道路与高速公路之间的相关性不一定很明显，可能其中某一段与高速公路相关性很好，而其余的又偏离高速公路很远，相关性变差。对于这样的道路，利用其相关性好的个别路段作为管理路网的有益补充，尤其是相距高速公路较近时，对因发生灾变事件而诱离高速公路，又希望尽快迂回到高速公路的车流具有很大的意义。因此，并行线确定步骤分成两步，具体如下：

(1) 与主线高速公路全线并行的辅助线确定；

(2) 与主线高速公路部分路段并行的辅助线确定。

1. 关联度计算方法

并行线与主线高速公路的关联度可通过距离综合评价方法确定，相邻并行线与主线高速公路(或部分路段)各项指标的接近程度越大，关联度也就越大。距离综合评价法的基本思想是在空间确定两个参考点：最优样本点和最劣样本点。然后计算各评价点到参考点的距离，将主线高速公路视为自身的最优并行线，即为最优样本点，距最优样本点越近越好，距最劣样本点越远越好。

以下介绍距离综合评价法确定并行线与高速关联度的方法。

1）评价指标体系的确定

每个评价指标都是从不同侧面刻画被评价事物所具有的某种特征。在建立评价指标体系时应遵守系统性、科学性、可比性、可测取性、相互独立性等原则[52]。评价道路 X'_i 与主线高速公路或某段高速公路 X'_0 的关联度时，拟定以下 5 个评价指标：

(1) 道路等级，记为 x'_{i1}（i：第 i 条并行道路），若为高速公路，赋值为 1，一级公路，赋值为 2，依此类推。

(2) 道路车道数，记为 x'_{i2}，$x'_{i2}=m$，m 为车道数；

(3) 道路的里程，里程越大，作为主线高速的并行辅助线的优势就越小，记为 x'_{i3}；

(4) 与该高速的互通性是否良好，该高速 X'_0 与 X'_i 有若干连接线相互连通，相互的连接线越多，相关性越强，可以用连接线车道数总数量来定量描述，记为 x'_{i4}。

(5) 与该高速的距离接近程度，从该高速连接至道路 X'_i 的连接线，根据其不同的道路服务水平和路线长度，可用时间距离参数来描述其长度，采用各连接线的时间距离参数平均值来描述接近程度，记为 x'_{i5}。

高速公路可假定为本身的一条并行线 X'_0，$x'_{01}=1$；x'_{02}：高速公路本身的车道数；x'_{03}：主线上被评价两点间的道路里程；x'_{04}：高速公路被评价两点间存在的连接线车道数之和；$x'_{05}=0$。

2）指标标准化

指标的标准化是指一致化和无量纲化，使不同单位、不同量级的原始指标具有可比性，设用 p 个指标对 n 个事物进行综合评价，原始数据构成矩阵：$X'=(x'_{ij})_{n\times p}$，$i=1, 2, \cdots, n$；$j=1, 2, \cdots$。指标一致化常用的方法是倒数法、相反数法等，若处理后数据过小或过大，可以乘以一定的倍数放大，不影响结果。

$$X=M-x' \tag{2-1}$$

或

$$X=C*1/x',\ (x'>0) \tag{2-2}$$

式中，M 为指标 x' 的一个允许上界。

指标无量纲化常用的方法有“比重法”、“标准化法”、“极值法”和“功效系数法”。比重法的主要公式为

$$y_i = \frac{x_i}{\sum_{i=1}^{n} x_i} \tag{2-3}$$

或

$$y_i = \frac{x_i}{\sqrt{\sum_{i=1}^{n} x_i^2}}$$

选用合适的方法，对数据进行无量纲化变换后，数据矩阵为

$$Y' = (y'_{ij})_{n\times p} \quad i = 1,\ 2,\ \cdots,\ n;\ j = 1,\ 2,\ \cdots,\ p$$

3）加权数据矩阵的构造

权重的确定可以分为主观赋权法和客观赋权法，主观赋权法能够通过专业人员的判断，将影响力大的因素凸现出来。主观权重集确定的方法很多，如：层次分析法、专家评判给分法等。层次分析法（Analytic Hierarchy Process 常记做 AHP）是确定多个权向量的行之有效的方法，采用 1～9 标度法构造判断矩阵进行计算。然后，求解判断矩阵的特征根，计算最大特征根 λ_{max}，找出它所对应的特征向量 $\boldsymbol{W}$，即为同一层各影响因素相对于上一层某因素的相对重要性的排序权重；然后进行一致性检验，详见文献[58]。Saaty 建议的重要性语言量化标度见表 2－1。

表 2－1　Saaty 建议的 1～9 标度语言量化

因素 x，y 相比较	说　　明	$f(x, y)$	$f(y, x)$
x 与 y 同等重要	x，y 对总目标有相同的贡献	1	1
x 比 y 稍微重要	x 的贡献率稍大于 y，但不明显	3	1/3
x 比 y 明显重要	x 的贡献率明显大于 y，但不十分明显	5	1/5
x 比 y 十分重要	x 的贡献率十分明显大于 y，但不特别突出	7	1/7
x 比 y 极其重要	x 的贡献率以压倒优势大于 y	9	1/9
x 比 y 处于上述两相邻判断之间	相邻两判断的折中	2，4，6，8	1/2，1/4，1/6，1/8

例如，认为上述五个指标中，道路 i 与主线高速公路的接近程度 x'_{i5} 是其中最重要的因素，x'_{i4}、x'_{i3} 其次，x'_{i1}、x'_{i2} 相对次要时，取 Saaty 矩阵如 $\boldsymbol{A}$ 时，上述各指标的权向量计算结果见表 2－2。

$$
\boldsymbol{A} = \begin{array}{c} \\ x'_{i1} \\ x'_{i2} \\ x'_{i3} \\ x'_{i4} \\ x'_{i5} \end{array} \begin{array}{c} \begin{array}{ccccc} x'_{i1} & x'_{i2} & x'_{i3} & x'_{i4} & x'_{i5} \end{array} \\ \begin{bmatrix} 1 & 1/2 & 1/3 & 1/3 & 1/5 \\ 2 & 1 & 1/3 & 1/2 & 1/4 \\ 3 & 3 & 1 & 1 & 1/3 \\ 3 & 2 & 1 & 1 & 1/3 \\ 5 & 4 & 3 & 3 & 1 \end{bmatrix} \end{array}
$$

表 2-2　各指标权重(实例)

各指标对应的权重					$\alpha = 0.05$ 时一致性检验
x'_{i1}	x'_{i2}	x'_{i3}	x'_{i4}	x'_{i5}	$\lambda_{max} = 5.15$, $CI = 0.01 < CI_{临界} = 0.099$
0.066	0.100	0.201	0.182	0.451	$CR = 0.01 < CR_{临界} = 0.088$,符合检验

将确定的各指标权重记为 w_1, w_2, …, w_p, 以它们为主对角线,构成对角矩阵 W,令

$$Y = Y' \times W = (y_{ij})_{n\times p}。$$

4) 计算关联度

采用样本点到最优样本点的相对接近度来衡量, 因为该距离计算方法较好地反映了只有当样本点距最劣样本点远(一定程度上距最优样本点就近些)且发展均衡时才能取得较大的评价值:[52]

$$M_i = D_i^- / (D_i^+ + D_i^-) \tag{2-4}$$

距最优样本 Y^+ 距离:

$$D_i^+ = \sqrt{\sum_{i=1}^{p} (y_{ij} - y_j^+)^2} \tag{2-5}$$

距最劣样本 Y^- 距离:

$$D_i^- = \sqrt{\sum_{i=1}^{p} (y_{ij} - y_j^-)^2} \quad i = 1, 2, \cdots, p。$$

5) 并行道路关联度排序

经过上述关联度计算,可将并行道路按照关联度的大小进行排序:

$$X = \{X_0, X_1, \cdots, X_n \mid M_0 \geqslant M_1 \geqslant, \cdots, \geqslant M_n\} \tag{2-6}$$

式中,X_0 为高速公路。

2. 与主线高速公路全线并行的辅助线确定

首先，在交通网络图中确定与主线高速公路全线并行的道路，主要以道路的起终点是否与主线高速公路落在同一个城市为依据，记为 X'_1，X'_2，…，X'_n，然后采用上述办法计算这些道路与主线高速公路的关联度，得到排序，如式(2-6)。

根据原则 3 和原则 4，并行辅助线的数量以满足疏散要求为基本条件，即当有灾变事件出现时，被困在高速公路上的所有车辆，能够在一定时间段内，通过诱导从并行辅助线上疏散，或者通过并行辅助线迂回到原路。用数学公式表示，如下：

$$N_{X_0} \leqslant \sum_{i=1}^{m}(C_{X_i} - N_{X_i}) \tag{2-7}$$

式中，N_{X_0} 为主线高速公路连接的两点间高峰小时交通量；C_{X_i}、N_{X_i} 为道路 X_i 的通行能力和交通量。

确定 X_1，X_2，…，X_m 为管理路网的并行辅助线。

3. 与主线高速公路部分路段并行的辅助线确定

上述确定的 m 条并行辅助线仅满足可疏散性最低要求。鉴于局域路网的复杂性，有必要通过主观判断，将与主线高速公路部分路段相关性较好的特殊路段作为其有益补充。这些特殊路段相关性以与主线高速的时间距离接近程度为主要参考要素，选择距离主线高速较近的路段、各项设施较好的路段作为管理路网的有益补充。

综上所述，运营安全管理路网包括的道路有主线高速公路、与主线全线并行的辅助线道路和部分并行道路，所包含的道路结点有高速公路的起终点、立交、出入口和普通道路的交叉口。

2.2　路网管理系统的构成——管理单元划分

管理单元是公路管理系统中一切管理工作的基本分析单位，是决策分析的对象。[46]路网实时安全管理系统的单元划分是为了更好地描述系统各方面的特征，为了更详细地了解各组成部分的设施特性、交通特性、安全特性、通行能力特性等。单元划分的优劣不但会直接影响到实时安全管理对策库的内容，而且在很大程度上决定了系统决策分析结果的正确与否及其在实际工作中的实用程度。因此,对管理单元划分方法的研究是高速公路安全管理系统开发工作中一项基础而重要的工作,找到一个适合高速公路路网安全管理的单元划分方法对运营管理有很重要的意义。

高速公路网的管理单元划分目前还没有形成一套完整的方法,城市道路的划分方法,采用以路名和交叉道路来划分管理单元的固定分段方法,值得借鉴。但是,高速公路的本身交叉较少,采用立交控制点作为分段点所获得的管理单元往往很长,不便于某些点位安全性问题分析,而且单元内路段本身有些可组织交通的设施也被忽略,造成资源浪费。此外,管理单元划分并非越细越好,划分合适与否取决于该方法是否有助于整个系统目标的实现。因此,管理单元的划分因系统目标而异,明确系统目标是进行管理单元划分的前提[46]。

2.2.1 划分目标和划分层次

高速公路网由若干条公路组成,通过立交、出入口、平交形成路网拓扑结构,而立交又由不同转向的匝道、出入口构成,因此,高速公路网的管理单元划分并不简单,不能一步到位完成适用于任何用途的单元划分工作。上述分析也说明了管理单元的划分因系统目标而异,图 2-4 简要说明了管理单元划分与系统目标的关系。

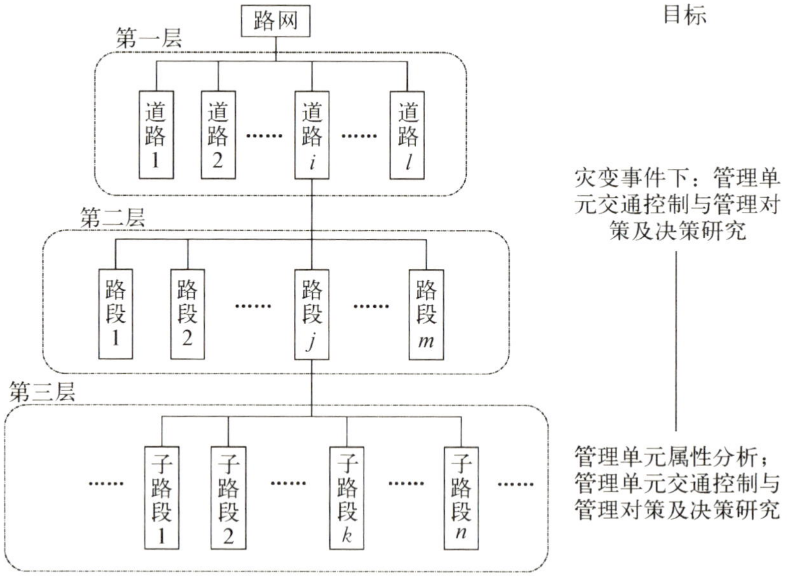

图 2-4　管理单元划分层次与对应目标关系

图 2 - 4 中第一、二层次管理单元以道路、路段划分为主，划分结点以路网确定时的控制结点为基础，详见下述，该层次管理单元可服务于灾害性天气、不良交通状况、交通事件下路径诱导、路段交通控制与管理的研究；第三层次划分是在第一、二层次基础上对路段进一步细分，第三层次管理单元划分主要为了便于对管理单元进行属性分析，为对策及决策的制定提供基础数据，也可以服务于小范围的安全管理对策及决策研究，例如可逆车道交通组织对策。

需要说明的是，管理单元的划分最终目的是实施管理对策，有效的交通组织应当在信息可知的高速公路中进行，一旦离开高速公路，进入其他道路系统中，实时的交通、环境状况无法获取，仍按上述原则划分单元，将失去意义。因此，普通道路的管理单元仅用于路段和交叉口的划分，不再进一步细分。

2.2.2　管理单元划分方法

1）第一、二层管理单元划分方法

第一、二层管理单元划分方法相对比较明确，将路网按不同路名、不同等级、不同行车方向划分路段，并确定各路线的起终点。然后将路线在立交、出入口等位置处进行划分主线高速公路管理单元，以路网结点划分其他道路管理单元。第一、二层管理单元划分方法和步骤如下：

(1) 首先明确路网中不同路名、不同等级的路线，得到第一层次的管理单元；

(2) 将高速公路分成上下行，以高速公路的起终点、收费站、立交、出入口、带回转车道的隧道起终点、可调头的服务区等路网结点位置划分高速公路路段，得到高速公路第二层次的管理单元；

(3) 以路网结点(交叉口、出入口)位置划分普通道路，为普通道路第二层次的管理单元。

2）第三层管理单元划分方法

第三层管理单元是在第一、二层次划分的基础上进一步细化，细化成第三层次的高速公路管理单元、普通道路管理单元和匝道管理单元三类，划分的步骤和方法如下：

(1) 高速公路管理单元

高速公路管理单元以出入口、服务区、中央分隔带开口、桥梁、隧道回转车道所在位置、收费站点、服务区进行划分，形成高速公路管理单元。

其中对存在交织区的高速公路，管理单元以交织区的起终点为划分结点。交织区的定义如下：当交通流在相同行驶方向上，沿着一定长度道路，不借助于交通控制设施运行时，两股或多股交通流的交叉就叫交织，当一合流区后面紧接着一分流区，或当一条驶入匝道紧接着一条驶出匝道，两者之间有辅助车道连接时，就构成交织区。[57]交织区起点是在汇合三角区上一点，即从车道1(最外侧车道)右边缘至入口(汇合)车道左边缘的距离为0.6 m的那一点，终点为至分离三角区车道1右边缘至出口(分离)车道左边缘距离3.7 m的点。交织区长度如图2-5所示。[57]

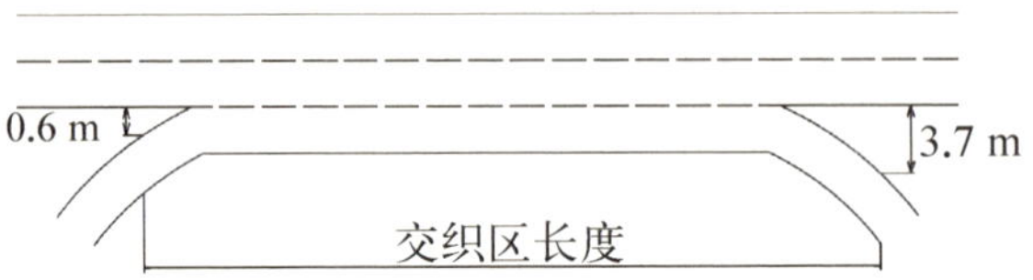

图2-5　交织区长度量测示意图

(2) 普通道路管理单元

同第二层次普通道路管理单元。

(3) 匝道管理单元

高速公路上行线和下行线，将连接匝道按相对主线高速公路是进入还是驶出也分为两类管理单元。

(4) 服务区管理单元

服务区基本形式可分为两侧分离式服务区和单侧集中式服务区，两侧分离式服务区一般不可掉头，单侧集中式一般可以掉头。

分离式服务区

不可调头的分离式服务区虽有出口段和入口段，但是并非真正意义上的进出高速，因此，不将进入服务区的入口段和离开服务区出口段单独作为管理单元，以出口、入口位置为结点，从出口至入口用虚拟的路段连接，合为一个出入服务区管理单元，主线上管理单元也以出口、入口位置划分，如图2-6所示。

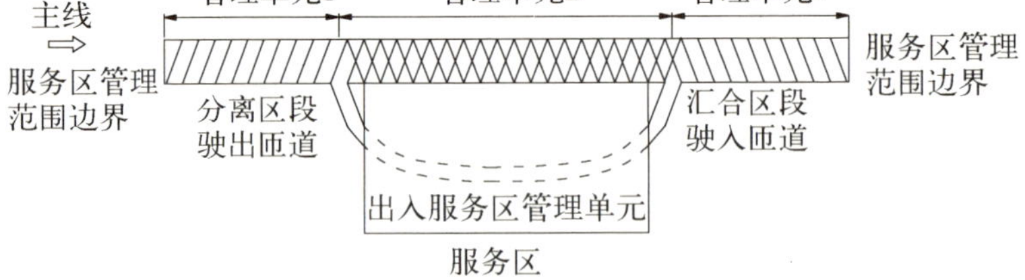

图2-6　分离式服务区管理单元

集中式服务区

可调头的集中式服务区可借助服务设施转到另一行车方向的主线上来，服务区即是各行驶方向的一个转盘，在服务区实现调转方向。在管理单元划分时，可将服务区虚拟为各出入口的交叉点，虚拟为一个结点，同各出、入口位置连接，如图 2－7 所示，划分成服务区管理单元，其中主线上的管理单元以出入口位置划分。

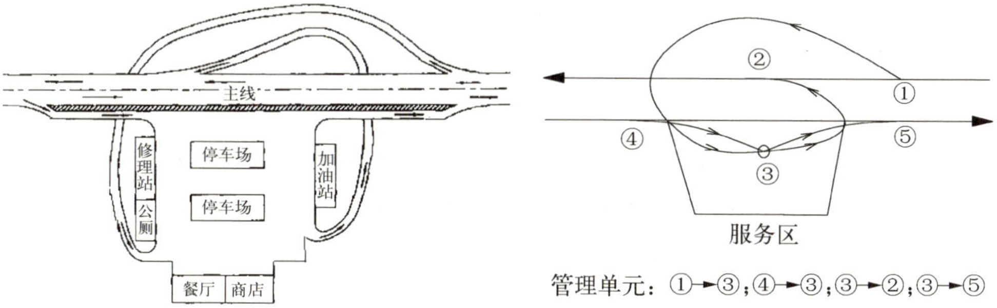

图 2－7　集中式服务区及行驶路径示意图

2.3　路网拓扑结构的建立

高速公路网由上述管理单元通过一定的拓扑关系构成，具有明显的网络特性，可应用图论的方法建立路网的数学模型。图论建立的路网模型可分为有向图和无向图两种，不规定从一点到另一点的方向，即 v_i 到 v_j 与从 v_j 到 v_i 都是一样的，这种图称为无向图；若两个顶点有序组成一条弧，图中标明方向，v_i 到 v_j 不同于 v_j 到 v_i，称为有向图。有向图与无向图是研究路网的两种方法，道路交通的流向具有方向性，管理单元按不同行车方向划分，需采用有向图。但普通道路没有对行车方向继续划分，且道路本身流向是双向的，可以简化成无向图。总之，根据不同的研究需要，采用不同的网络图模型。

2.3.1　立交枢纽的表示方法

高速公路转换路径时，均通过立交桥实现，其复杂的连接关系可用有向图表示。高速公路与一般地面道路交叉常采用如图 2－8a）所示的喇叭形互通，用 1～5 五个虚节点表示路段交叉，结点 6 表示连接线与普通道路的平交，高速公路与连接线之间以匝道相通，高速公路上的车辆在每个节点处有两个方向的路径，如图 2-8b)所示，表示经过该节点的车辆要么离开高速，要么继续前行。

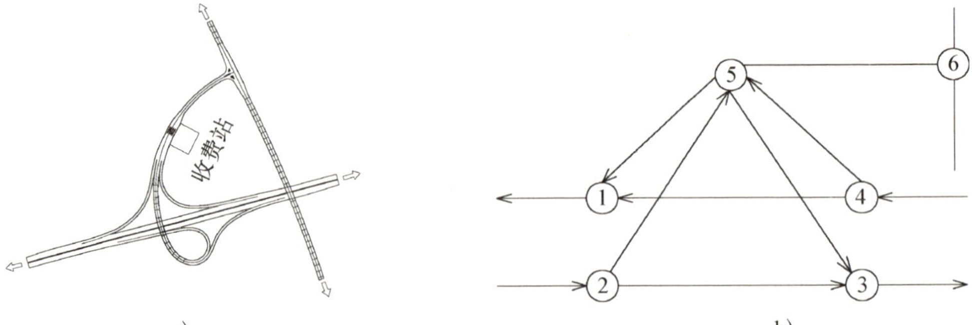

图 2-8　高速公路上车辆在互通处的路径表示

高速公路与高速公路枢纽立交通常采用如图 2-9a)所示的枢纽立交连接，用 1～8 八个虚节点表示路段交叉，高速公路之间以匝道相通，路径如图 2-9b)所示，高速公路上的车辆在每个节点处有三个方向的路径，如图 2-9c)所示，各路径标明了经过该节点的车辆可直行、左转和右转[55]。

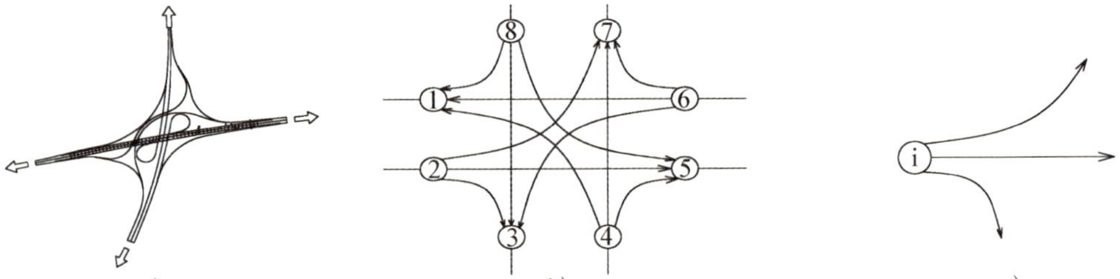

图 2-9　高速公路上车辆在立交枢纽的路径表示

2.3.2　并行辅助线与高速公路组成的通道表示方法

高速公路、连接线、并行辅助线组成高速公路通道系统，用有向图与无向图结合。高速公路与互通立交的车辆路径采用有向图表示，如图 2-10 所示，高速公路与连接线之间以匝道相通，地面道路之间用无向线段连接。

2.3.3　路网图论模型的表示方法

高速公路网是管理单元的集合体，如上所述，第一层次的管理单元以不同路

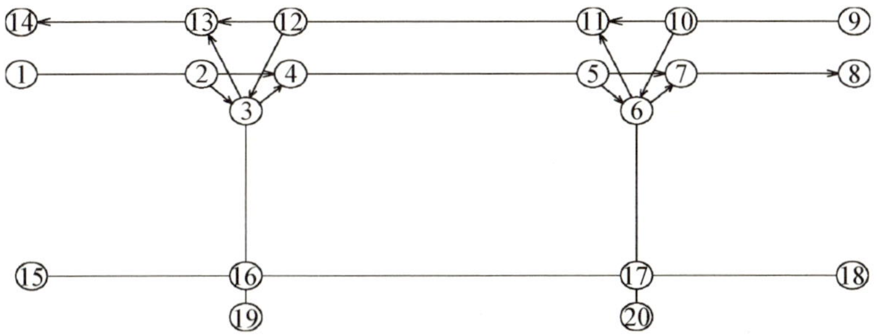

图 2-10　通道系统车辆路径表示

名、不同等级的道路为主，不区分方向，可简化成无向图，以济青高速红石崖立交—黄山立交临近路网为例，无向图见图 2-11b)所示。第二层次管理单元区分了方向，简化成有向图，如图 2-11c)所示。第三层次的管理单元对第一、二层次进行细化，采用有向图，如图 2-11d)所示。

以 $v_i(i=1, 2, \cdots, n)$ 表示图中的结点，定义 $V=\{v_1, v_2, \cdots, v_n\}$ 为图的结点集。从 v_i 到 v_j 的弧表示管理单元，记为 $a_k=(v_i, v_j)$ 或 $a_k=v_iv_j(k=1, 2, \cdots, m)$，即 V 中两个元素 v_i，v_j 的有序对，定义 $A=\{a_1, a_2, \cdots, a_m\}$ 为有向图弧的集合，高速公路路网的有向图记为 $G=(V, A)$。若记 $e_k=(v_i, v_j)$ 或 $e_k=v_iv_j(k=1, 2, \cdots, m)$，即 V 中两个元素 v_i，v_j 的无序对，定义 $E=\{e_1, e_2, \cdots, e_m\}$ 为无向图弧的集合，高速公路路网的无向图记为 $G=(V, E)$。

2.3.4　路网的矩阵表示方法

路网进行运营安全管理及应急处置研究时，需要借助一定的数学工具和计算机技术，图的应用和存储需转化成这些工具所能识别的方法，图的矩阵表示方法有：邻接矩阵、关联矩阵等，表示方法详见文献[136]。为了便于管理单元各类属性的记录和表述，本书提出属性矩阵。对关联矩阵和属性矩阵简介如下。

1) 关联矩阵(Incidence Matrix)表示法

为了定量地研究顶点与边的关联关系，定义有向图 $G=(V, A)$ 的关联矩阵，B 是一个 $n\times m$ 的矩阵，即

$$\boldsymbol{B}=(b_{ik})_{n\times m}\in\{-1, 0, 1\}^{n>m}$$

$$b_{ik}=\begin{cases}1, (a_j=(v_i, v_j)\in A\\-1, (a_j=(v_j, v_i)\in A\\0, 其他\end{cases} \tag{2-8}$$

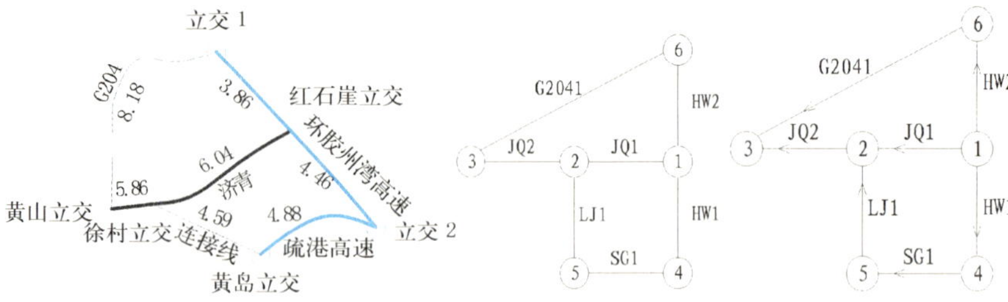

a) 实际路网：数字代表里程，单位：km　　b) 无向图　　c) 有向图

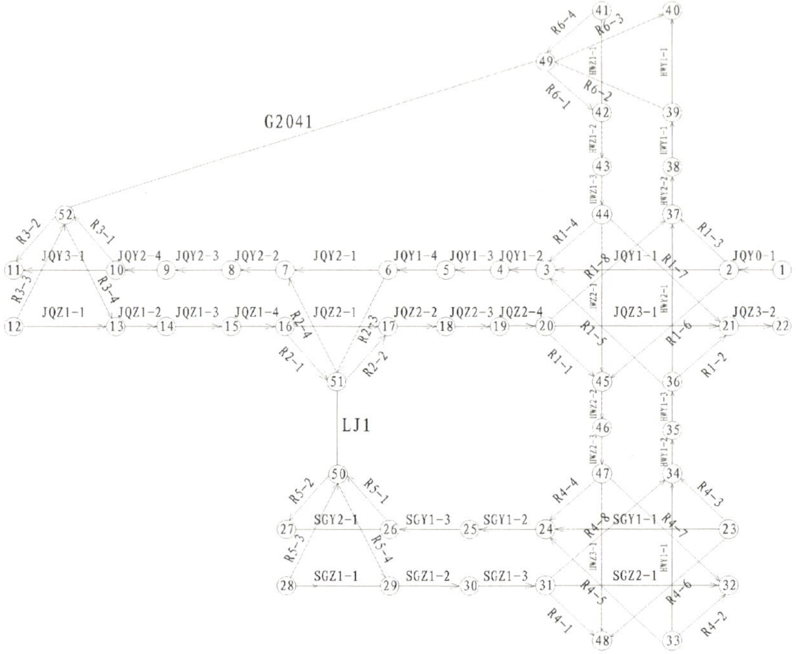

d) 有向图

图 2－11　济青高速红石崖立交—黄山立交临近路网

每行元素 1 的个数正好是对应顶点的出度，每行元素 -1 的个数正好是对应顶点的入度。在关联矩阵的所有元素中，只有 $2m$ 个位非零元素。如果网络中每条弧赋有一个权，可以把关联矩阵增加一行，把每一条弧所对应的权存贮在增加的行中。如果网络中每条弧赋有多个权，可以把关联矩阵增加相应的行数，把每一条弧所对应的权存贮在增加的行中。

2）交通流参数的属性矩阵表示

根据邻接矩阵能判断点与点之间的邻接关系，即确定网络的连接方式，但邻接矩阵只给定结点与结点之间的一般连接关系，没法表述各弧段的属性数值，本书用属性矩阵来表示。假设路网系统中有 m 个管理单元，n 个属性，构造属性矩阵如下：

$$\boldsymbol{L}=(l_{ij})_{m\times n} \tag{2-9}$$

式中，l_{ij} 为管理单元 i 第 j 个属性值。

2.4　本章小结

(1) 分析影响道路运营安全的各类灾变事件，从解决路网安全问题的角度对管理路网确定提出了四个基本原则。根据四个基本原则，对路网中并行道路采用距离综合评价方法进行排序，并根据交通量的要求和通行能力条件确定并行道路数量。

(2) 对确定的路网根据系统目标进行管理单元划分，划分了三个层次，第一、二层次的管理单元服务于灾变事件下，管理单元运营安全管理及应急处置研究，以及交通诱导决策研究；第三层次的管理单元用于属性分析和灾变事件条件下管理单元运营安全管理及应急处置研究。

(3) 建立了路网图论模型，将结点间的拓扑关系采用矩阵形式表达，并提出了适用于运营安全管理及应急处置研究的属性矩阵，为进一步的研究建立了可用的物理研究对象。

第3章 高速公路通道路网管理单元属性分析

高速公路通道路网由若干不同的管理单元构成，运营安全管理及应急处置决策模型必须建立在正确描述管理单元特性的基础上，而管理单元的特性可由多个属性来表述。本章解决的问题为分析管理单元的各个属性，为运营安全管理及应急处置决策模型的建立提供数据基础。

管理单元的属性根据其是否随时间变化的特点可分为静态属性和动态属性，静态属性是在一定周期内不随时间变化的属性，例如管理单元里程属性、等级属性、线形属性、交通容量属性等，动态属性是指随时间实时发生变化的属性，例如管理单元的流量属性、密度属性、能见度属性、通行能力属性等。高速公路通道路网运营安全管理及应急处置研究一个重要特点是实时性，即对不同交通流状态及气候环境状态下，通过实时安全性的评价，研究运营阶段的动态管理与应急处置对策。自由流状态下，影响道路运营安全性的主要有道路设施、交通工程及沿线设施等静态设施因素属性以及动态的环境因素属性，不同设施的属性内容不尽相同；非自由流状态下，除了考虑上述静态设施和环境因素属性外，还需考虑时变的交通流状态属性。本书首先将道路设施分为普通路段设施、桥梁设施、隧道设施和立交设施四大类，分析各类设施的静态属性及描述方法。然后，分析对运营安全管理对策及决策研究有重要意义的动态属性。为研究实时通道路网运营安全管理与控制对策奠定基础。

3.1 静态属性

高速公路通道路网由立交、隧道、桥梁、直线段、曲线段、纵坡段以及弯坡段等具有不同道路特征的道路设施组成，不同道路特征的单元其静态属性的内容也不相同，进行静态属性分析时，将上述几种道路设施可分为四大类：普通路段、桥梁、隧道和立交，见图 3－1。

本书的主题是基于通道路网运营安全的管理及应急处置研究，该主题可概括为以下两点：① 管理的目的是高速公路网的行车安全；② 管理强调的是“运营阶段”的实时动态性。因此，本书的静态属性主要考虑以下两个方面：影响普通路段、桥梁、隧道和立交设施运营安全性的静态属性（包括道路设施属性和交通工程及沿线设施属性）；作为确定动态属性重要参数的静态属性，或对运营安全和管理对策决策过程有较大影响的其他静态属性，这些属性需对其进行定量描述，详见下述。

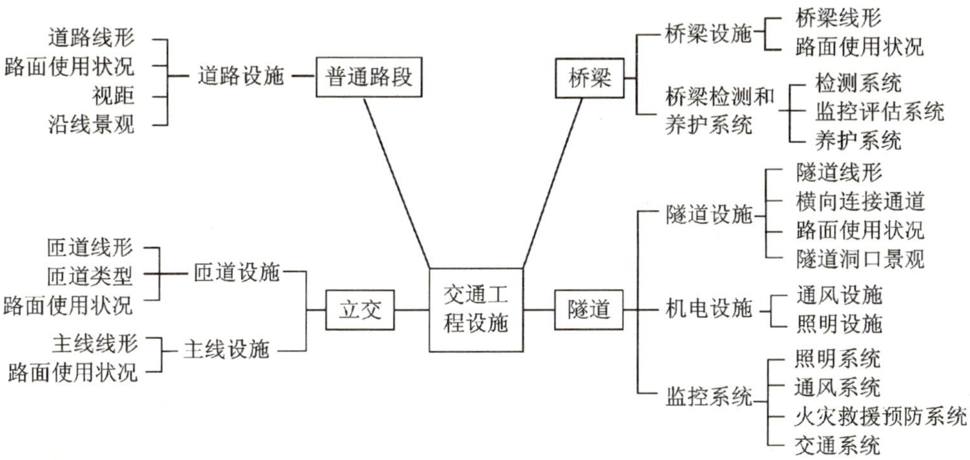

图 3－1　不同道路设施的静态属性内容

3.1.1　管理单元道路设施类型

如上所述，道路设施可分为四种类型：普通路段、桥梁、隧道和立交。不同类型的道路设施具有不同的设施条件，研究运营安全管理对策时要充分考虑各个类型的特殊性，如图 3－1 所示，普通路段主要考虑道路线形、路面使用状况、视距及沿线景观，立交对匝道和主线须分别考虑，桥梁需考虑检测和养护系统的优劣。将管理单元所属道路设施类型记为 LS_1，约定编号如下：普通路段，$LS_1=1$；桥梁，$LS_1=2$；隧道，$LS_1=3$；立交，$LS_1=4$。

3.1.2　普通路段设施属性集

1. 道路线形属性

道路线形包括平面线形、纵断面线形和横断面线形，其中影响运营安全的主要是平面线形和纵断面线形。道路线形的优劣从以下几个方面考察。

1）平面线形

（1）平曲线半径[119]

高速公路运营安全与道路平曲线半径关系密切。相关研究成果表明：交通事故通常发生在平曲线处，尤其是急弯（小半径平曲线）路段；交通事故的危险性（通常以交通事故率表示）和严重性随曲线半径的增加而降低；曲线半径低于200 m的路段，交通事故率较大；当曲线半径大于2 000 m时，继续增加半径对运营安全的改善效果并不明显；具有相同或相近曲线半径的路段的安全性高于曲线半径各不相同的路段，尤其是长直路段中突然插入一段小半径的平曲线，这对行车非常不利。

（2）曲率变化率[119]

由于由多个平曲线直接连接的路段要比传统的直线加平曲线路段的安全性高许多，因此，随着曲率变化率CCR（Curvature Change Rate）的增加，交通事故数也会增加，但是这种事故增加值会相对较小。

（3）曲线长度[119]

当曲率变化率相同时，曲线越长，交通事故数越多。当曲线长度增加4倍时，事故数大约增加3倍，且这种对应关系对于任意曲率变化率值都成立。

（4）曲线转角[119]

与曲线长度相关的曲线转角也是影响高速公路运营安全的一个因素。相关研究结论有：交通事故率与曲线转角呈抛物线关系，且抛物线具有极小值，即存在最优曲线转角；曲线转角的最佳安全值是20°，安全范围是15°～25°；小偏角曲线（转角小于或等于7°）容易使驾驶员产生急弯错觉，对行车安全不利；转角较大的（大于30°）曲线会造成严重的交通安全隐患。

（5）缓和曲线[119]

在线形中增加缓和曲线，会使车辆在正常转弯行驶时减少对道路摩擦力的需求，增强高速公路运营安全性。研究表明：当曲线半径小于200 m时，在直线与圆曲线之间添加缓和曲线，行车安全性会大大提高；曲线半径小于200 m的路段采用缓和曲线后，交通事故率会大大降低；而对于曲线半径大于200 m的路段，设置缓和曲线对行车安全的改善效果并不明显。

（6）直线长度[119]

直线线形与高速公路交通事故间也存在着联系，长的直线线形容易使驾驶员放松警惕、引起睡眠现象。由资料分析得出：长直线的安全性能差于短直线，在山区高速公路上这种情况尤其突出，中等长度的直线也可能会有较高的事故率，但短直线的事故率不高。

2）纵断面线形

（1）纵坡度[119]

高速公路纵坡段的交通事故较多。经分析，陡坡路段上交通事故的主要形态为：下坡时车辆失控驶出路面；连续下坡时行车速度过高。一般情况下，下坡事故数要比上坡事故数多，即下坡路段比上坡路段更危险。相关研究成果表明：纵坡坡度在 0%～2%之间最为合适；低于 6%的坡度对交通事故率影响不明显；当坡度大于 6%时，事故率会突然显著增加，这种变化在下坡路段尤其明显。

（2）竖曲线[119]

纵断面曲线分凸曲线和凹曲线两种。研究表明：凸曲线的交通事故率要比水平路段大；小半径凸曲线的事故率较高；陡坡（大于 6%）路段上的凸曲线发生交通事故的可能性更高；竖曲线的频繁变换会影响行车视距，从而严重降低运营安全性，尤其在凸曲线路段，视距受限会大大增加交通事故率；视距不足的凹曲线路段，在夜晚没有照明的情况下，运营十分危险。

如上所述，描述道路线形的指标很多，有平曲线半径、竖曲线半径、平曲线长度、竖曲线长度等，在此不将管理单元的这些属性一一表达出来，采用一个综合值（路线的运行车速差）来表示管理单元几何线形，将管理单元几何线形属性记为 LS_2，取值为该单元的最大运行车速差。

2. 路面使用状况属性

路面使用状况的内容包括：路面破损状况、行驶质量、强度及抗滑性能，路面使用状况的优劣从以下几个方面考察。

1）路面破损状况

沥青路面的泛油、拥包、波浪、坑槽、车辙、推移、裂缝、磨光等病害，以及水泥路面的挤碎、拱起、错台、翻浆、裂缝等病害，会降低路面的抗滑性能和平整度，从而影响高速公路运营安全。

2）路面行驶质量

路面行驶质量与路面的平整度有关，平整度对高速公路运营安全的影响不容忽视。具有不平整特征的路面易诱发交通事故，其主要原因有：路面的不平整性迫使车速突然降低而引发追尾事故；车辆避让路面坑槽而引起撞车、撞隔离带或防护栏；使车辆本身的振幅增加，影响了车辆的拖挂和车轮荷载对地面的作用，进而增加了行车危险性；产生的颠簸也会引起驾驶员心理和生理上的不适，从而引发交通事故等[128]。

3）路面强度

路面强度主要指路面整体对变形、磨损和压碎的抵抗能力。路面强度越高，耐久性越好，就越能适应高行车密度和复杂车辆组成，则高速公路运营越安全。

4）路面抗滑性

路面抗滑性不足是很多交通事故的成因。研究表明：路面附着系数越小，车辆产生滑溜的可能性越大，因此安全性能越差。当高速公路表面的抗滑能力（一般指纵向摩阻系数或附着系数）低于最小允许值时，车辆稍一制动，都有可能产生侧滑而失去控制[129]。附着系数主要取决于路面石料表面的纹理结构；路表类型相同时，附着系数随行车速度的增加而逐渐减小；路面附着系数随环境因素的变化而改变[128]。

采用路面综合评价指标（PQI）表示管理单元路面使用状况属性，记为 LS_3。

3. 视距属性

视距是保证高速公路行车安全的重要因素之一，与高速公路的平面线形和纵断面线形有密切关系。在平曲线与竖曲线上超车时发生的交通事故经常是由视距不足造成的。研究表明：事故率随视距的增加而降低；视距不足 100 m 的路段通常事故率较高；当视距超过 200 m 时，事故率随视距增加的降低幅度并不明显；当视距超过 600 m 时，事故率基本不再随视距的增加而变化。[119]

管理单元的视距属性可由相应视距数值表示，记为 LS_4。

4. 沿线景观优劣属性

公路景观环境是包括公路自身及其沿线地域内的自然景观和人文景观的综合体系，涉及公路的景观、沿线地域景观等内容。[134]设计较好的公路景观环境能够起到诱导驾驶员视线、防止驾驶疲劳、开阔视野等作用，有利于行车安全。将管理单元沿线景观优劣属性记为 LS_5。

3.1.3 桥梁设施属性集

1. 桥梁线形属性

桥梁的纵断面、横断面和平面线形优劣对桥梁的运营安全起着重要的作用。将桥梁的线形优劣属性记为 LS_6，桥梁线形的优劣从以下几个方面考察。

1）纵断面线形

影响高速公路桥梁运营安全的纵断面线形，一方面是桥头引桥与桥上纵坡的衔接，桥头引道线形与桥上线形必须有良好的配合，保持桥梁线形与路线线形连续、流畅，保证视野开阔，良好的诱导视线，才能保证司机行驶的顺利过渡，保证桥梁驾驶安全舒适；另一方面是桥上的线形，除了保证视线开阔外，合理的设置桥梁纵坡，保证桥面排水的需要，例如设置从中间向两端倾斜的双向纵坡，若不能正常排水，雨天桥梁上的行驶将严重威胁运营安全。

2）横断面线形

桥梁横断面对高速公路运营安全的影响主要体现在桥梁与引道相对宽度上，两者宽度不协调时，突变的路面容易引起司机紧张，尤其是在桥梁宽度突然变窄时。

3）平面线形

桥梁的平面线形也同样要保持引桥与桥上的平顺，使车辆平稳安全的过渡。

2. 桥梁路面使用状况属性

桥梁路面条件直接影响到桥梁上的车辆行驶安全性。由于桥梁一般处于河流、山岭环境中，相对的湿度会比较大，对路面的抗滑性不利。而桥梁不仅会受到雨、雾、冰和雪的影响，还会受到不同类型风的影响，这些环境均要求桥面有较高的抗滑性。此外，桥梁的接缝对行车安全也有一定的影响，接缝设置的好坏影响车辆平顺的通过，过度的颠簸，导致车辆行驶不稳定，容易引发安全问题。

同上，采用路面综合评价指标（PQI）表示桥梁路面使用状况属性，记为 LS_7。

3. 桥梁检测与养护系统优劣属性

对高速公路的桥梁安全及使用寿命的评价，及时了解运营中的桥梁结构的安全性，并根据实际情况安排桥梁养护、维修、改建等工作，保证桥梁结构的安全使用。因此，先进的检测养护系统对保证高速公路桥梁运营安全相当重要。将桥梁检测与养护系统优劣属性分别记为 LS_8、LS_9。

3.1.4　隧道设施属性集

1. 隧道线形属性

公路隧道线形主要指隧道的平面线形和纵断面线形，这两方面是相辅相成而非完全独立的。将隧道线形的优劣属性记为LS_{10}，隧道线形的优劣从以下几个方面考察。

1）平面线形

隧道安全运营问题不仅反映在洞内，也反映在洞外，尤其引线路段的影响最大。设置良好的隧道平曲线，有利于光线的过渡，而且能有效地调节驾驶人的心理，不至于受出口“白洞”影响加速出洞，避免引起交通事故，有助于控制洞内车速，提高驾驶人的注意力。另外，在满足停车视距要求的条件下，合理设置曲线隧道，对运营安全有利。[130]

2）隧道纵断面线形[130]

纵断面线形主要为道路前进方向上坡、下坡的纵向坡度和在两个坡段转折处插入的竖曲线。纵断面线形与交通安全紧密相关的因素有：坡度和坡长。

隧道纵坡对行车安全的影响非常大，它主要受通风条件及行车舒适性等因素控制。对于长大隧道而言，隧道的通风量一般与隧道纵坡的平方级数是成正比的，因此，隧道的坡度越大，对洞内交通安全和卫生条件越不利。一般情况下，下坡行驶的事故数量要比上坡行驶的多出1～2倍，并且由于上、下坡行车条件的差异，在较小纵坡的条件下就开始反映出来。下坡行驶制动比上坡制动具有较大危险的原因，是由于必须急刹车时下坡行驶的制动距离要比上坡行驶的长，而更重要的是制动器发生故障，由于这个原因引起的事故要占汽车故障引起事故总量的40％以上。《公路隧道设计规范》(JTG D70－2004)规定：公路隧道的纵坡不小于0.30％且不大于3％。

在连续上坡路段，机动车在较长的坡道上行驶，水箱易沸腾、气阻，以致行车缓慢无力，甚至发动机熄火，机件磨损增大，驾驶条件恶化，或者由于轮胎与道路表面摩擦力不足而引起车轮空转打滑。在连续下坡时，则由于需减速制动，也往往易发生因制动器发热失效或烧坏而导致交通事故。因此，坡长越大，对运营安全越不利。

2. 横向连接通道属性

横向连接通道的主要功能是连接相邻两隧道，以备紧急情况下乘行人员向另一条无烟、安全的隧道撤离。[131]因此要求通道具有良好的畅通性和能见性。能见性要求横向连接通道内应设有紧急照明和通信设施，紧急照明为常亮方式且与应急供电系统相连。此外，连接通道应有一定的数量，保证事故发生时有足够的逃亡选择，连接通道的间距小，隧道的安全水平也就提高，但是相应的施工和技术设备的费用也随之增加。换而言之，如能满足疏散、救援要求的情况下，能适当增大连接通道间距减少通道数，其节省下来的费用投资到其他安全设施上，可全方位建造一个更安全的隧道。一些国家对公路隧道明确了连接通道的最大间距，见表 3-1。将隧道横向连接通道属性记为 LS_{11}，由相应的横向通道间距值表示。

表 3-1　国外设计准则中公路隧道连接通道间距推荐值[131]

国　家	出版物/号	时间	通道间距	备　　注
奥地利	RVS 9.281/9.282[2]	1989	500 m	连接通道间距最大允许至 1 km
德　国	RABT[3]	1984	350 m	根据最新 RABT 曲线，通道间距将调整至 300 m
瑞　士	Tunnel Task Force[4]	2000	300 m	

3. 隧道路面使用状况属性

隧道路面条件直接影响到隧道内的车辆行驶安全性，由于隧道处在相对封闭的环境中，湿度较大，有害气体浓度较高，这些因素对路面抗滑的耐久性都有一定影响。一旦路面的抗滑性能或平整度下降，必将对交通安全产生一定的影响。

同上，采用路面综合评价指标(PQI)表示隧道路面使用状况属性，记为 LS_{12}。

4. 隧道洞口景观

高速公路隧道洞口是高速公路的一个重要组成部分，其洞门主要是用圬工砌筑并加以建筑装饰的支挡结构物。它联系衬砌和路堑，是整个隧道结构的主要组成部分，也是隧道进出口的标志。其作用在于支挡洞口正面仰坡和路堑边坡，拦截仰坡上方的小量剥落、掉块、保持仰坡和边坡的稳定，并将坡面汇水引离隧道，保证洞口线路的安全。因此，洞门对于确保洞内施工安全和隧道正常运营具有重要作用。[132]合理的隧道景观设计，既要求保证与自然环境相协调，又要求有利于保证行车安全，为司乘人员提供高质量的交通服务。将隧道洞口景观设计优劣属性记为 LS_{13}。

5. 机电设施优劣属性

隧道机电设施主要是指通风、照明设施。

在隧道运营期间，为了有效地排放隧道内的有害气体及烟尘，保证司乘人员及洞内工作人员的身体健康，提高行车的安全性和舒适性，通常需要按一定的方式不断地向隧道内送入新鲜空气，此即隧道运营通风。如果单从交通安全及舒适角度考虑，全横向式通风最为理想，这样沿纵向几乎没有风流动，有利于行车安全和防火。但考虑到经济性，现在的高速公路多采用纵向通风，因此应使其风速小于规范值，否则应当改变通风方式或进行分段式通风。[132]

公路隧道的照明，是为了把必要的视觉信息传递给驾驶人，防止因视觉信息不足而出现交通事故，从而提高驾驶的安全性[132]。洞内路段照明和洞外路段照明对隧道交通安全都具有重要意义。在满足规范要求下，尽量使洞口外路段保持低亮度，以与洞口的低亮度相协调。这样不仅可以节约照明费用，而且还能使驾驶人尽快适应明暗过渡，有利于行车安全。

将隧道通风、照明设施优劣属性记为 LS_{14}、LS_{15}。

6. 监控系统优劣属性

按照系统外部监控设施的具体功能进行划分，隧道监控系统主要包括 4 个部分：隧道交通监控子系统；隧道通风监控子系统；隧道照明监控子系统；隧道火灾监控子系统。

交通监控子系统主要包括交通监测设施、交通控制及诱导设施等。通风监控子系统主要是对隧道的通风状况和风机的运行状态进行检测，具备对数据采集处理功能、风机控制功能和运转状态反馈功能及全部信息的记录功能。隧道照明监控子系统主要对隧道的照明状况和照明回路状态进行检测，同时对隧道照明回路的开关状态进行控制，根据当前天气情况给出相应的控制方案。隧道火灾监控子系统能够接收火灾报警输出，区别手动报警和火灾探测自动报警，自动记录、存贮、打印报警记录，并可进行查询。[132]

系统能够对隧道内的交通状况、通风状况、照明状况、火灾状况等进行实时的监测，及时准确地处理隧道内火灾发生时的通风、照明，以及交通事故发生时的有效疏通，并给予正确的事故处理和交通诱导方案，是事件发生下的隧道运营安全管理的关键组成部分。

将隧道交通监控子系统、隧道通风监控子系统、隧道照明监控子系统和隧道火灾监控子系统优劣属性分别记为 LS_{16}、LS_{17}、LS_{18}、LS_{19}。

3.1.5 立交设施属性集

1. 匝道线形

立交匝道线形主要指匝道的平面线形和纵断面线形，立交匝道线形应满足车辆的行驶安全，能够适应车辆安全的加减速和转弯的运行特征，并具有良好的通视条件。将匝道线形的优劣属性记为 LS_{20}。

1）平面线形

根据汽车在匝道上的行驶特性，分流以后到合流之前为变速行驶状态。变速过程可以分为如图 3-2 所示的三种情形[50]，其中，图中 a 段表示 $v_1 \sim v_2$ 为减加速行驶过程，此行驶状态是最为安全的行驶过程，图中 b 段表示 $v_1 \sim v_2$ 为匀速或减速行驶过程，此行驶状态也较为安全，但图中 c 段表示 $v_1 \sim v_2$ 为加减速行驶过程，此行驶状态是一种不安全的行驶过程，由于汽车在匝道上过早地加速，容易在入口附近造成减速不及而引起交通事故。

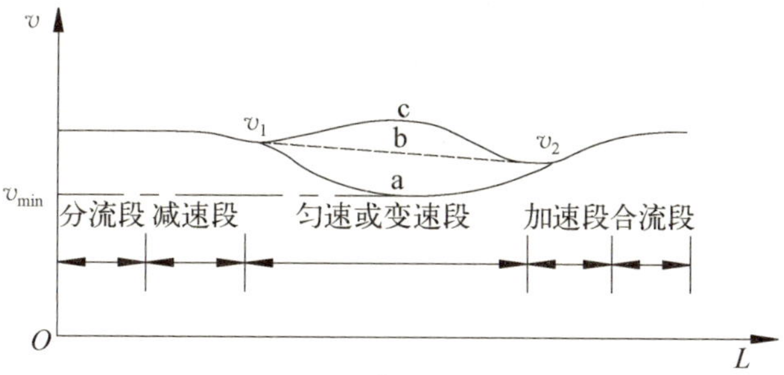

图 3-2　匝道上汽车行驶速度变化示意图

对应于这三种行驶状态，平面线形由安全到不安全分为以下三种：

（1）与 $v_1 \sim v_2$ 为减加速行驶过程相适应的平面线形

满足这种行驶状态的匝道平面线形，是在 $v_1 \sim v_2$ 区段采用非对称的曲率变化率连续的平面线形。比较接近的平面线形是在该区段采用单曲线、凸形曲线、卵形曲线等。对右转匝道、左出左进的左转匝道和环圈式左转匝道都可以设计成这种平面线形。其中，环圈式匝道也可以采用多心复曲线或水滴形平面线形。

（2）与 $v_1 \sim v_2$ 为匀速或减速行驶过程相适应的平面线形

匝道平面线形是由反向曲线（或同向曲线）之间用较短的直线或曲线连接时，就能满足这种行驶状态。比如右出右进、右出左进和左出有进的左转匝道以及反向曲线的右转匝道等都能设计成满足此类行驶过程的平面线形。当匝道纵坡为陡坡且为上坡（减速行驶）时，曲线间也可采用较长的直线。

（3）引起 $v_1 \sim v_2$ 为加减速行驶过程的平面线形

当反向曲线（或同向曲线）之间用较长直线或大半径平曲线连接时，可能产生此类行驶状况。

2）纵断面线形

匝道纵断面线形对安全行车有很大影响，其优劣从以下几个方面考察。

（1）匝道纵坡度

不同位置的匝道，对纵坡度的要求有所不同，在匝道及其与正线连接处，纵断面线形与正线的连续性非常重要，线形的突变很容易引起行车不舒适，诱发交通事故。匝道上应尽量采用较缓的纵坡，以保证行车的舒适与安全。匝道的纵坡度的大小还会影响行车的稳定性，雨、冰雪环境下对于大型客货车纵向稳定性很不利，易发生翻车事件。

（2）匝道竖曲线半径

竖曲线半径直接影响车辆的视距，半径越小视距越小，对行车安全越不利。不同位置竖曲线半径的设置必须保证行车安全，例如，在匝道及端部纵坡变化处应采用较大半径的竖曲线，以保证足够的停车视距。分、合流点及其附近的竖曲线还应满足识别视距要求，以保证能看清前方的路况。

（3）匝道坡长

匝道坡长不易过短，过短的坡长对行车安全不利，频繁的坡度变换引起驾驶不连续性。在限制条件不严的情况下，匝道最短坡长应满足规范要求。

2. 匝道类型

将匝道类型属性记为 LS_{21}。不同的匝道类型对行车安全性影响不同，按照匝道的功能及其与相交道路的关系，分为右转匝道和左转匝道两大类[50]：

1）右转匝道

从右侧驶出后直接右转 90°，到相交道路的右侧驶入，一般不设跨线构造物，其特点是形式简单，车辆运行方便，直捷顺畅，行车安全性较好。右转匝道属性编号约定为 $LS_{21}=1$。

2）左转匝道

车辆须转 90°～270°越过对向车道，至少需要一座跨线构造物。按匝道与相交车道的关系，左转匝道又可分为以下几种基本形式。

（1）左出左进式

左转车辆直接从左侧驶出，左转弯到相交道路的左侧驶入。我国交通运行体制为右行制，对于单向三车道的高速公路而言，最内侧车道为超车道，行驶车速较高；中间车道为行车道，其车道上车辆行驶车速一般为设计车速的 0.9 倍[133]；最外侧车道一般为重型车行驶车道，该车道行驶车速较低。重型车质量重惯性大，车速低，从一个车道移位至另一个车道，比小型车困难，耗时多，易干扰车道上其他车辆行驶。因此，左出左进的形式对立交的安全最为不利。

左出左进类属性编号记为 $LS_{21}=2$。

(2) 左出右进式

左转车辆从左侧直接驶出后左转弯，到相交道路时由右侧驶入。这种形式的匝道虽然改变了左进的缺点，但是仍然存在左出的问题，驶出车道的安全性较差。左出右进式匝道对立交安全的威胁位居其次。

左出右进类属性编号记为 $LS_{21}=3$。

(3) 右出左进式

左转车辆从右侧右转驶出，在匝道上左转，到相交道路后直接有左侧驶入。这种形式的匝道虽然改善了左出的缺点，但左进仍然存在，驶入车道的安全性较差。该形式的立交与左出右进式匝道一样，对立交安全的威胁位居其次。

右出左进类属性编号记为 $LS_{21}=4$。

(4) 右出右进式

左转车辆都是由正线行车道右侧右转弯驶出和驶入，在匝道上左转改变方向。右出右进式完全消除了左出和左进的缺点，行车安全方便。

左出左进类属性编号记为 $LS_{21}=5$。

3. 立交路面使用状况属性

同上，采用路面综合评价指标(PQI)表示立交路面使用状况属性，记为 LS_{22}。

4. 主线线形属性

立体交叉设计范围内的主线，既是立交的组成部分，又是路线的组成部分，因此，车辆通过时，应保证与路段上具有同样的行车条件，不因修建立交而降低线形标准。在立交范围内，有墩台、上部构造物、护栏、路线石等，会给行车带来不利影响。由于车辆进出，产生合流点、分流点，有时还会形成交织路段或平交冲突点，交通比一般路段要复杂得多。因此，互通式立体交叉范围内的主线线形设计标准，应高于主线一般路段上的设计标准，详见文献[50]。将立交主线线形的优劣属性记为 LS_{23}。

3.1.6　管理单元交通工程及沿线设施属性

高速公路交通工程及沿线设施包括交通防护和隔离设施、防眩设施、视线诱导设施、标志标线及信息板设施、监控设施、信息设施、警报设施等。交通工程及沿线设施是根据交通工程学的原理和方法为使道路通行能力最大、经济效益最高、交通事故最少、公害程度低而设置的系统、设施和给人或车配备的装备，属于道路的基础设施。对减轻事故的严重度、排除各种纵、横向干扰、提高道路服务水平，提供视线诱导，改善道路景观等起着重要的作用，对充分保障高速公路运营安全，具有特殊意义。

但是，交通安全设施若设置不当、布置过多、设计有误或质量伪劣，反倒可能成为安全隐患，增加高速公路事故率。因此，应该从数量、位置、形式、安全制造工艺上仔细研究，使之真正起到安全保障作用。

将管理单元交通防护和隔离、防眩、视线诱导、标志标线及信息板、监控、信息、警报优劣属性分别记为 LS_{24}、LS_{25}、LS_{26}、LS_{27}、LS_{28}、LS_{29}、LS_{30}。

3.1.7 其他静态属性

1. 管理单元长度

管理单元的长度和运行车速是确定车辆在该单元上运行时间的两个主要因素，所以管理单元的里程长度是以时间为路阻的绕行诱导对策的重要依据。此外，单元所能容纳的车辆数与该单元的长度大小密切相关，是影响以运营安全为管理目标的动态交通诱导决策的重要参数。

管理单元的长度属性可由相应长度数值表示，记为 LS_{31}。

2. 管理单元公路等级

不同的公路等级相应的设计标准不同，适应的交通量不同，行车的舒适性和安全性也不同，在确定安全管理路网和制定管理对策时，须考虑道路的等级。根据《公路工程技术标准》(JTGB01－2003)公路分为高速公路、一级公路、二级公路、三级公路、四级公路五个等级。将管理单元公路等级属性记为 LS_{32}，分为上述五类：高速公路，记为 $LS_{32}=0$；一级公路，记为 $LS_{32}=1$；二级公路，记为 $LS_{32}=2$；三级公路，记为 $LS_{32}=3$；四级公路，记为 $LS_{32}=4$。

3. 管理单元车道数

不同的车道数以及管理单元的公路等级对应不同的通行能力属性，而通行能力属性又是影响路网诱导对策的重要因素，公路等级不同车道数可以适应的交通量详见《公路工程技术标准》(JTGB01－2003)规定。

管理单元的车道数属性可由相应车道数量表示，记为 LS_{33}。

4. 管理单元设计车速

依据《公路工程技术标准》(JTGB01－2003)，设计车速是在气象条件良好，车辆行驶只受公路本身条件影响时，具有中等驾驶技术的人员能够安全、顺适驾驶车辆的速度，是确定几何线形的基本要素，与运行速度有密切关系。设计速度高时，运行速度低于设计速度，反之，运行速度低于设计车速。因此，设计车速与运行安全有关。在公路几何设计时，由设计车速确定的几何线形应满足的技术标准，如极限最小半径、最大纵坡等，反映的是一条道路技术指标采用的最低值，在地形等困难时采用值，一般尽量避免使用。因此，设计车速是确定限速对策的重要依据之一。

管理单元的设计车速属性可由设计车速值表示，记为 LS_{34}，见表 3－2。

表 3－2　各级公路设计车速[90]

公路等级	高速公路			一级公路			二级公路		三级公路		四级公路
设计速度(km/h)	120	100	80	100	80	60	80	60	40	30	20

5. 阻塞密度

交通流密度是个动态变化的属性，当密度继续增大，达到导致所有车辆无法通行时，速度趋近于零，交通流量也趋近于零，此时的密度称为阻塞密度，阻塞密度是不随时间变化的静态属性，记为 LS_{35}。阻塞密度是建立流量—密度—速度三者关系的重要参数条件。

6. 管理单元年平均日交通量

管理单元年平均日交通量是指一年内观测的交通量总和，除以 365 天，所得到的平均值。年平均日交通量在交通工程中是一项极其重要的控制性指标，用作道路交通设施规划、设计、管理等的依据，有历史年平均日交通量和预测的年平均交通量，针对不同的管理目的，选取年平均日交通量。将管理单元年平均日交通量属性记为 LS_{36}。

7. 车道宽度、侧向净空

道路条件、交通条件和驾驶员条件是影响管理单元通行能力属性的主要因素，具体地讲，就是车道宽度、侧向净空、交通组成和驾驶员状况。其中属于静态属性的是车道宽度和侧向净空，侧向净空包括左侧路缘带宽度和右侧路肩宽度，两边侧向净宽不足且不相等时，取两侧向净宽的平均值。车道宽度和侧向净空属性分别记为 LS_{37}、LS_{38}。

8. 管理单元车辆检测器布设属性

在车辆检测器布设的位置，能够得到精确的交通流参数信息，车辆检测器的数量越多，管理单元能够获取的交通信息越全面，对运营安全管理对策即决策研究的帮助就越大。管理单元车辆检查器布设数量属性记为 LS_{39}。

3.1.8 静态属性矩阵

通过上述分析，确定了 39 个静态属性，管理单元 i 的静态属性如表 3-3 所示。记静态属性矩阵为 LS，可表示为

$$LS = (LS_{ij})_{m\times n}$$

$LS_{ij} = LS_j(i)$ 为管理单元 i 第 j 个属性，$n = 39$。

表 3-3　管理单元 i 的静态属性

属　　性	编号	属　　性	编号	属　　性	编号
管理单元道路设施类型属性	LS_1	**$LS_1 = 3$（隧道）**		标志标线及信息板设施	LS_{27}
$LS_1 = 1$（普通路段）		机电通风设施	LS_{14}	监控设施	LS_{28}
道路线形属性	LS_2	照明设施	LS_{15}	信息设施	LS_{29}
路面使用状况属性	LS_3	隧道交通监控子系统	LS_{16}	警报设施	LS_{30}
视距	LS_4	通风监控子系统	LS_{17}	**其他**	
沿线景观优劣属性	LS_5	照明监控子系统	LS_{18}	管理单元长度	LS_{31}
$LS_1 = 2$（桥梁）		火灾监控子系统	LS_{19}	管理单元公路等级	LS_{32}
线形属性	LS_6	**$LS_1 = 4$（立交）**		管理单元车道数	LS_{33}
路面使用状况属性	LS_7	匝道线形	LS_{20}	设计车速	LS_{34}
检测系统优劣属性	LS_8	匝道类型	LS_{21}	阻塞密度	LS_{35}
养护系统优劣属性	LS_9	立交路面使用状况	LS_{22}	年平均日交通量	LS_{36}
$LS_1 = 3$（隧道）		主线线形	LS_{23}	车道宽度	LS_{37}
隧道线形	LS_{10}	**交通工程设施属性**		侧向净空	LS_{38}
横向连接通道	LS_{11}	交通防护和隔离设施	LS_{24}	车辆检测器布设	LS_{39}
路面使用状况	LS_{12}	防眩设施	LS_{25}		
洞口景观	LS_{13}	视线诱导设施	LS_{26}		

3.2　动 态 属 性

动态属性是随时间的变化而实时发生变化的属性，动态属性是管理单元运营安全管理及应急处置研究的重要依据。

将动态属性根据其获取的方式分为直接动态属性和间接动态属性两类：直接动态属性，是指可直接通过各类检测设备得到的动态属性，如车流密度、流量、运行速度、自由流车速、能见度、降雨强度、结冰面积率、降雪量、气温、风速等；间接动态属性，是指需要经过对上述静态属性和直接动态属性进行一定的运算或判断才能得到的动态属性，如管理单元事故状态下的事故等级属性、管理单元水膜厚度、管理单元路面附着系数、管理单元可视距离、管理单元上驾驶员的反应时间、管理单元通行能力等。

直接动态属性较为简单，对其说明如下：

(1) 车流密度：密度是指一条车道上车辆的密集程度，即在某一瞬时内单位长度一条车道上的车辆数，单位为 pcu/km/ln，由布设在沿线的车辆检测器获取。将管理单元由路肩向中央分隔带依次记为车道 1, 2, …, $LS_{33}(i)$；将管理单元行驶方向上的车辆检测器依次记为 1, 2, …, $LS_{39}(i)$，那么，管理单元 i、第 n 个车辆检测器检测到的车道 m 的车流密度属性记为 $LD_1(i, t, m, n)$, $m=1, 2, \cdots, LS_{33}(i)$, $n=1, 2, \cdots, LS_{39}(i)$，管理单元车流密度的平均值记为 $LD_1(i, t)$。

(2) 流量：流量是指在单位时间段内，通过道路某一地点、某一断面或某一条车道的交通实体数，单位为 pcu/h。同上，管理单元 i、第 n 个车辆检测器检测到的车道 m 的流量属性记为 $LD_2(i, t, m, n)$, $m=1, 2, \cdots, LS_{33}(i)$, $n=1, 2, \cdots, LS_{39}(i)$，管理单元流量平均值记为 $LD_2(i, t)$。

(3) 运行速度：运行速度又称行驶速度，单位为 km/h。管理单元 i、第 n 个车辆检测器检测到的车道 m 的瞬时地点速度属性记为 $LD_3(i, t, m, n)$, $m=1, 2, \cdots, LS_{33}(i)$, $n=1, 2, \cdots, LS_{39}(i)$，管理单元车速的平均值记为 $LD_3(i, t)$。

(4) 车头间距：前后两车间的距离，单位 km。管理单元 i、第 n 个车辆检测器检测到的车道 m 的车辆与前车的车头间距属性记为 $LD_4(i, t, m, n)$, $m=1, 2, \cdots, LS_{33}(i)$, $n=1, 2, \cdots, LS_{39}(i)$ 管理单元车头间距平均值记为 $LD_4(i, t)$。

(5) 自由流车速：自由流速度是指密度为零时交通流的理论速度，或者说是不受其他车辆干扰、根据驾驶员主观意愿自由选择的行驶速度。自由流速度受道路与交通控制管理条件(限速)的影响,包括车道宽度与侧向净空、车道数量、立交间距、平面与纵断面线形、限速、照明条件以及天气条件等。记为 $LD_5(t)$。

(6) 能见度:气象能见度距离是指视力正常的人在白天、当时天气条件下能够从天空背景中看到和辨认大小适当的黑色目标物的最大水平距离。单位为 m,将能见度属性记为 $LD_6(t)$。

(7) 降雨强度:指单位时段内的降雨量,以 mm/min 或 mm/h 计,记为 $LD_7(t)$。

(8) 结冰面积率:结冰面积占不结冰路面的比例,单位为%,记为 $LD_8(t)$。

(9) 积雪厚度:积雪厚度与降雪量可按照 15∶1 的比例换算,如 15 cm 厚的积雪约为 10 mm 降雪量。将积雪厚度属性记为 $LD_9(t)$。

(10) 气温:道路环境实测的大气温度,单位为摄氏度(℃),记为 $LD_{10}(t)$。

(11) 风速:风速是单位时间内,空气在水平方向上移动的距离。表示风速的单位有 m/s、km/h 和 nm/h,记为 $LD_{11}(t)$。

间接动态属性不能直接通过检测器测到,而是通过对上述若干静态属性和直接动态属性进行一定的数学逻辑运算得到。这些动态属性不仅与上述属性有关,而且跟运营环境密切相关,不同的运营环境下,确定的方法也不同。因此,确定间接动态属性时,首先获取静态属性和直接动态属性,通过这些属性数据对管理单元的运营环境进行判断及判定,然后根据不同的运行环境,确定间接动态属性。以下对管理单元事故等级属性、水膜厚度、路面附着系数属性、管理单元上驾驶员的可视距离、反应时间、管理单元通行能力属性进行详细分析,将这六个属性分别记为 $LD_{12}(t)$、$LD_{13}(t)$、$LD_{14}(t)$、$LD_{15}(t)$、$LD_{16}(t)$、$LD_{17}(t)$。

3.2.1 管理单元交通事件等级属性

管理单元发生交通事件时,事件的严重程度对通行能力、实时安全性、行程时间等都将产生影响。以下对管理单元事件状态下事件等级划分进行讨论,并分析事件辨识标准和等级判定标准。

1. 管理单元交通事件等级划分

不同严重程度的交通事件,对道路运营造成的威胁是不同的,事件发生所占据的空间越大,通行能力损失就越多,造成交通拥挤的可能性就越大,那么对安全越不利。因此,对交通事件的分级可以根据其对管理单元造成的通行能力损失、占用的车道数等进行，最直接的分级方法就是事件所占车道数，以双向六车道的高速公路为例，可以分为以下四级：

Ⅰ级：路肩。事件位置为路肩，横向净空减少，并引起司机减速张望，影响同向车道的通行能力。如图 3－3 b)所示。硬路肩上停车时不靠边停车，没有按规定在故障车后方设置警告标志，导致在路肩的追尾等，记事件等级为 $LD_{12}(t)=1$。

Ⅱ级：一个车道。事件发生占用一个车道，导致高速公路通行能力降低，损失一个车道空间，如图 3－3c)所示。如发生前后追尾，倒车相撞，溜车等引起的较小范围内的事件，记事件等级为 $LD_{12}(t)=2$。

Ⅲ级：两个车道。事件发生占用两个车道，导致高速公路通行能力降低，损失两个车道空间，如图 3－3d)所示，如挂车，鲁莽超车时引起的相邻两车摩擦，高载货车洒落货物等引起的影响两个车道范围的事件，记事件等级为 $LD_{12}(t)=3$。

Ⅳ级：三个车道。事件发生占整半幅宽，导致高速公路无法通行，交通中断，记事件等级为 $LD_{12}(t)=4$。

当未发生交通事件时，记 $LD_{12}(t)=0$。

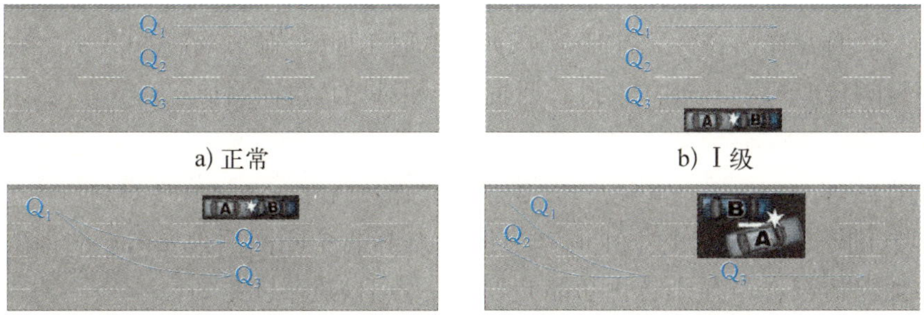

a) 正常　b) Ⅰ级

c) Ⅱ级　d) Ⅲ级

图 3－3　各等级交通事件示意图

2. 交通事件辨识标准

由于道路上交通流的复杂性，在道路上行进的车流运行特性时刻在发生改变。就交通流状态而言，可以是自由流状态、非自由流状态，一旦发生交通事件，不同交通流状态、不同事件严重程度下，路网将出现不同的交通异常情况，如发生拥挤或拥堵。因此，交通事件发生与否可以由占有率、流量、速度、密度等指标来反映，这些指标在一定程度上确实能够反映出事件引起的车流运行状态改变。在如图 3－4 所

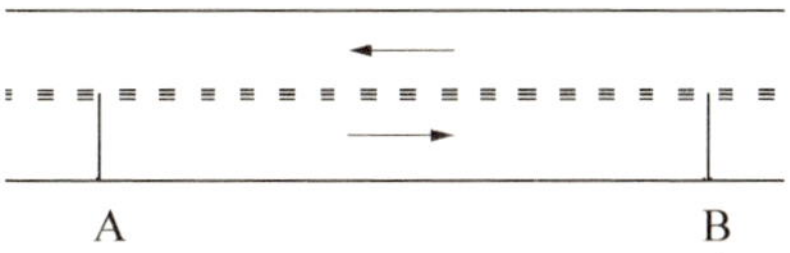

图 3－4　高速公路路段检测器布设

示的高速公路两个相邻车辆检测器之间的路段上，一旦发生交通事件，则在上游的检测器 A 处的流量减少，占有率增加；同时下游检测器 B 处的流量和占有率都将相对减少。仅从流量或者占有率的增加、减少，是否能对发生交通事件做出判断呢？本书应用波动理论解释该过程。

如图 3－5 所示，图中，u_1：A 所在区域车辆平均速度；u_2：B 所在区域车辆平均速度，假设激波 S 的速度为 u_w，前后为两个相邻的不同交通流密度区域（k_1 和 k_2）。

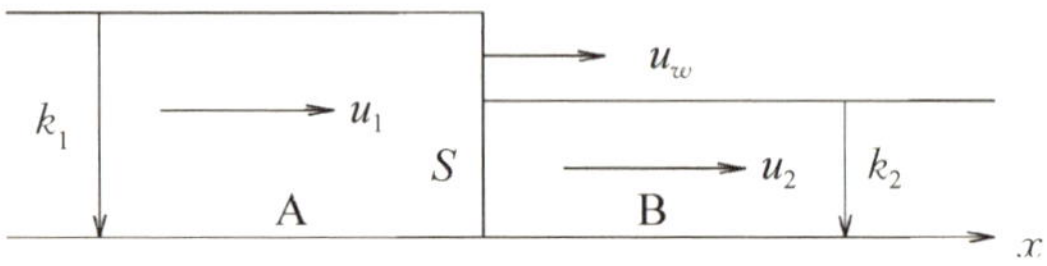

图 3－5　两种密度车辆运营状况

显然，由交通量守恒可知，在时间 t 内通过界面 S 的车辆数 N 可以表示如下：

$$N = u_{r1}k_1t = u_{r2}k_2t$$

即

$$(u_1 - u_w)k_1 = (u_2 - u_w)k_2$$

式中，$u_{r1} = (u_1 - u_w)$：在 A 区相对于垂直分界线 S 的车辆的速度；$u_{r2} = (u_2 - u_w)$：在 B 区相对于垂直分界线 S 的车辆的速度。

整理可得

$$u_2k_2 - u_1k_1 = u_w(k_2 - k_1)$$

由 $q = ku$ 可知：$q_1 = k_1u_1$；$q_2 = k_2u_2$。

代入可得

$$u_w = \frac{q_2 - q_1}{k_2 - k_1} \tag{3-1}$$

由此：$u_w = \dfrac{q_2 - q_1}{k_2 - k_1}$

当 $u_w > 0$，表明波面的运动方向与交通流的运动方向相同，此时意味着

$$\begin{cases} q_2 - q_1 > 0 \\ k_2 - k_1 > 0 \end{cases} \text{或} \begin{cases} q_2 - q_1 < 0 \\ k_2 - k_1 < 0 \end{cases}$$

前一种情况表示交通流从低流量、低密度、高速度进入到高流量、高密度、低速度区，但波面向下游运动，即高密度区并未向上游扩展，即使这种变化由事件引起，也不影响上游交通，原因是事件发生前道路未达到通行能力，事件后将通行能力进一步发挥出来。后一种情况是从高流量、高密度、低速度进入低流量、低密度、高速度，下游交通状况得到改善，但不影响上游交通状况。

当 $u_w = 0$ 时，$q_2 - q_1 = 0$，表示流量相同，速度、密度不同的两种状态的转化，出现在交通量不大，交通波发生在事故点。

当 $u_w < 0$ 时，表明波面的运动方向与交通流的运动方向相反，此时意味着

$$\begin{cases} q_2 - q_1 < 0 \\ k_2 - k_1 > 0 \end{cases} \text{或} \begin{cases} q_2 - q_1 > 0 \\ k_2 - k_1 < 0 \end{cases}$$

前一种情况表示交通流从高流量、低密度、较高速度进入低流量、高密度、较低速度区，由于此时波面向上游运动，上游交通流受到影响而变差，这是由于受到事故路段通行能力的限制而形成的。后一种情况是交通流从高密度、低流量、低速度进入到低密度、高流量、高速度状态，由于交通波向上游运动，上游交通得到改善，如事件现场得到清理，交通得到疏散。

综上所述，当 $u_w < 0$ 时，则表示下游 2 段的交通参数变化影响到上游 1 段的交通运营状况，波的传播方向与原车流流向相反，可以得到：

(1) 当 $u_w > 0$，交通波向下游运动，即便是由事件引起交通流的变化，通过发挥剩余道路通行能力，上游交通不会受影响，只需采取相应的急救措施；

(2) 当 $u_w < 0$，$q_2 - q_1 > 0$，$k_2 - k_1 < 0$ 时，即流量增大，密度变小，交通波向上游运动，上游运营状况得到改善；

(3) 当 $u_w < 0$，$q_2 - q_1 < 0$，$k_2 - k_1 > 0$ 时，即流量减小，密度变大，交通波向上游运动，上游运营状况变差，甚至形成阻塞、排队等。

显然，对交通事件采取交通管理措施的必要条件是 $q_2 - q_1 < 0$，$k_2 - k_1 > 0$。考虑到高速公路检测器布置有一定的间隔，一般不小于 1 km 布设一组，事件一般发生在两个检测器之间，发生在检测器所在位置的概率极少，因此，事件路段的交通参数不能直接检测到，直到交通波阵面运动到检测器所在位置时，前后两个周期检测到的交通参数即为两种不同交通状态的参数。

因此，将事件发生的判断准则确定为某检测器前后两个采样周期检测到密度增大，而流量减少，即 $q_A(j) - q_A(j-1) < 0$，$k_A(j) - k_A(j-1) > 0$，j：第 j 个采样周期。

3. 交通事件等级判定标准

设 t_0 为起始时间，所在时间段 $[t_0, t_1]$，$[t_1, t_2]$，$[t_2, t_3]$ ……有相等的时间间隔 t，称为采样周期。时间段 $[t_{j-1}, t_j]$ 用 S_j 表示。事发点上游检测器 A 在时间段 S_j 内的流量和密度分别用 $q_A(j)$ 和 $k_A(j)$ 来表示，下游检测器 B 检测到的流量和密度用 $q_B(j)$ 和 $k_B(j)$ 来表示。车辆检测器的占有率为 1 个采样周期 t 内的时间占有率。

当上游检测器检测到 $\Delta q_A(j) = q_A(j) - q_A(j-1) < 0$，$\Delta k_A(j) = k_A(j) - k_A(j-1) > 0$ 时，进行事件等级的判定。

首先推导一级事件下事发点上下游占有率之差。如图 3-6 所示，路段 3 为事件路段，发生路肩事故时，通行能力减小到原来的 83%（表 3-4）。交通波由路段 3 向上游运动，路段 1 为未受影响区域，路段 2 为交通波传过路段，此段交通已经发生拥挤。假定交通流模型为 Greenshield，各段对应的交通流特征如图 3-7 所示。

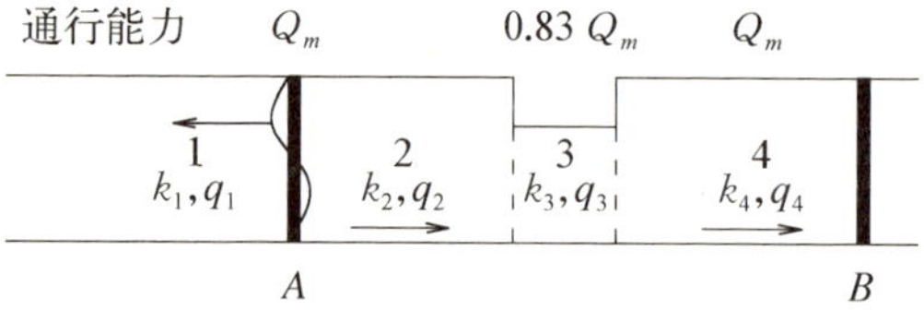

图 3-6　路肩事件

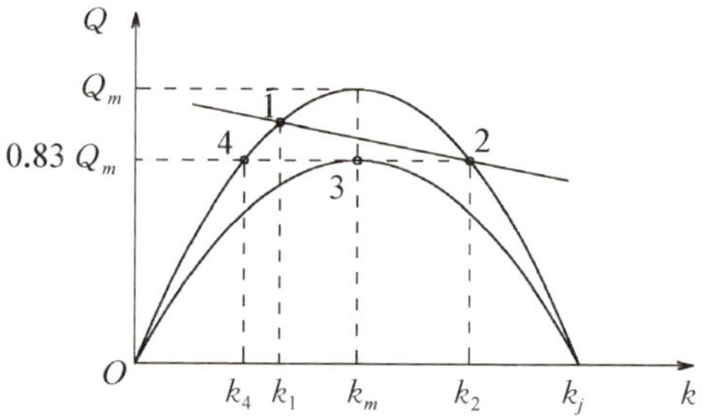

图 3-7　交通流特征曲线（一级事故）

表 3-4　事件状态下高速公路路段剩余通行能力(HCM2000)

车道总数 n	路肩不可用	路肩事件	一个车道阻塞	两个车道阻塞	三个车道阻塞
2	0.95%	0.81%	0.35%	0.00%	N/A
3	0.99%	0.83%	0.49%	0.17%	0.00%
4	0.99%	0.85%	0.58%	0.25%	0.13%
5	0.99%	0.87%	0.65%	0.40%	0.20%
6	0.99%	0.89%	0.71%	0.50%	0.26%
7	0.99%	0.91%	0.75%	0.57%	0.36%
8	0.99%	0.93%	0.78%	0.63%	0.41%

当波面通过检测器 A 时,进行发生交通事件的预警,随后检测器 A 检测到的车流密度为 k_2,检测器 B 检测到的车流密度为 k_4,二者的差值即为事发点前后的密度变化 $\Delta k_{2,4}(j)=k_A(j)-k_B(j)$。由于

$$q=v_f\left(k-\frac{k^2}{k_j}\right),\ k=\frac{1}{2}k_j\pm\sqrt{\frac{1}{4}k_j^2-\frac{q\times k_j}{v_f}}$$

$$k_2=\frac{1}{2}k_j+\sqrt{\frac{1}{4}k_j^2-\frac{0.83Q_m\times k_j}{v_f}},\ k_4=\frac{1}{2}k_j-\sqrt{\frac{1}{4}k_j^2-\frac{0.83Q_m\times k_j}{v_f}}$$

$$\Delta k_{2,4}=k_2-k_4=2\sqrt{\frac{1}{4}k_j^2-\frac{0.83Q_m\times k_j}{v_f}} \tag{3-2}$$

由此可见,检测到事件发生时,对于不同等级的交通事件,上、下游密度之差仅与事发点的通行能力有关。记等级 i 的事件对应密度差为 $\Delta k_{2,4}^i$,不同等级的交通流模型如图 3-8 所示。

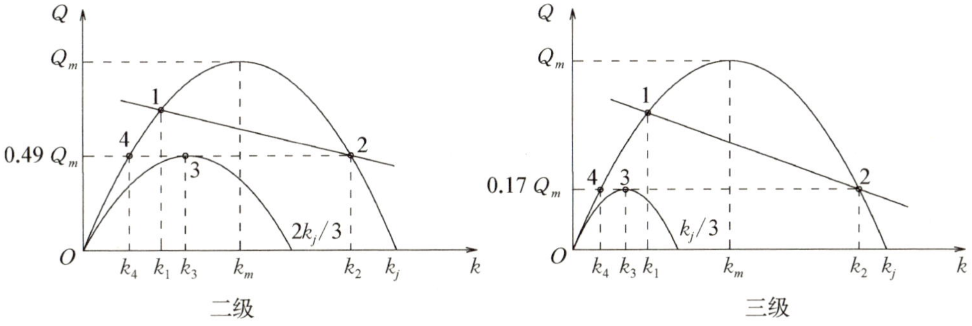

图 3-8 交通流特征曲线(二、三级)

当 $i=2$ 时,在二级事件下:

$$\Delta k_{2,4}^2=k_2-k_4=2\sqrt{\frac{1}{4}k_j^2-\frac{0.49Q_m\times k_j}{v_f}} \tag{3-3}$$

$i=3$:

$$\Delta k_{2,4}^3=k_2-k_4=2\sqrt{\frac{1}{4}k_j^2-\frac{0.17Q_m\times k_j}{v_f}} \tag{3-4}$$

$i=4$:

$$\Delta k_{2,4}^4=k_2-k_4=k_j \tag{3-5}$$

以 $(\Delta k_{2,4}^i,\ \Delta k_{2,4}^{i+1})$ 的中点为分界点,对各级事故进行区间划分如表 3-5 所列。

表 3-5 事故等级划分

事故等级	上、下游密度差临界值范围	备　注
一级	$\alpha_1 < \Delta k_{A,B} < \alpha_2$	$\alpha_1 = \Delta k^1_{2,4}/2$
二级	$\alpha_2 < \Delta k_{A,B} < \alpha_3$	$\alpha_2 = (\Delta k^2_{2,4} + \Delta k^1_{2,4})/2$
三级	$\alpha_3 < \Delta k_{A,B} < \alpha_4$	$\alpha_3 = (\Delta k^3_{2,4} + \Delta k^2_{2,4})/2$
四级	$\alpha_4 < \Delta k_{A,B}$	$\alpha_4 = (\Delta k^4_{2,4} + \Delta k^3_{2,4})/2$

例如，假定采样周期 $T = 1$ min，正常状态下通行能力 $Q_m = 2\,400$ pcu/h/ln，阻塞密度 $k_j = 125$ pcu/km/ln，则自由流车速 $v_f = 76.8$ km/h，那么，$\alpha_1 = 26$ pcu/km/ln，$\alpha_2 = 70$ pcu/km/ln，$\alpha_3 = 102$ pcu/km/ln，$\alpha_4 = 119$ pcu/km/ln。

4. 交通事件辨识和判定的逻辑步骤(实例)

双向六车道高速公路交通事件辨识和判定的方法如图 3-9 所示。

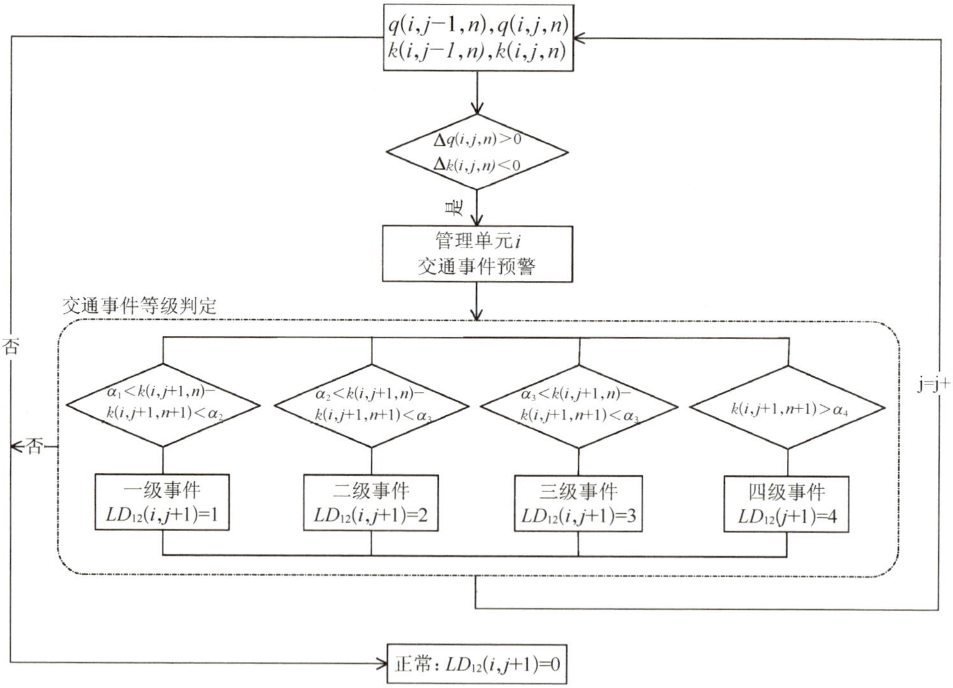

图 3-9 交通事件辨识和判定逻辑步骤(实例)

式中，$q(i, j, n)$——管理单元 i，j 时段，第 n 个车辆检测器检测到的流量属性：

$$q(i, j, n) = \frac{1}{3}\sum_{m=1}^{3} LD_2(i, j, m, n);$$

$k(i, j, n)$——管理单元 i，j 时段，第 n 个车辆检测器检测到的车流密度属性：$k(i, j, n) = \frac{1}{3}\sum_{m=1}^{3} LD_1(i, j, m, n)$；

$k(i, j, n+1)$ 为第 $n+1$ 个车辆检测器检测到的车流密度，当 $n = LS_{39}(i)$ 时，$k(i, j, n+1) = k(i+1, j, 1)$。

由于高速公路上的交通状况变化复杂，交通参数的改变不仅仅是事件引起的，因此，如有条件应采取视频验证，或有交通警察赶到现场确定是否发生交通事件。

3.2.2　管理单元水膜厚度

水膜厚度由许多变量确定，国内外对于公路路面的表面水膜厚度问题的研究较少，John Anderson(1995)对公路路面降雨水深进行了试验研究，总结出了降雨形成水膜厚度的经验公式：

$$d = 0.15 \cdot (L \cdot I)^{0.5} \cdot N^{0.5}$$

式中，d 为水膜厚度，mm；L 为排水长度，m；I 为降雨强度，cm/h；$1/N$ 为路表坡度。

东南大学季天剑(2004)在此基础上，考虑了构造深度对水膜厚度的影响，回归出了路表水膜厚度的预测公式：

$$H = 0.1258 \times l^{0.6715} \times i^{-0.3147} \times TD^{0.7261} \times q^{0.7786} \tag{3-6}$$

式中，l 为坡长；i 为坡度；q 为降雨强度，mm/min，动态属性 $LD_7(t)$；TD 为构造深度。

将管理单元的水膜厚度属性记为 $LD_{13}(t)$。

3.2.3　管理单元路面附着系数属性

附着系数与安全的关系是显而易见的，根据英国 1973 年的统计资料，在 M4 号高速公路上采取抗滑表层后，摩擦系数提高 15%，雨天事故率从原来的 56 次/亿车公里降低到 29 次/亿车公里，1985 年英国的调查研究指出：路面摩擦系

数每提高 0.1 SFC(约 10 BPN),雨天事故率就降低 13%。[68,69]

路面附着系数随着环境因素动态变化,尤其是灾害性天气下,附着系数随降雨、冰冻、温度的变化而变化。在轮胎与路面之间中间物质越多,附着系数就越小,降水(雨、雪)、结冰时,导致二者之间存在一定的水膜、结冰层、雪等物质,高温天气导致沥青路面与车轮之间存在油层(路面表层泛油形成),均会影响路面附着力。以下分析降雨、冰雪和高温与附着系数之间的关系。

1. 降雨对附着系数的影响

降雨导致路面变得潮湿,潮湿路面的状况可从可见潮湿变化到可用超过 3 mm 的平均水膜厚度来表征[68]。轮胎与路面表层接触可分为如图 3-10 所示的三个区,a 区有水膜没有任何接触,b 区水膜局部被某些表面突起中断,轮胎变形能够产生一定的附着力,c 区水能被抽空,是附着力产生的主要部位,该区的大小取决于水膜、轮胎花纹和表面构造。由此可见,不同的水膜厚度对附着系数的影响是不同的。

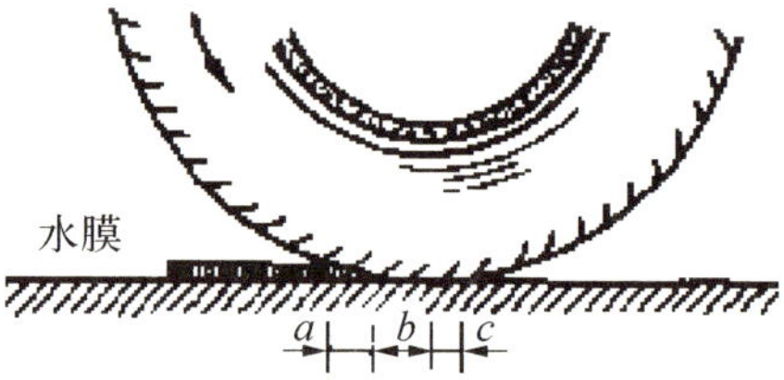

图 3-10　轮胎与路面表层的接触

随着车辆速度和路表水膜厚度的增加,路面与轮胎之间的附着系数降低,下式是使用子午线轮胎 185/70R13 进行试验后回归出的附着系数、水膜厚度以及车辆行驶速度之间的关系式:

$$f_{Rain} = 0.9458 - 0.0057V - 0.0118LD_{13} \qquad (3-7)$$

则根据该式,不同水膜厚度下的附着系数见表 3-6。

表 3-6　不同水膜厚度下的附着系数[16]

水膜厚度	附着系数—行驶速度
$H = 2.5$ mm	$f_{Rain} = 0.9163 - 0.0057LD_{13}(t)$
$H = 5.0$ mm	$f_{Rain} = 0.8868 - 0.0057LD_{13}(t)$
$H = 7.5$ mm	$f_{Rain} = 0.8573 - 0.0057LD_{13}(t)$
$H = 10.0$ mm	$f_{Rain} = 0.8278 - 0.0057LD_{13}(t)$

2. 冰雪对附着系数的影响

冰是一种结构极其复杂的物质,人们对冰雪摩擦课题的研究早在 1829 年便开始了[71]。目前的研究认为：冰雪路面低的附着系数一般归因于界面冰融化形成的润滑性极强的薄层水膜。冰融化主要由摩擦热引起，只有当冰温接近 0℃且界面平均接触压力较高时才考虑压力融化；所有实验材料的摩擦阻力均随冰温的升高而降低，且遵循 Amonton 摩擦定律。除上述条件外，其摩擦阻力还与雪的湿度（游离水含量）、密度和表面塑性流动以及表面粗糙度等因素有关。在低温雪面上，材料的硬度、表面粗糙度和导热率是主要影响因素；在高温雪面上，材料的疏水性和表面纹理则是主要影响因素。冰雪摩擦机理主要为摩擦副表面微凸体间产生的粘着、冰和硬雪颗粒对滑动材料的犁削以及流体剪切，当摩擦界面被水膜完全搜盖时，流体剪切成为主要的摩擦机理。[72]

依据摩擦学原理+给出符合所有路面状态的摩擦牵引力总表达式如下：[73]

$$F_t = F_{ad} + F_{hy} + F_{me} + F_{vis} + F_{ten}$$

式中，F_t 为轮胎的总摩擦牵引力；F_{ad} 为滑动黏着摩擦力；F_{hy} 为滞后或变形产生的摩擦力；F_{me} 为包括表面尖锐微凸体产生的犁削或挖掘引起冰面及胎面磨损而产生的机械摩擦力；F_{vis} 为流体膜产生的黏性阻力；F_{ten} 为表面张力效应产生的阻力。

如果考虑轮胎表面沟槽的排水效应，引进系数 α，则对胎表面具有粗细花纹的轮胎，其表面摩擦牵引力的表达式可写成

$$F_t = F_{hy} + \alpha(F_{ad} + F_{me} + F_{vis} + F_{ten})$$

两边除以轮胎负荷，得到冰雪作用下的路面附着系数 $f_{Ice\&Snow}$ 的表达式：

$$f_{Ice\&Snow} = \mu_{hy} + \alpha(\mu_{ad} + \mu_{me} + \mu_{vis} + \mu_{ten})$$

$$\mu_{ad} = k_{ad}\left(\frac{E'}{p_{av}^{r}}\right)\tan\delta = k_{ad}\left(\frac{1}{p_{av}^{r}}\right)E^{n} \quad \mu_{hy} = k_{hy}\left(\frac{p_{av}}{E'}\right)^{m}\tan\delta = k_{hy}\frac{E''}{(E^{*})^{2}}$$

$$\mu_{vis} = \frac{1}{p_{av}}\eta\left(\frac{v_s}{h}\right)^{n} \quad \mu_{ten} = (\cos\theta_r - \cos\theta_a)/\pi$$

式中，k_{ad}、k_{hy} 为常数；p_{av} 为轮胎接地面平均压力；指数 $r = 0.2$，$m \geqslant 1$；E'、E''和 E^* 分别为橡胶的弹性模量、损失模量和复合模量，$E^* = (E + E'')^{1/2}$；$\tan\delta$ 为正切模量或称损耗角正切值，δ 为橡胶应变滞后于应力的相角，$\tan\delta = E''/E'$；η 为流体黏度；v_s 为胎面相对于路面的滑动速度；h 为流体膜厚；n 为幂指数；θ_a、θ_r 分别为接触前进角和后退角。

郭旭东等人研究还表明，干燥的沥青路面的附着系数约为 0.6，积雪路面的附着系数约为 0.2，结冰路面的附着系数约为 0.15。[73-74]

3. 高温对附着系数影响

沥青混合料是一种黏弹性材料，其物理力学性能与温度和荷载作用时间密切相关。高温对沥青路面的路面使用性能影响较大，道路使用的实践表明，在通常的汽车荷载条件下，气温高于 25℃～30℃，即沥青路面的路表温度达到 40℃～50℃以上，已经达到或超过道路沥青的软化点温度，[70] 容易在路面表层形成一层软化的沥青，使表层的抗剪切能力减弱，导致路面与车辆之间摩阻力减小，附着系数减少。因此，管理单元的附着系数在温度影响下的附着系数 $f_{Temperature}$ 是气温的函数，可表示为

$$f_{Temperature} = \varphi(LD_{10}(t))$$

4. 管理单元路面附着系数属性

综上所述，管理单元附着系数受降雨、冰雪和气温的影响，附着系数取这三种情形影响下的最小值：

$$LD_{14}(t) = \min\{f_{Rain}, f_{Ice\&Snow}, f_{Temperature}\} \tag{3-8}$$

3.2.4 管理单元驾驶员可视距离

雨、雾、降雪、雹、霰等灾害性天气均会使空气能见度降低，自然会影响驾驶员的可视距离，但二者有所区别。气象学上的能见度距离概念和测定方法与驾驶员行车时对前方路面的可视距离有很大差别。气象能见度距离是指视力正常的人在白天、当时天气条件下能够从天空背景中看到和辨认大小适当的黑色目标物的最大水平距离。“能见”的标准是指能辨别目标物的轮廓和形态。但是对于运动的驾驶员而言，在环境中所需要辨认的目标物颜色不一，大小不同，包括车辆、路障、标志标线等，而且背景也不一定能与目标物形成鲜明的对比，比如黑色的沥青路面、灰色的水泥路面或由于灾害性天气导致的灰暗天空。并需判断其运动状态和应采取的措施，这一要求明显高于气象能见度观测的视物清晰度标准。根据文献[16]、[76]、[77]的研究，气象能见度一般是驾驶员可视距离的 1.5～3 倍，白色物体的可视性最差。可认为气象能见度为 2.5 倍的驾驶员可视距离，即

$$LD_{15}(t) = 0.4 \times LD_6(t) \tag{3-9}$$

3.2.5 管理单元驾驶员反应时间属性

人的机体接受刺激，认知到这种刺激，并尽快做出反应动作，这个从接受刺激，到做出反应动作所需要的时间，称为反应时间，[100]反应时间记为 $LD_{16}(t)$。反应时间与安全的关系是显而易见的，根据日本关于交通肇事次数与反应时间关系的调查表明，肇事次数与驾驶员反应时间长短成正比关系，见表 3-7。

表 3-7 事故次数与反应时间关系[78]

事故次数	0～1	2～3	4～7	8～9	10～12	13～17
反应时间(s)	0.57	0.7	0.72	0.86	0.86	0.89

反应时间受驾驶员本身状况和所处管理单元的环境条件影响，就驾驶员角度而言，反应时间受驾驶员年龄、性别、分析、判断能力的影响，就管理单元环境而言，驾驶员反应时间受雨、雾、强光等灾害性天气的影响最大。本书对驾驶员反应时间的分析，目的在于为实时的运营安全管理及应急处置研究提供依据，因此，以下从环境因素分析驾驶员的反应时间。

1. 眩光对驾驶员反应时间的影响

1）高速公路上的眩光

按照光线从光源到眼睛的过程，可分为直接眩光(光线从光源直射观察者眼睛)和间接眩光(光线从光源出来后经过其他物体的反射后进入观察者眼睛)。

高速公路上的直接眩光有早上及黄昏的阳光斜射，夜间对向车道的车灯照射以及路侧两旁的路灯等。早上及黄昏时太阳接近地平线，与司机的视线方向夹角变小，司机所能感受到的亮度对比下降逐趋严重，当夹角小于 35°时，影响不可忽视。夜间对向车道的车灯照射，尤其是处在竖曲线底部的两侧以及平曲线上时，不仅是 θ 相对较小，而且光线还将照射到前方车道，这种一闪而过的增亮效果也将加强眩光效果。

高速公路上的间接眩光有阳光通过前方车辆玻璃等介质的反射，车窗玻璃的灰尘散射等。阳光反射不受具体时间的影响，无论什么时间，只要是晴天，都有可能发生，另外，夏天雷雨过后经常又是艳阳，路面上还有很多雨水未干，也会形成眩光，灰尘散射主要是由对向车道或路灯照射到车窗玻璃的灰尘上时，产生散射现象，而形成一定的眩光效应。

2）眩光影响驾驶员反应时间的原理

高速公路在高温强光环境下，发生眩光的可能性很大，眩光可分为不舒适眩光和失能眩光，前者只有不舒适感觉但不影响可见度，而后者则影响可见度[81]。失明性眩光是由于过量的强光进入眼中“漂白”了视网膜，降低了眼睛所要注视场景的对比度而引起，如图 3－11[80]所示。图 3－11 中的视标可以模拟司机前方的车辆，正常情况下，车辆反射的光线被司机的眼睛接收后而在其视网膜上成像，这样司机就能正确判断前方行车的运动速度、运动方向等运动状态，然后他就能根据这些信息做出合理的决策，如跟车、减速、改变方向、刹车等。但若此时对面阳光反射刺激司机眼睛，它射出的光线能产生强烈的眩目，这种眩目光的一部分在通过晶状体时会形成散射，这部分散射光叠落在被聚焦的车辆影像上也会产生一种视感，它可以比拟为在视场上蒙上了一层明亮的帷幕，也就是所谓的覆盖照明。研究表明这种眩光的覆盖照明不仅使对比度下降，还使眼睛看清物体的对比度阈值降低[82]。对比度的降低原因如下：

$$C_{eff}=\frac{|L_o+L_v-L_b+L_v|}{L_b+L_v}=\frac{|L_o-L_b|}{L_b+L_v}$$

式中，C_{eff} 为有效亮度对比；L_v 由于眩光附加的等效亮度（cd/m^2），$L_v=10E_{eye}/\theta$，E_{eye} 为由眩光源产生在眼睛里垂直视线平面上的照度（l_x），θ 为视线方向与眩光反射方向的夹角（°）。

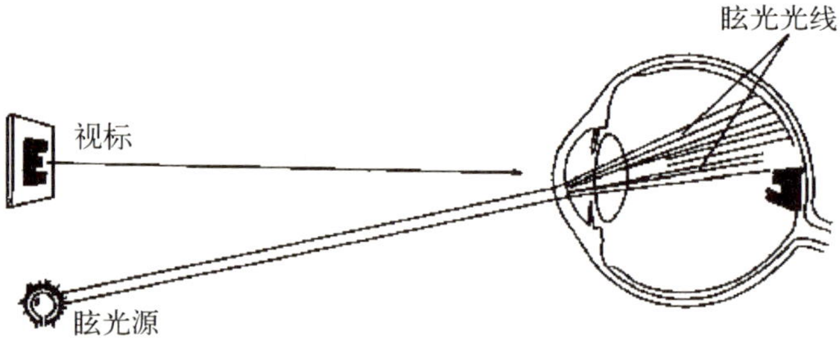

图 3－11　眩光产生的基本情况[80]

由于眩光附加等效亮度的作用，使有效亮度对比值下降，下降幅度与眩光源在眼睛里垂直视线平面上的照度有关，并与视线方向与眩光反射方向的夹角相关。合肥工业大学仪器仪表学院的于连栋副教授通过实验，得到了眩光的出现导致对比度的下降值，如表 3－8 所列。

表 3-8　眩光的出现导致对比度的下降值[82]

θ/(°)	E_{eye}/(lx)	L_v/(cd/m²)	C_{eff}	下降值
10	8	8	0.44	44.4%
15	15	10.0	0.40	50.0%
20	25	12.5	0.35	55.6%
25	35	14.0	0.33	58.3%
30	31	9.7	0.41	49.2%
35	25	7.0	0.47	41.1%
40	13	3.3	0.60	24.8%
45	10	2.2	0.65	18.0%
50	7	1.4	0.70	12.7%
55	5	0.9	0.73	8.8%
60	3	0.5	0.76	4.6%

由此可见，当 $\theta \leqslant 35°$时，亮度对比下降很严重，15°～25°下降超过了 50%，当下降至 58%时，被测试者完全看不到前方物体了。

3）眩光与反应时间的关系

眩光对司机的影响主要是从生理上降低视力，而眩光不仅在存在的时候影响人们的视觉，在眩光消失以后，视力还要经一个短暂的阶段才能恢复应有的生理功能[83]，如图 3-12 所示。

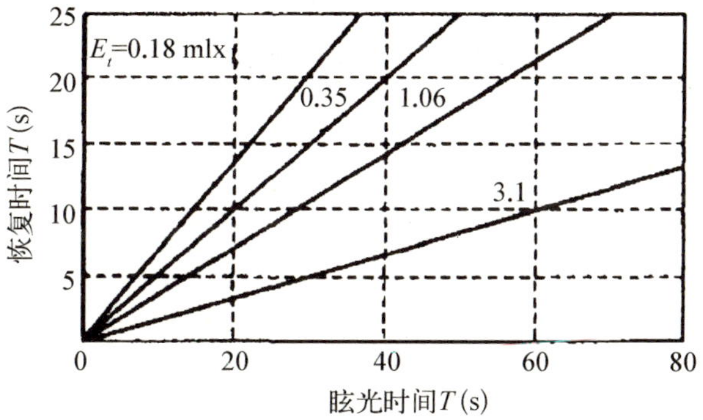

图 3-12　不同光强和眩光时间下的恢复时间

眩光作用下驾驶员的反应时间为：眩光作用时间＋恢复时间＋知觉感应时间，在这种情形下，驾驶员反应时间 T_{glare} 可表示为

$$T_{glare} = t_{glare} + t_{renew} + t_{consciousness}$$

式中，t_{glare} 为眩光作用时间； t_{renew} 为视觉恢复时间； $t_{consciousness}$ 为知觉感应时间。

2. 路面亮度降低时对反应时间的影响

在路面亮度与反应时间方面，Fisher 和 Hall 在实验室通过模拟的方法进行了一些研究。发现反应时间（$T_{brightness}$）是路面平均亮度（Lav）的函数，如图 3－13 所示。[79] 正常情况下，白天路面的平均亮度都能保持在10 cd/m² 以上，反应时间保持在 1 s 左右，但降水、雾使路面的亮度降低，反应时间相应延长。

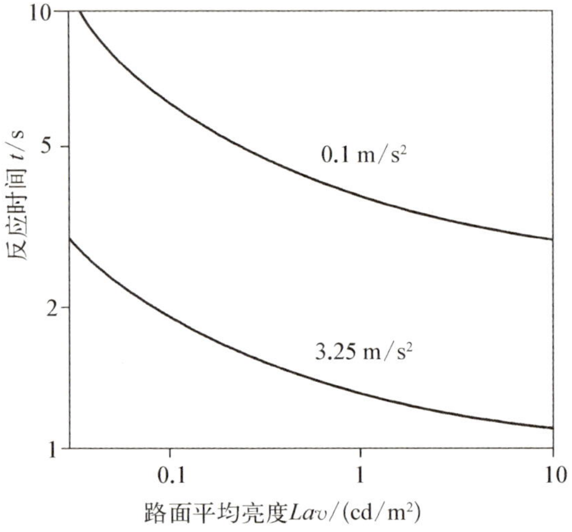

图 3－13　反应时间与路面平均亮度的关系(Fisher 和 Hall)

3. 管理单元驾驶员反应时间属性

综上所述，管理单元上驾驶员的反应时间受强光、亮度的影响，反应时间取这两种情形影响下的最大值：

$$LD_{16}(t) = \max\{T_{glare}, T_{brightness}\} \tag{3-10}$$

3.2.6　高速公路管理单元通行能力属性

道路通行能力是在一定时间内（通常取 15 min 或者 1 h）和通常的道路、交通与管制条件以及运行质量要求下，道路设施通过交通流的能力。通行能力实质上是道路负荷性能的一种度量，反映了在规定特性前提下道路能承担的车辆运行等级限值。在公路方面，高速公路与一级公路采用小客车为基本单位，其他车辆均换算为当量小客车。

管理单元的通行能力是研究运营安全管理的重要依据，是制定限流、分流和诱导的重要属性。不同的管理单元通行能力计算方法根据设施不同特点有所区别，以下分析不同类型管理单元的通行能力确定方法。管理单元的通行能力属性记为 $LD_{17}(t)$。

1. 高速公路基本路段管理单元的通行能力

1）最大服务通行能力

与服务水平等级相对应的通行能力，高速公路基本路段服务水平分级的关键性参数是最大交通密度(pcu/km/ln)，根据交通密度将服务水平分成若干等级。单车道最大服务交通量 C_{SV_i} 按下式计算：

$$C_{SV_i} = C_0 \times (V/C)_i \tag{3-11}$$

式中，$(V/C)_i$ 为第 i 级服务水平最大服务交通量与基本通行能力的比值；C_0 为单车道基本通行能力。

2）实际通行能力

实际通行能力是在实际道路和交通条件下，单位时间内通过道路上某一点的最大可能交通量。影响道路实际通行能力的因素很多，现归并为以下四条：

(1) 道路条件：是指道路的几何条件，包括交通设施的种类、性质及其形成的环境，每个方向车道数、车道和路肩宽度、侧向净空以及平面、纵面线形等；

(2) 交通条件：是指交通特征，即使用道路的交通流特性，设计速度、交通组成、交通流中的流向、流量以及交通量在交通网上的方向分布等；

(3) 管制条件：是指道路管制设施装备的类型、管理体制的层次，交通信号的位置、种类、配时等影响通行能力的关键性管制条件，其他还有停车让路标志、车道使用限制，转弯禁限等措施；

(4) 其他条件：有气候、交通事件、温度、地形、风力、心理等因素。

以下对影响高速公路通行能力的主要因素(道路条件、交通条件、灾害性天气、交通事件)进行实际通行能力的分析：

(1) 道路条件和交通条件对通行能力的修正

因此,高速公路在没有灾变条件下的实际通行能力可由下式计算:[100]

$$C_p = C_{SV_i} \times N f_w f_{HV} f_p \tag{3-12}$$

式中,C_p为在通常道路交通条件下,i 级服务水平单向 N 车道的实际通行能力(即考虑客观的道路和交通条件的影响对 C_{SV_i} 修正后的流量);N 为管理单元单向车道数,即为属性 LS_{33};f_w为考虑车道宽和侧向净空的修正系数,可根据属性 LS_{41}和 LS_{42}变化查表得到,详见文献[100];f_p为考虑驾驶员条件对通行能力影响的修正系数,根据驾驶员的技术熟练程度,遵守交通规则的程度确定:一般在 0.9～1.0 范围内;f_{HV} 为考虑大型车对通行能力影响的修正系数,可用式(3－13)计算:

$$f_{HV} = \frac{1}{1 + P_{HV}(E_{HV} - 1)} \tag{3-13}$$

式中,P_{HV}为大型车交通量占总交通量的百分比;E_{HV}为大型车换成小客车的车辆折算系数,如表 3－9 所列。

表 3－9　高速公路、一级公路车辆折算系数[100]

地形 / 道路类别 / 车型	平　原	微　丘	重　丘		山　区
	高速公路	一级公路	高速公路	一级公路	
大型车①③	1.7	2.0	2.5	3.0	3.0
小客车②	1.0	1.0	1.0	1.0	1.0

注:① 大型车包括中型及重型载重货车,单车通道式大客车;
② 小客车包括吉普车、摩托车、载重≤2 t 货车、面包车;
③ 定纵坡上坡路段应考虑坡值,坡长另行换算。

(2) 灾害性天气下管理单元的通行能力

灾害性天气对交通运营的影响归结起来就是降低了车胎与路面的附着系数、减少了驾驶员的视距和增加了司机的反应时间,而视距是车辆安全行驶的重要影响因素,下面即从这三个因素进行通行能力的分析。

记 γ_w 为灾害性天气下的折减系数。灾害性天气的影响通过管理单元附着系数属性 $LD_{14}(t)$、反应时间属性 $LD_{16}(t)$以及自由行车速度 $LD_5(t)$反映在基本通行能力计算过程中,这三个参数均受气象参数的影响而实时发生变化。

正常气候条件下,基本通行能力计算公式:

$$C_0 = 1\,000v/l_0 = 1\,000v/\left(\frac{v}{3.6}T + \frac{v^2}{254\varphi} + l_{安} + l_{车}\right) \tag{3-14}$$

式中，v 为正常情况下行车速度；T 为司机反应时间属性，正常情况下可取 1 s；φ 为正常情况下路面与轮胎间的附着系数；$l_{安}$，$l_{车}$：根据国内外实际使用经验和理论分析，$l_{安}$ 一般取 2 m，$l_{车}$ 小汽车取 5 m。

灾害性天气下，基本通行能力计算公式记为

$$C_0 = 1\,000v'/l_0{}' = 1\,000v'/\left(\frac{v'}{3.6}T' + \frac{v'^2}{254\varphi'} + l_{安}{}' + l_{车}{}'\right)$$

令

$$\gamma_w = \frac{C_0'}{C_0} = \frac{v' \times \left(\frac{v}{3.6}T + \frac{v^2}{254\varphi} + l_{安} + l_{车}\right)}{v \times \left(\frac{v'}{3.6}T' + \frac{v'^2}{254 \times \varphi'} + l_{安}{}' + l_{车}{}'\right)}$$

那么，灾害性天气下管理单元的实际通行能力为

$$C_{w,\,p} = C'_{SV_i} \times Nf_w f_{HV} f_p = \gamma_w C_0 \times (V/C)_i \times Nf_w f_{HV} f_p = \gamma_w C_p \tag{3-15}$$

(3) 交通事件影响下的管理单元通行能力

管理单元发生交通事件时，一方面由于事故车道受阻，该车道的车辆必然要改道，增加事发点附近变换车道行为，扰乱正常的交通行为，影响通行能力；另一方面交通事件占用一定的空间，并引起正常车道上司机的引颈观望和其他因素的影响，也使事发点的通行能力下降。因此，高速公路网中管理单元路段发生交通事件后，事故点的通行能力必然变小，甚至导致道路中断：

$$C_{a,\,p} = \gamma_a \cdot C_{SV_i} \cdot Nf_w f_{HV} f_p = \gamma_a \cdot C_p \tag{3-16}$$

式中，γ_a 为考虑事故对通行能力影响的修正系数，随事故等级的变化而变化，可记为 $\gamma_a(LS_4,\ LD_{12}(t))$，根据 HCM2000，不同等级事件下的路段通行能力有不同程度的损失，见表 3-4，根据该表，$\gamma_a(3,\ 2) = 0.49$。

综上所述，基本路段管理单元的通行能力计算汇总如下：

$$LD_{17}(t) = \gamma_a(LS_4,\ LD_{12}(t)) \times C_p$$

2. 高速公路匝道管理单元的通行能力

如第 2 章所述，高速公路匝道由三部分组成，从分析通行能力的角度，也可类似地分成三个部分：匝道与高速公路连接处（匝道—主线连接处），匝道行车道，匝道与相连道路的连接处。只有当匝道这三个组成部分正常运营时，才能发挥交通诱导、疏散的作用，为高速公路安全运营提供条件，如果这三个部分任何一个部分通行能力不足，都将对整个匝道的运行产生不利影响。高速公路匝道通行能力主要考虑以下四个方面：

(1) 匝道车行道，按其道路与交通条件确定通行能力 C_{R1}；

(2) 匝道与高速公路连接部分，允许高速分合流运行的匝道通行能力 C_{R2}、C'_{R2}；

(3) 匝道与普通道路的连接部分，与被交线合流的匝道通行能力 C_{R3}；

(4) 匝道上设有收费站时，还需考虑收费站影响的匝道通行能力 C_{R4}。

最终匝道通行能力 C_R 应取上述较小值，即

$$C_R = \min\{C_{R1}、C_{R2}、C'_{R2}、C_{R3}、C_{R4}\}$$

一般情况下，高速公路单车道匝道设计通行能力可取值如下：匝道设计速度 $v \leqslant 50$ km/h 时，$C_0 = 1\,200$ pcu/h；匝道设计速度 $v > 60$ km/h 时，$C_0 = 1\,500$ pcu/h。

3. 高速公路收费站通行能力

车辆从主线路段或匝道进入收费广场时车辆减速，寻找排队长度较短或没有排队的收费车道交款或领票。由于车辆需要在收费站减速停止、排队、接受服务、加速离开。收费站的服务水平是根据等候在通道前平均队长来衡量的，不同服务水平下通行能力如表 3-10 所列。

表 3-10　高速公路收费站服务通行能力(pcu/h)[87]

服务水平	平均队长(pcu)	通道数									
		1	2	3	4	5	6	7	8	9	10
一级	≤1	210	426	645	866	1 089	1 313	1 538	1 764	1 991	2 219
二级	≤4	233	468	703	940	1 177	1 414	1 652	1 890	2 129	2 368
三级	≤8	242	484	727	971	1 214	1 458	1 702	1 946	2 191	2 435
四级	>8	244	489	734	979	1 224	1 470	1 715	1 961	2 207	2 453

4. 多车道一级公路

一级公路的通行能力受横向干扰的影响较大。其中，交叉口的影响最大，路侧行人与自行车等非机动车影响较小。综合起来，可以按下式计算多车道一级公路实际通行能力：

$$C_p = C_0 \times f_w \times f_{HV} \times f_e \times f_p \tag{3-17}$$

式中，f_w 为受限车道宽度和侧向净空影响修正系数；(一般当路面宽度为3.75 m时，取 1.00，为 3.50 m 时，取 0.96)；f_{HV} 为重型车辆修正系数；f_e 为横向干扰影响修正系数；f_p 为驾驶员总体特征影响修正系数(通常取 1.00)；C_0 为对应于设计车速的一条车道的基本通行能力，如表 3-11 所列。

表 3-11　不控制出入口多车道公路基本路段通行能力[57] (pcu/h/ln)

车　　道	内侧车道	中间车道	外侧车道	备　　注
基本通行能力	2 000	2 000	2 000	
设计通行能力	1 500	1 300	1 100	有中间带
	1 300	—	1 000	无中间带

5. 双车道一般公路路段通行能力

在双车道一般公路上，汽车超车时，必须进入对向车道行驶若干距离后，回到本向车道，才能完成超车过程。因此双车道公路的两个方向中任何一个方向的汽车流运行都受到对向交通的制约。故不能对单个方向而必须对车行道双向通行能力和服务水平进行总的分析计算。

双车道一般公路最大服务交通量为

$$C_{SV_i} = C_B \times (V/C)_i \tag{3-18}$$

式中，C_{SV_i} 为理想条件下第 i 级服务水平的车行道双向最大服务交通量，pcu/h；C_B 为基本通行能力，理想条件下车行道每小时双向合理的期望通行的最大交通量，$C_B = 2\,000$ pcu/h；$(V/C)_i$ 为第 i 级服务交通量与基本通行能力之比，参见文献[85]。

3.2.7　动态属性矩阵

通过上述分析，确定了 17 个动态属性，管理单元 i 的动态属性如表 3-12

所列。同样可以将上述各动态属性以矩阵的形式表示，记动态属性矩阵为 $\boldsymbol{LD}$：

$$\boldsymbol{LD} = (LD_{ij})_{m\times n}$$

$LD_{ij} = LD_j(i)$ 为管理单元 i 第 j 个动态属性，$n = 17$。

表 3-12　管理单元 i 的动态属性

属　性	编　号	属　性	编　号	属　性	编　号
车流密度	LD_1	降雨强度	LD_7	水膜厚度	LD_{13}
流量	LD_2	结冰面积率	LD_8	路面附着系数	LD_{14}
运行速度	LD_3	积雪厚度	LD_9	可视距离	LD_{15}
车头间距	LD_4	气温	LD_{10}	反应时间	LD_{16}
自由流车速	LD_5	风速	LD_{11}	通行能力属性	LD_{17}
能见度	LD_6	事故等级	LD_{12}		

3.3　本 章 小 结

本章全面分析了表征管理单元特性的各项属性，为道路安全性的评价以及运营安全管理及应急决策模型的建立提供基础资料作准备。主要完成如下两部分的内容：

(1) 将各属性是否随时间变化的特点分为静态属性和动态属性

将道路设施分为普通路段、桥梁、隧道和立交四种类型，分别对这四种类型的静态属性以及影响因素进行了定性或定量描述；并针对性的分析了部分对运营安全管理研究具有重要意义的静态属性。

将动态属性分为可直接得到的直接动态属性和需通过一定运算得到的间接动态属性，分析了包括车流密度、流量、运行速度、事故等级属性、管理单元通行能力等 17 个动态属性。

(2) 分析了各属性的确定方法

对各类属性进行编号，构成静态属性矩阵和动态属性矩阵，对各属性分析了定性定量描述的方法，对间接动态属性的确定方法进行了探讨。

第4章 灾变条件下通道路网运营安全管理及应急处置决策依据

高速公路上的常见的三类灾变事件为灾害性天气、不良交通状况以及交通事件，灾变事件下通道路网运营安全管理及应急处置对策的确定，应根据一定的决策依据展开。本书第 2 章提出了管理路网构建方法，第 3 章分析了管理单元的静态属性和动态属性。在此基础上，本章着重分析灾变条件下通道路网运营安全管理及应急处置的决策依据，以及部分依据的确定方法。

4.1 灾变事件下通道路网运营安全管理及应急处置对策类型

灾变事件下，通道路网运营安全管理的基本方法有以下几种：① 分离的方法：针对不同交通状况，或为了处理特殊事件，分车道管理或对某些车道进行封闭管理；② 限速的方法：针对不同交通流状况、环境状况及道路条件，对高速公路行车速度进行控制和管理；③ 限流的方法：限制进入高速的流量，以保持安全运营；④ 诱导的方法：对已进入高速公路的交通流进行诱导，使交通流分布有利于路网运营安全。基于此，路网运营安全管理及应急处置对策类型包括以下几种：

(1) 车速控制对策：依据不同灾变事件类型、事件等级以及交通流状况，对高速公路行车速度进行控制和管理，以保证道路的运营安全性，风环境下，还应按车型(小汽车、轻型客车、大中型客车和集装箱半挂车)进行限速。

(2) 车距控制对策：为保证车辆能够以一定的安全间距行驶，对道路上车辆间距进行限制，风环境下，按不同车型进行车距限制。

(3) 流量控制对策:依据高速公路实时运营安全性和通行能力,对进入高速公路的车流量进行限制。流量控制通过调节入口匝道的入口流率实现。

(4) 超车控制对策:当灾害性天气能见度较低时、风力较大或者出现不良交通状况时,禁止超车行为,在不同等级的大风环境下,分别对不同车型进行超车控制。

(5) 照明控制对策:对防雾灯、车道灯、路灯等照明设施进行控制。

(6) 急刹车控制对策:当路面有结冰或积雪时,禁止急刹车行为。

(7) 车道使用控制对策:对不同车型进行分车道行驶控制。

(8) 可逆车道交通组织对策:当高速公路某半幅发生严重的灾变事件导致交通拥挤或堵塞,而另外半幅有足够的通行能力剩余,采用部分或全部可逆车道来疏导受阻的交通。

(9) 交通诱导对策:对已进入高速公路的交通流进行交通诱导,使交通流分布有利于路网运营。

(10) 其他应急处置对策:各部门的联动措施,如出动交警指挥交通,医疗、军队等救援部门协助紧急救援和清理障碍,消防部门消防救援,等等。

针对不同的事件影响范围,采取相应管理对策:对发生灾变事件的管理单元,即事发单元,采取(1)—(8)和(10)的管理和应急处置对策,以防止交通事故的发生或再发生,帮助尽快救援,恢复正常交通;而对受事件影响的事发点上游管理单元,主要通过诱导对策,以缓解事发单元的交通压力,防止用户盲目行驶。

4.2 灾变事件下通道路网运营安全管理及应急处置决策依据

灾变事件下,通道路网运营安全管理及应急处置的决策依据主要有以下一些。

1) 灾变事件类型

如上述,将灾变事件分为灾害性天气、不良交通条件、交通事件三种类型。灾害性天气可分为雾天、雨天、结冰、雪天、大风等,不同类型的灾害性天气由不同的气象指标辨识,气象指标有能见度、水膜厚度、结冰面积率、积雪深度、风速、路面情况等。不良交通状况可根据饱和度、占有率指标辨识,交通事件则根据占有率、流量、视频监控进行辨识。事件分类和辨识指标见表 4-1。

2) 灾变事件等级

不同严重程度的灾变事件对通道路网运营安全的影响不同。不同的灾害性

表 4-1　灾变事件类型

灾变事件类型		辨识指标或方法
灾害性天气	雾天	能见度
	雨天	能见度、水膜厚度
	结冰	结冰面积率、能见度
	雪天	积雪深度、能见度
	大风	风速、路面情况
不良交通状况		饱和度(密度、交通量)
交通事件		占有率、流量、视频监控

天气根据气象指标进行分级，本书将雾天根据能见度分为五级，见表 5-1；雨天根据能见度分为七级，根据水膜厚度分为五级，组合起来一共 35 个等级，见表 5-2；冰雪天气根据能见度、结冰面积率和积雪深度分成若干等级，见表 5-3 和表 5-4；大风天气根据风速和路面情况分成 20 个等级，见表 5-5；不良交通状况按饱和度指标划分了 8 个等级，见表 5-6；交通事件按其所占用的车道数划分等级，双向六车道的等级划分见表 5-8。

3）交通流状况

管理对策及决策制定的另一个依据是实时的交通流状况，相同类型、相同等级的灾变事件，交通流状况是影响实时运营安全性的重要因素，不同交通流状况采用的管理对策内容和对策标准也不一样。实时交通流状况根据流量和车流密度，可分为自由流和非自由流。

4）运营安全性

运营安全性是决策的基本依据，是指运营阶段的实时安全性，本书提出实时安全可靠度来表示，实时安全可靠度是指在一定运行环境下，车辆能够保持安全运行的概率。自由流状态下的实时安全可靠度主要反映道路设施、交通工程及沿线设施、监控设施等静态设施以及环境因素影响下的安全性，非自由流状态下的实时安全可靠度还需考虑交通流的影响，详见下述。

5）行程时间

用户行程时间是进行交通诱导管理对策及决策的重要依据，未发生交通事件时，影响路段行程时间的主要因素是交通流状况，发生交通事件时，还与事故持续时间、事故严重程度有关，详见下述。

上述五点依据中，灾变事件类型、事件等级、交通流状况可通过单个或多个指标直接确定。但管理单元的运营安全性和行程时间相对比较复杂，需通过对管理单元进行一定理论分析而获取。以下针对运营安全性和行程时间进行重点分析，管理单元的运营安全性采用实时安全可靠度来衡量，详见下述。

4.3 管理单元实时安全可靠度

灾变条件下，通道路网运营安全管理及应急处置决策的首要依据是运营安全性，要求管理单元能够保持一定的安全水平。高速公路网中某些管理单元在遭遇灾害性天气、不良交通状况以及交通事件时，需给出相应的管理及应急处置对策，推荐较优的可绕行路线，当用户在这些路线上行驶时，能够以较大的概率保证行车安全。由此，本节引入安全可靠度的概念，所谓可靠性，定义为：表示元件、器件、设备或系统在规定的条件下和规定的时间内完成规定功能的能力，把可靠性进行定量化表示的指标为可靠度，定义为：元件、器件、设备或系统在规定的条件下和规定的时间内，完成规定功能的概率。[125]将可靠度引入道路安全中，定义安全可靠度指标：表示在一定的交通、气候和道路环境下，车辆能够保持安全运行的概率。实时安全可靠度是采用动态实时的交通、气候和道路环境信息确定的安全可靠度。

自由流与非自由流下的行车特征不同，影响实时安全性的因素也不同，以下分别对两种交通流状态下的实时安全可靠度确定方法进行分析。

4.3.1 自由流下管理单元运营安全可靠度确定方法 P1

自由流下，影响道路运营安全的静态因素主要是道路设施、交通工程及沿线设施、监控系统等，动态因素主要是时变的气候环境。目前对道路安全的评价方法很多，如相对事故率法、时间序列法、回归分析法和综合事故率法，但是这些方法都是基于一定的事故数据，进行事后宏观分析，并不能对道路进行实时动态的安全性分析和评价。本书应用模糊综合评判的方法，对自由流下复杂的高速公路系统进行评价，评价指标选择了道路设施条件、交通工程及沿线设施、气候环境因素，建立了较为完整的评价模型。在此基础上计算管理单元的安全可靠度，以指导自由流下通道路网运营安全管理。

1. 管理单元运营安全性的模糊综合评判

1）确定模糊集

（1）确定影响自由流下管理单元运营安全的因素集

因素集的选取需遵循以下原则：① 因素集选取要尽可能地简洁全面，能反映影响道路全天候安全运营的道路、交通、气候等的安全性属性。② 反映道路安全属性的主要因素要尽可能选取。③ 各影响因素具有相对易测性，其测定结果具有相对稳定性。

自由流状态下驾驶员在车道和车速选择上有较大的自由度，不受其他车辆影响，车辆运行状态主要受沿线道路设施、交通工程及沿线设施、气候环境等的影响。影响自由流下管理单元运营安全性的因素与其所属的道路设施类型有关，立交、隧道、桥梁和普通路段的安全性影响因素层分别如图 4－1—图 4－4 所示。

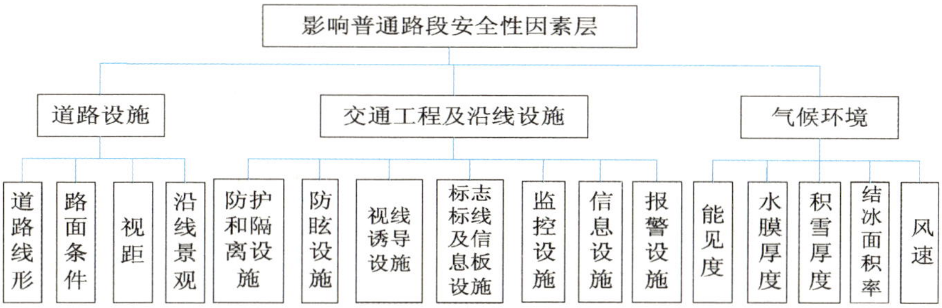

图 4－1　普通路段安全性影响因素层 ($LS_1 = 1$)

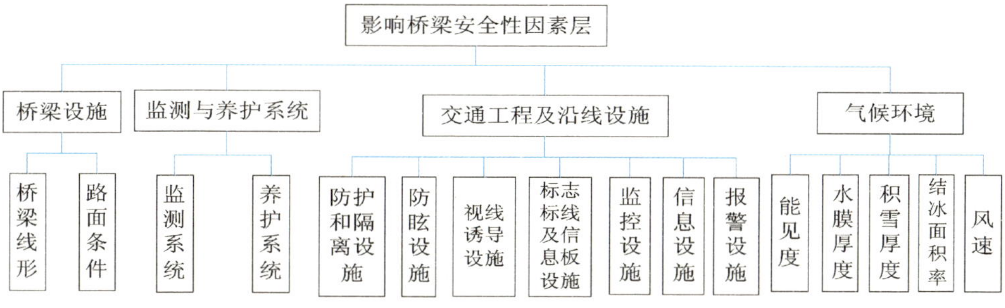

图 4－2　桥梁安全性影响因素层 ($LS_1 = 2$)

对各类设施进行实时安全水平评价时，需对对应的因素层量化或者进行优劣分级。自由流下，以普通路段为例，影响普通路段实时安全性的因素包括道路设施因素 U_1，交通工程及沿线设施因素 U_2，气候因素 U_3。每一个因素 U_i 又包

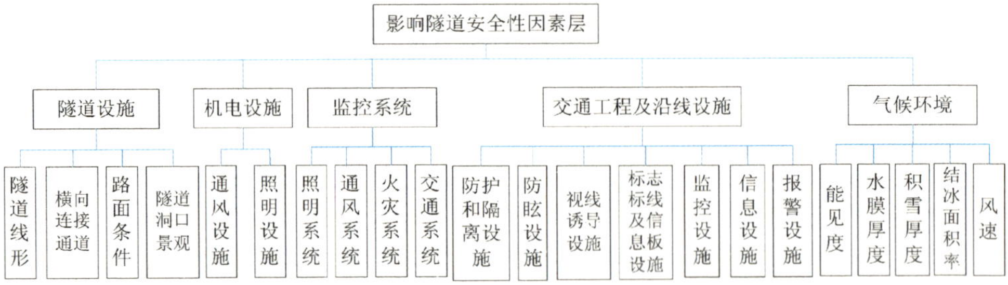

图 4-3　隧道安全性影响因素层（$LS_1=3$）

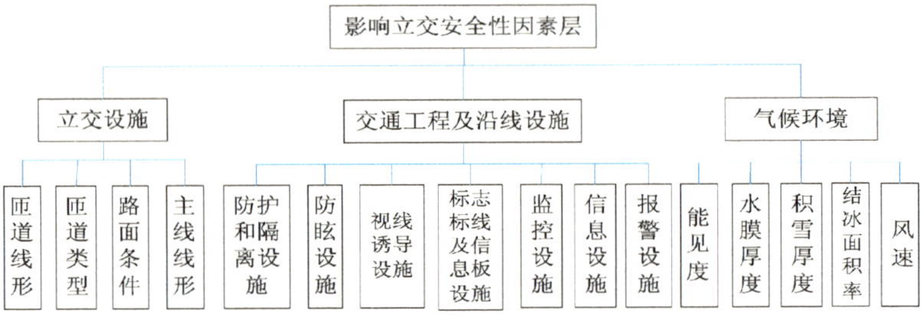

图 4-4　立交安全性影响因素层（$LS_1=4$）

括若干子因素。即：$U=\{U_1, U_2, U_3\}$，其中，$U_i=\{U_{i1}, U_{i2}, \cdots\}$，$i=1, 2, \cdots$。为了计算时统一编码，给 U 编码为 U_0。影响因素层及相应的属性如图 4-5 及表 4-2 所示。拟将安全等级分为五级：Ⅰ：安全，Ⅱ：较安全，Ⅲ：一般，Ⅳ：较危险，Ⅴ：危险。各种影响因素对应的安全等级见表 4-2。

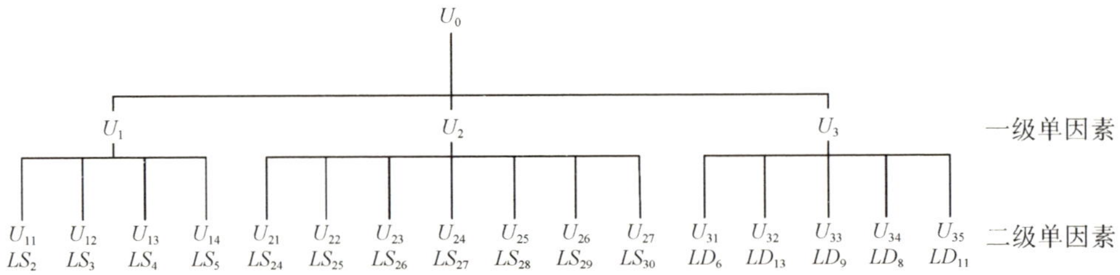

图 4-5　普通路段安全性影响因素层次结构

（2）建立评语集

通过对单因素的模糊判断，得到模糊综合评判的道路安全服务等级，如上所述，相应的模糊评语集为：S=｛Ⅰ级（安全），Ⅱ级（较安全），Ⅲ级（一般），Ⅳ（较危险），Ⅴ（危险）｝=$\{s_1, s_2, s_3, s_4, s_5\}$，并给各安全等级赋予一定的数值范围，认为 80～100 为安全，60～80 为较安全，40～60 为一般，20～40 为较危险，小于 20 为危险，计算中取中间值为各等级的代表值：$S=\{90, 70, 50, 30, 10\}$。

表 4-2　影响普通路段安全性的单因素结构(实例)

因素		安全等级				
		安全 80～100	较安全 60～80	一般 40～60	较危险 20～40	危险 0～20
道路设施因素 U_1	线形 U_{11}：相邻路段车速差值(km/h)	≤10	10～15	15～20	20～30	>30
	路面使用状况 U_{12}(PQI)	80～100	60～80	40～60	20～40	<20
	视距 U_{13}(m)	≥210	160～210	110～160	75～110	≤75
	沿线景观 U_{14}	很好	较好	一般	较差	很差
交通工程及沿线设施因素 U_2	交通防护和隔离设施 U_{21}	先进	较先进	一般	落后	较落后
	防眩设施 U_{22}	很好	较好	一般	较差	很差
	视线诱导设施 U_{23}	很好	较好	一般	较差	很差
	标志标线及信息板设施 U_{24}	先进	较先进	一般	落后	较落后
	监控设施 U_{25}	先进	较先进	一般	落后	较落后
	信息设施 U_{26}	先进	较先进	一般	落后	较落后
	报警设施 U_{27}	先进	较先进	一般	落后	较落后
气候因素 U_3	雨，雾，风，冰，雪：					
	能见度 U_{31}(m)	>1 000	500～1 000	200～500	100～200	<100
	水膜厚度 U_{32}(cm)	0	0～2.5	2.5～5.0	5.0～7.5	>7.5
	积雪厚度 U_{33}(cm)	0	0～5	5～10	10～15	>15
	结冰面积率 U_{34}(%)	0	0～20	20～40	40～60	>60
	风速 U_{35}(m/s)	<15	15～19	19～23	23～27	>27

(3) 权重集的确定

采用表 2-1 的 1～9 标度法构造判断矩阵进行权重计算。

2) 各评价指标与运营安全性的模糊信息关系

模糊集合论的最大特点是使隶属由确定的{0, 1}变为连续的闭区间[0, 1]，充分考虑中间过渡状态。由于各影响因素非常复杂，确定的划分界限往往抹煞许多其他规律，模糊集合论采用隶属函数解决这一矛盾。隶属函数的形式有正态型分布函数、半梯形分布和梯形分布函数、k 次抛物型分布函数、Cauchy 型分布函数、S 型分布函数等，详见文献[58]。

定性评判可通过专家打分得到，优秀（80～100），良好（60～80），中（40～60），差（20～40）、劣（≤20），对应评语集中五个等级，从而得到梯形隶属函数。

3）安全等级的模糊综合评判

将单因素指标值代入隶属函数中，即可得到该指标相应于各安全等级的隶属度，形成模糊矩阵，权重与模糊矩阵的乘积即为上层因素的安全等级隶属度向量。重复运算至顶层，即可得到管理单元 i 安全服务等级的模糊评判向量，记为 $U(i)=\{u_1(i),\ u_2(i),\ u_3(i),\ u_4(i),\ u_5(i)\}$，表示该单元分别以 $u_1(i)$ 的概率处于安全等级，以 $u_2(i)$ 的概率处于较安全等级，以 $u_3(i)$ 的概率处于一般安全等级，以 $u_4(i)$ 的概率处于较危险等级，以 $u_5(i)$ 的概率处于危险等级。

管理单元的安全等级可由两种方法确定：取概率 $u_j(i)$ 中最大值所对应的安全等级 j；将 $U(i)$ 转化成安全性模糊评判分值 $v(i)=U(i)\times S^T=\{u_1(i),\ u_2(i),\ u_3(i),\ u_4(i),\ u_5(i)\}\times\{90,\ 70,\ 50,\ 30,\ 10\}^T\in(0,\ 100)$，该值越大，表示管理单元的安全性越好，处于安全状态的可能性越大，取该值所落入的安全等级为管理单元 i 所处的等级。

4）算例

例 4.1： 管理单元 $i(U(i))$，所属道路设施类型为普通路段 $(LS_1(i)=1)$，影响道路运营安全的因素（即相应的属性值）状况如表 4－3 所列。

表 4－3　某高速公路单因素状况描述

因素/属性	描述	因素/属性	描述	因素/属性	描述	因素/属性	描述
$U_{11}(i)/LS_2(i)$	11	$U_{21}(i)/LS_{24}(i)$	90	$U_{25}(i)/LS_{28}(i)$	90	$U_{32}(i)/LS_{13}(i)$	0
$U_{12}(i)/LS_3(i)$	90	$U_{22}(i)/LS_{25}(i)$	90	$U_{26}(i)/LS_{29}(i)$	90	$U_{33}(i)/LS_9(i)$	0
$U_{13}(i)/LS_4(i)$	210	$U_{23}(i)/LS_{26}(i)$	90	$U_{27}(i)/LS_{30}(i)$	90	$U_{34}(i)/LS_8(i)$	0
$U_{14}(i)/LS_5(i)$	90	$U_{24}(i)/LS_{27}(i)$	90	$U_{31}(i)/LS_6(i)$	500	$U_{35}(i)/LS_{11}(i)$	3

（1）权重

权重计算结果见表 4－4—表 4－7。

表 4-4　判断矩阵 $U_0(i)$ 及各因素权重(实例)

U_0	U_1	U_2	U_3	权　重	一致性检验
U_1	1.00	5.00	2.00	0.581	$\lambda_{max}=3$ $CI=0<CI_{临界}(0.029)$ $CR=0.004<CR_{临界}(0.056)$
U_2	0.20	1.00	0.33	0.110	
U_3	0.50	3.00	1.00	0.309	

表 4-5　判断矩阵 $U_1(i)$ 及各因素权重(实例)

U_1	U_{11}	U_{12}	U_{13}	U_{14}	权　重	一致性检验
U_{11}	1.00	3.00	2.00	5.00	0.447	$\lambda_{max}=4.16$ $CI=0.05<CI_{临界}(0.068)$ $CR=0.06<CR_{临界}(0.076)$
U_{12}	0.33	1.00	0.25	3.00	0.143	
U_{13}	0.50	4.00	1.00	5.00	0.343	
U_{14}	0.20	0.33	0.20	1.00	0.067	

表 4-6　判断矩阵 $U_2(i)$ 及各因素权重(实例)

U_2	U_{21}	U_{22}	U_{23}	U_{24}	U_{25}	U_{26}	U_{27}	权重	一致性检验
U_{21}	1.00	3.00	2.00	0.33	2.00	2.00	2.00	0.180	$\lambda_{max}=7.26$ $CI=0.04<CI_{临界}(0.138)$ $CR=0.03<CR_{临界}(0.101)$
U_{22}	0.33	1.00	0.50	0.25	1.00	1.00	1.00	0.078	
U_{23}	1.00	2.00	1.00	0.25	2.00	2.00	2.00	0.149	
U_{24}	3.00	4.00	4.00	1.00	3.00	3.00	3.00	0.338	
U_{25}	0.50	1.00	0.50	0.33	1.00	1.00	1.00	0.085	
U_{26}	0.50	1.00	0.50	0.33	1.00	1.00	1.00	0.085	
U_{27}	0.50	1.00	0.50	0.33	1.00	1.00	1.00	0.085	

表 4-7　判断矩阵 $U_3(i)$ 及各因素权重(实例)

U_3	U_{31}	U_{32}	U_{33}	U_{34}	U_{35}	权重	一致性检验
U_3	1.00	0.50	0.33	0.33	3.00	0.119	$\lambda_{max}=4.16$ $CI=0.03<CI_{临界}(0.099)$ $CR=0.02<CR_{临界}(0.088)$
U_{32}	2.00	1.00	0.50	0.50	4.00	0.193	
U_{33}	3.00	2.00	1.00	1.00	4.00	0.314	
U_{34}	3.00	2.00	1.00	1.00	4.00	0.314	
U_{35}	0.33	0.25	0.25	0.25	1.00	0.061	

(2) 一级模糊评判

采用半梯形分布和梯形分布函数作为隶属函数，如对于线形评价，半梯形和梯形分布5个隶属函数如下：

$$us_1(x)=\begin{cases}1 & 0\leqslant x\leqslant 10\\ 3-\dfrac{1}{5}x & 10\leqslant x\leqslant 15\\ 0 & 15\leqslant x\end{cases}\qquad us_2(x)=\begin{cases}\dfrac{1}{10}x & 0\leqslant x<10\\ 1 & 10\leqslant x<15\\ 4-\dfrac{1}{5}x & 15\leqslant x<20\\ 0 & \text{其他}\end{cases}$$

$$us_3(x)=\begin{cases}\dfrac{1}{5}x-2 & 10\leqslant x<15\\ 1 & 15\leqslant x<20\\ 3-\dfrac{1}{10}x & 20\leqslant x<30\\ 0 & \text{其他}\end{cases}\qquad us_4(x)=\begin{cases}\dfrac{1}{5}x-3 & 15\leqslant x<20\\ 1 & 20\leqslant x<30\\ 4-\dfrac{1}{10}x & 30\leqslant x<40\\ 0 & \text{其他}\end{cases}$$

$$us_5(x)=\begin{cases}\dfrac{1}{10}x-2 & 20\leqslant x<30\\ 1 & 30\leqslant x\\ 0 & \text{其他}\end{cases}$$

由此，单因素归一处理后的模糊矩阵 $R_{U(i)}$ 如下所示：

$$R_{U_{1(i)}}=\begin{bmatrix}0.4 & 0.5 & 0.1 & 0 & 0\\ 0.667 & 0.333 & 0 & 0 & 0\\ 0.5 & 0.5 & 0 & 0 & 0\\ 0.667 & 0.33 & 0 & 0 & 0\end{bmatrix}\quad R_{U_{2(i)}}=\begin{bmatrix}0.667 & 0.333 & 0 & 0 & 0\\ 0.667 & 0.333 & 0 & 0 & 0\\ 0.667 & 0.333 & 0 & 0 & 0\\ 0.667 & 0.333 & 0 & 0 & 0\\ 0.667 & 0.333 & 0 & 0 & 0\\ 0.667 & 0.333 & 0 & 0 & 0\\ 0.667 & 0.333 & 0 & 0 & 0\end{bmatrix}$$

$$R_{U_{3(i)}}=\begin{bmatrix}0 & 0.5 & 0.5 & 0 & 0\\ 0.5 & 0.5 & 0 & 0 & 0\\ 0.5 & 0.5 & 0 & 0 & 0\\ 0.5 & 0.5 & 0 & 0 & 0\\ 0.833 & 0.167 & 0 & 0 & 0\end{bmatrix}$$

一级评判按下式求解，即

$$U_j(i) = W_j \cdot R_{U_{j(i)}}$$

$$U_1(i) = \{0.447, 0.143, 0.343, 0.067\} \times \begin{bmatrix} 0.4 & 0.5 & 0.1 & 0 & 0 \\ 0.667 & 0.333 & 0 & 0 & 0 \\ 0.5 & 0.5 & 0 & 0 & 0 \\ 0.667 & 0.333 & 0 & 0 & 0 \end{bmatrix}$$

$$= \{0.490, 0.465, 0.045, 0, 0\}$$

$$U_2(i) = \{0.667, 0.333, 0, 0, 0\}$$

$$U_3(i) = \{0.46, 0.48, 0.06, 0, 0\}$$

二级评判矩阵由一级评判结果得到：

$$R(i) = \begin{bmatrix} U_1(i) \\ U_2(i) \\ U_3(i) \end{bmatrix} = \begin{bmatrix} 0.490 & 0.465 & 0.045 & 0 & 0 \\ 0.667 & 0.333 & 0 & 0 & 0 \\ 0.460 & 0.480 & 0.060 & 0 & 0 \end{bmatrix}$$

$$U_0(i) = W_0 \cdot R(i) = \{0.5, 0.455, 0.045, 0, 0\}$$

由此可见，管理单元 i 以较大的概率处于安全或较安全水平。将 $U_0(i)$转换成安全性评价指标 $v(i) = U(i) \times S^{\mathrm{T}} = \{0.5, 0.455, 0.045, 0, 0\} \times \{90, 70, 50, 30, 10\}^{\mathrm{T}} = 79.1 \in (60, 80)$，得到管理单元 i 为较安全等级。

2. 自由流下管理单元实时安全可靠度

自由流下，根据安全可靠度的定义，管理单元的实时安全可靠度表示了车辆保持安全运行的概率，根据上述安全性模糊评判分值 $v(i)$所表示的含义，自由流状态下管理单元的实时安全可靠度 $S(i)$可取为

$$S(i) = v(i)/100 \tag{4-1}$$

4.3.2　非自由流下管理单元运营安全可靠度确定方法 P2

非自由流状态下，管理单元上运行的车辆之间相互影响，彼此之间构成相互威胁。影响道路运营安全的静态因素同上，主要为道路设施、交通工程及沿线设施、监控系统等，动态因素主要为实时的交通流状态和气候环境。

评价非自由流下管理单元的安全性相对自由流状态下要复杂得多。车辆在

动态的交通流与气候环境因素交互影响下，以一定的行车风险运行在具有一定设施条件的道路上。因此，非自由流下管理单元的实时安全可靠度分成两部分：评价管理单元道路设施、交通工程及沿线设施、监控系统等静态因素的静态安全可靠度 $SS[i]$；评价管理单元交通流环境、气候环境等动态因素的动态安全可靠度 $SD[i, t]$。管理单元静态安全可靠度的评价方法仍采用上述的模糊综合评判方法，但不考虑动态的气候环境因素；管理单元动态安全可靠度的评价采用行车风险指标，详见下述。

1. 行车风险

非自由流状态下，存在的行车风险主要有两类：跟驰风险和变换车道风险，以下分析非自由流下的这两种行车风险特征。

1）跟车风险

在非自由流交通状态下，车辆随前车行驶，同时为防止邻近车道上车辆驶入，驾驶员倾向于保持小间距高速行驶的状态。在高速跟车状态中，当前车遇到紧急情况突然刹车时，由于车辆间距较小，容易引发后车与前车发生碰撞。非自由流下，管理单元跟车风险的交通影响参数为该单元交通密度和平均车速。

2）变换车道风险

在非自由流交通状态下变换车道行为比跟车行为复杂，所包含的风险也较跟车行驶多样。司机变换车道时，首先要找到合适的空档，然后依据空档的大小调整自身车速执行换车道，车辆是否能安全地完成变换车道与目标车道能否提供可插入空档有关。从微观角度分析，这个过程可能存在的风险包括：与当前车道前车追尾、与目标车道后车相撞、换车道车辆与目标车道前车追尾[49]。从宏观角度分析，变换车道风险与目标车道的交通量密切相关，假设车头时距分布规律服从负指数分布，即在目标车道交通量为 Q 时车头时距 T 大于时间 t 的概率为

$$P(T \geqslant t) = e^{\frac{-Qt}{3\,600}} \tag{4-2}$$

则车头时距 T 大于 t 的车头间隔数目为

$$M = Qe^{\frac{-Qt}{3\,600}} \tag{4-3}$$

在 i 级安全水平上，假设交通流允许汇入 1 辆车所需用的车头时距为 t_1，汇入 2 辆车的车头时距为 t_2，那么

可汇入 1 辆车的间隔数为

$$N_1 = Q\left(e^{\frac{-Qt_1}{3\,600}} - e^{\frac{-Qt_2}{3\,600}}\right)$$

可汇入 2 辆车的间隔数为

$$N_2 = Q\left(e^{\frac{-Qt_2}{3\,600}} - e^{\frac{-Qt_3}{3\,600}}\right)$$

…

可汇入 n 辆车的间隔数为

$$N_n = Q\left(e^{\frac{-Qt_n}{3\,600}} - e^{\frac{-Qt_{n+1}}{3\,600}}\right)$$

总共可以汇入的车辆数为

$$N = \sum_{i=1}^{n} i \times N_i = Q\left[\sum_{i=1}^{n-1} e^{\frac{-Qt_i}{3\,600}} - (n-1)e^{\frac{-Qt_n}{3\,600}}\right]$$

N 为 Q 的减函数，随交通流量 Q 的增大而减小。假设要汇入目标车道的交通需求为 Q'，那么：

（1）当 $Q' \leqslant N$ 时，允许汇入的交通量较大，目标车道的交通量较小，而要求汇入的交通量较少，想要汇入目标车道的司机总能找到足够的间隙，变换车道的危险性较小，只有那些急躁的司机可能来不及等待，直接强行进入目标车道，对前后车辆的安全性造成一定威胁；

（2）当 $Q' > N$ 时，N 较小，也就是目标车道的交通量较大，要求汇入的交通量也较大，这种状况出现在路段交通密度较大的情形，部分司机没有间隙变换车道，强行变换车道的情况较多，交通比较紊乱，安全问题较为严重。

变换车道风险虽然在路网中任何单元均可能发生，在出入口区域，或接近出入口区域单元，变换车道是强制性的，因此，出入口区域管理单元的变换车道风险更为集中。而在其他管理单元中，变换车道是以判断性变换为主，能有可接受空档就变换，否则就不变换，因此，变换车道风险主要用于出入口区域的风险评价。非自由状态下，出入口区域管理单元的变换车道风险与主线高速公路的交通流量、平均车速有关，还与匝道上驶入驶出的交通量有关。

2. 单车运行风险评价

非自由流状态下的跟车风险和变换车道风险同样对管理单元的运营安全构成影响，以下分析非自由流下单车跟车风险和变换车道风险评价指标确定方法。

1）跟车风险评价指标

在交通密度较高的交通流状态下，车辆间存在跟车风险问题，用于评价分析单车跟车风险的方法和模型有很多，如前后间隙相对变化率 φi、安全系数 SV、可接受风险系数 AR、等效最小安全距离 $MSDE$、等效跟驰距离 FDE、制动减速度风险 Ra。这些模型从单车微观的角度分析车辆间跟驰风险，能够反映单车的实时运行安全性，较直观地表述事故发生的可能性和严重性，对运营安全性管理具有直接指导作用。本书应用行车动力学原理分析单车的跟驰风险，采用安全制动减速度作为评价指标。

首先，从行车动力学原理分析线性跟驰模型的行驶轨迹，如图 4-6 所示。前车 n 遇紧急情况制动停车，后车为避免与前车发生追尾碰撞也必须制动停车，最后两车都停下时需要保持一定的安全间距 L_{safe}。

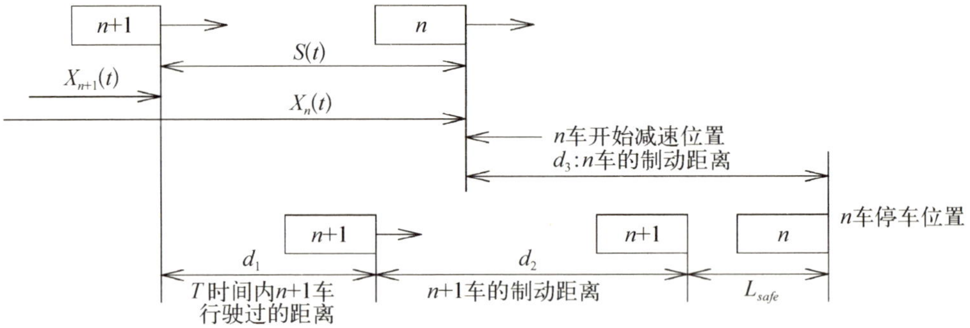

$h(t)=X_n(t)-X_{n+1}(t)$—t 时刻车辆间的车头间距；$d_1=T\times u_{n+1}(t)$—反应时间 T 内 $n+1$ 车行驶的距离；$X_{n+1}(t)$—t 时刻 $n+1$ 车的位置；$X_n(t)$—t 时刻 n 车的位置；T—反应时间或称反应迟滞时间；d_2—$n+1$ 车的制动距离；d_3—n 车的制动距离；L_{safe}—安全停车车头间距。

图 4-6 线性跟驰模型示意[137]

从图中可以得到

$$h(t)=d_1+d_2+L_{safe}-d_3,\ d_1=v_{n+1}(t)\times T,$$

$$d_2=v_{n+1}^2(t)/2a_{n+1}(t+T),\ d_3=v_n^2(t)/2a_n(t)$$

$$h(t)=v_{n+1}(t)\times T+v_{n+1}^2(t)/2a_{n+1}(t+T)+L_{safe}-v_n^2(t)/2a_n(t)$$

$$a_{n+1}(t+T)=\frac{v_{n+1}^2(t)}{2h(t)+v_n^2(t)/a_n-2v_{n+1}(t)\times T-2L_{safe}} \tag{4-4}$$

式中，$a_{n+1}(t+T)$ 为后车 $(t+T)$ 时刻安全制动减速度，取向后制动为正值；a_n 为前车紧急情况下的制动减速度。

$a_{n+1}(t+T)$ 就是后车在反应时间 T 后为确保安全跟车行驶所需要采取的最小制动减速度，称为安全制动减速度[48]。这个值越大，驾驶员的操作越困难，心理生理反应越强烈，行车的危险性也就越大。因此，安全制动减速度值能衡量单车跟驰行驶风险的大小。

需要说明的是，当前车紧急刹车时，后车为了保持安全，也必须采取向后的制动减速度，本书中将向后制动取为正值，负值不代表向前加速。因为不论管理单元上两车相距多远，当前车刹车时，后车为了保持安全，不可能向前加速。而根据式(4-4)，当 $h(t)+v_n^2(t)/2a_n < v_{n+1}(t)\times T+L_{safe}$ 时，制动减速度为负值，这意味着仅在反应时间内后车已经超过前车，然后又倒回来停止前车后面，这仅在数学公式上说得通，事实上，这种情况不可能发生，当 $h(t)+v_n^2(t)/2a_n = v_{n+1}(t)\times T+L_{safe}$ 时，反应时间内就到达了前车停车地点，除非采用 $+\infty$ 的制动减速度停下来，因此将安全制动减速度修正如下：

$$a_{n+1}(t+T) = \begin{cases} \dfrac{v_{n+1}^2(t)}{2h(t)+v_n^2(t)/a_n-2v_{n+1}(t)\times T-2L_{safe}} & 2h(t)+v_n^2(t)/a_n > 2v_{n+1}(t)\times T+2L_{safe} \\ +\infty & 2h(t)+v_n^2(t)/a_n \leqslant 2v_{n+1}(t)\times T+2L_{safe} \end{cases} \tag{4-5}$$

2) 变换车道风险评价指标

变换车道行为主要发生在：出入口区域，车辆变换车道至外侧车道，驶入或驶离高速公路；事件车道，发生交通事件是从事件车道变换到相邻车道。变换车道的风险包括：

(1) 换车道车辆与当前车道前车追尾；

(2) 换车道车辆与目标车道后车相撞；

(3) 换车道车辆与目标车道前车追尾。

其中，(1)是车道跟驰风险，换不换车道均会存在，(2)、(3)则是由变换车道引起的风险，也是变换车道风险的主要组成部分。相对纵向行驶而言，横向变换车道的位移可略去不计，单车变换车道风险可以看成是如下情形下的跟驰：目标车道原有车辆在插入要汇入目标车道的车辆之后形成的车队，所面临的跟驰行车风险，如图 4-7 所示。

这样，变换车道的风险转变成了目标车道“合流”后的跟驰风险，变换车道风

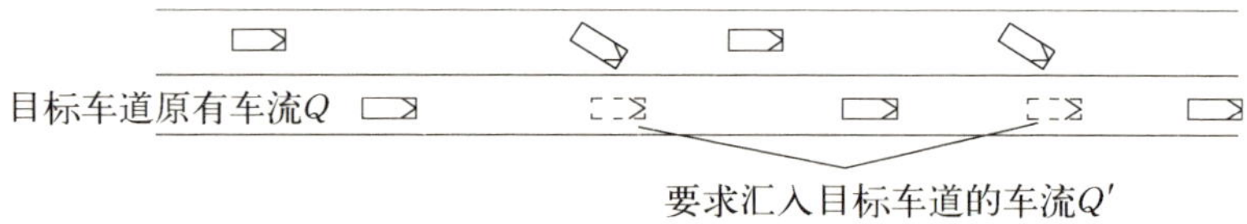

图 4-7 车辆变换车道流量变化示意

险同样可由安全制动减速度来评价。

3）单车运行安全性指标

通过上述分析，单车的行车风险均可用安全制动减速度作为评价指标。尽管，单车安全制定减速度的大小能够反映该车辆实时的运行风险，制动减速度越大，司机面临的情况越紧急，减速度越小，驾驶员就越能从容的面对危险。但是，由于上述评价指标计算过程中仅考虑了前后车车速、车头间距、驾驶员反应时间对行车风险的影响，没有考虑灾害性天气的影响，忽视了不同运营环境下对安全制动减速度的不同要求。不同气候环境下，即使对安全制动减速度完全一样的两辆车，驾驶员所面临的行车风险也不见得相同。例如，同样大小的制动减速度，在正常气候条件下（路面附着系数较大）行车风险性较小，但是，在潮湿或冰雪环境下，可能会导致滑移的危险。

之所以存在这种差别，原因在于路面的附着系数将会随天气状况的变化而变化，而附着系数与路面所能允许车辆的最大减速度之间关系密切，这一点可以从行车动力学角度进行说明。从行车动力学来讲，制动所需的负驱动力小于等于轮胎与路面的附着力时，车辆才能以某一制动减速度正常的停下来：

$$T = m_k a \leqslant \varphi G_k$$

式中，a 为制动减速度；m_k 为驱动轮上承受的质量；G_k 为驱动轮荷载；φ 为附着系数。

因此，

$$a \leqslant \varphi G_k / m_k = \varphi \times g$$

式中，g 为重力加速度，$\mathrm{m/s^2}$。

由此可见，临界值 $a_c(t)$ 与路面的附着系数正相关，也是一个实时变化的动态参数。在任何气候环境下，安全制动减速度与临界值 $a_c(t)$ 越接近，或者超过 $a_c(t)$ 越大，那么，潜在行车风险就越大；反之，驾驶员行车安全性就越好。由此，提出相对安全制动减速度作为单车实时安全性指标，见式(4-6)：

$$\bar{a}(t) = f(a(t),\ a_c(t)) = \frac{a_c(t) - a(t)}{a_c(t)} \tag{4-6}$$

式中，$a(t)$为单车安全制动减速度，由式(4－4)计算得到。$\bar{a}(t)$越大，单车的运行安全性越好，行车风险越小。

3. 基于单车行车风险的管理单元动态安全可靠度

根据上述分析，单车的安全可靠度可定义为

$$r(t) = \begin{cases} 1 & a(t) \leqslant 0 \\ \bar{a}(t) = \dfrac{a_c(t) - a(t)}{a_c(t)} & 0 < a(t) \leqslant a_c(t) \\ 0 & a_c(t) < a(t) \end{cases} \tag{4-7}$$

要确定单车的安全可靠度，最主要的是确定单车的安全制动减速度，即式(4－4)。具体计算车辆的运行风险时，需要确定式(4－4)各项参数。但事实上，针对运行在道路上的单车，其交通参数难以挨个获取，高速公路实时交通路况信息来源于布设在道路上的各类车辆检测器，在某个一瞬间，只能获取被这些检测器检测到的车辆交通参数。也就是说，只有行驶到车辆检测器位置的单车，其安全制定减速度才有可能被准确地确定下来。假定在瞬间 t，前后车辆保持相同的车速，那么，管理单元 i 上第 m 个车道、第 n 个车辆检测器处单车的安全制动减速度 $a(i,\ t,\ m,\ n)$，可由第 3 章属性编号表示：

$$a(i,\ t,\ m,\ n) = \frac{LD_3^2(i,\ t,\ m,\ n)}{\begin{array}{l}2LD_4(i,\ t,\ m,\ n) + LD_3^2(i,\ t,\ m,\ n)/ \\ a - 2LD_3(i,\ t,\ m,\ n) \times LD_{16}(i,\ t) - 2L\end{array}}$$

管理单元 i 上第 m 个车道、第 n 个车辆检测器处的实时安全可靠度为

$$r(i,\ t,\ m,\ n) = \frac{LD_{14}(i,\ t) \times g - a(i,\ t,\ m,\ n)}{LD_{14}(i,\ t) \times g} \tag{4-8}$$

鉴于无法获得管理单元上每一个单车的交通参数，管理单元的实时安全可靠度只能通过若干车辆检测器断面的实时安全可靠度来表示。将这些断面可称为管理单元上的子单元，子单元集的可靠度矩阵可表示为

$$R(i,\ t) = \{r(i,\ t,\ m,\ n)\}_{LS_{33}(i) \times LS_{39}(i)} \tag{4-9}$$

设 $SD(i, t)$ 为管理单元 i 在 t 时刻的动态安全可靠度，那么

$$SD(i, t) = F(R(i, t))$$

本小节的主要内容是通过可靠性图能分析(reliablity graph analysis)方法，解决管理单元安全可靠度与子单元安全可靠度之间的关系。

1）子单元与管理单元的有向图关系

该方法是把管理单元的安全可靠度和子单元的安全可靠度关系，利用可靠性的有向或无向图表达出来，如图 4－8 所示，然后通过分析管理单元起止结点间安全性，得到管理单元的安全可靠度。图 4－8 表明行驶在管理单元上的车辆可变换车道改变行驶轨迹，起点—终点间车辆有 $LS_{33}(i)^{LS_{39}(i)}$ 条线路可以选择，但只要一个断面发生事件，不能保证运营安全，整个管理单元就不能安全运营。

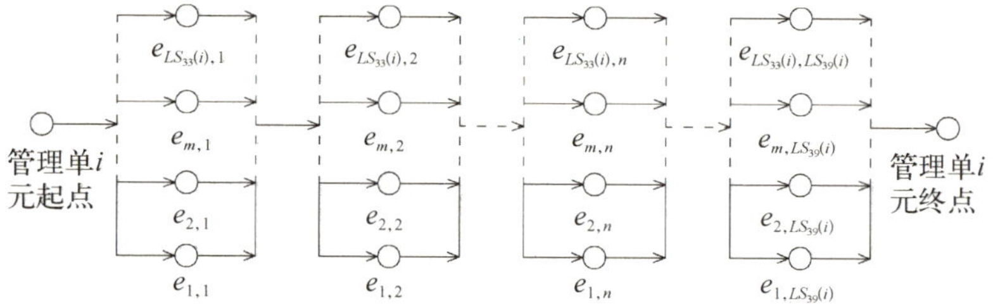

图 4－8　子单元安全可靠度与管理单元安全可靠度的有向图关系

2）结构函数

对任何一个子单元而言，其实时的运营状态有两种，一是车辆在子单元处畅通安全地通过，另一种则车辆在子单元处不能畅通安全地通过，而子单元的安全可靠度则表示子单元的实时状态为安全的概率。子单元的可靠度由式(4－8)确定，状态变量 $x_{e_{m,n}}$ 定义如下：

$$x_{e_{m,n}} = \begin{cases} 1: \text{子单元 } e_{m,n} \text{ 处车辆能安全通行} \\ 0: \qquad \text{反之} \end{cases} \tag{4-10}$$

$$P(x_{e_{m,n}} = 1) = r_{e_{m,n}} \tag{4-11}$$

进一步定义矩阵 $X = \{x_{e_{m,n}}\}_{LS_{33}(i)\times LS_{39}(i)}$ 为管理单元运行状态矩阵，这时，与子单元 $e_{m,n}$ 情况相同，利用 X 可定义管理单元的安全状态 φ 如下：

$$\varphi(X) = \begin{cases} 1: \text{管理单元上，车辆能安全通行} \\ 0: \qquad \text{反之} \end{cases} \tag{4-12}$$

称式(4－12)定义的函数 $\varphi(X)$ 为构造的结构函数，其形式可由子单元有向图形式决定，并且，利用子单元状态向量，可知管理单元的运营状态是否安全。

3) 结构函数与子单元图的关系

为求解管理单元的安全可靠度，构建结构函数，结构函数的构建方法如下：

(1) 串联、并联系统组合法

如图 4－9 和图 4－10 所示的串联、并联系统模型的结构函数由式(4－13)和式(4－14)给出。

图 4－9　串联系统模型

串联系统：

$$\varphi(X_c) = \prod_{a=1}^{l} x_{e_a} \qquad (4-13)$$

并联系统：

$$\varphi(X_b) = 1 - \prod_{a=1}^{l} (1 - x_{e_a}) \qquad (4-14)$$

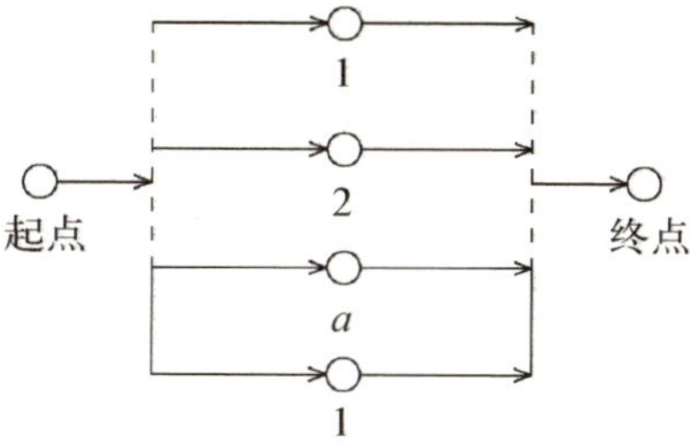

图 4－10　并联系统模型

当系统可由串联或并联结构表示时，结构函数可由组合构成。管理单元和子单元体之间的关系正是这样一种特殊结构。

(2) 管理单元与子单元的结构函数

管理单元可由同一断面子单元并联后再串联的形式表示，如图 4－8 所示。因为在检测器断面的子单元为并联系统，管理单元 i，断面 n 上的结构函数 $\varphi_n(X_b)$：

$$\varphi_n(i, X_b) = 1 - \prod_{m=1}^{LS_{33}(i)} (1 - x_{e_{m,n}})$$

又，管理系统全体为各个断面的串联系统，所以，结构函数可表示为

$$\varphi(i, X) = \prod_{n-1}^{LS_{39}(i)} \varphi_n(i, X_b) = \prod_{n-1}^{LS_{39}(i)} \left\{1 - \prod_{m=1}^{LS_{33}(i)} (1 - x_{e_{m,n}})\right\} \qquad (4-15)$$

4) 管理单元动态安全可靠度

管理单元实时安全可靠度可由结构函数的期望值给出，即

$$SD(i, t) = E[\varphi(i, t, X)] = E\left[\prod_{n-1}^{LS_{39}(i)} \varphi_n(i, X_b)\right]$$

$$= E\left[\prod_{n-1}^{LS_{39}(i)} \{1 - \prod_{m=1}^{LS_{33}(i)} (1 - x_{e_{m,n}})\}\right]$$

$$= \prod_{n-1}^{LS_{39}(i)} \left\{1 - \prod_{m=1}^{LS_{33}(i)} (1 - E[x_{e_{m,n}}])\right\}$$

因为，$E[x_{e_{m,n}}] = 1 \times P(x_{e_{m,n}} = 1) + 0 \times P(x_{e_{m,n}} = 0) = r_{e_{m,n}}$

所以，$SD(i, t) = \prod_{n-1}^{LS_{39}(i)} \left\{1 - \prod_{m=1}^{LS_{33}(i)} (1 - r_{e_{m,n}})\right\}$ (4-16)

4. 非自由流下管理单元实时安全可靠度

如上所述，非自由流下管理单元的实时安全可靠度由表示静态设施因素的静态安全可靠度和表示动态因素的动态安全可靠度组成，静态安全可靠度可通过 4.3.1 节的模糊评判方法确定，记为 $SS[i]$。那么，非自由流下管理单元运营安全可靠度可表示为

$$S[i, t] = w_s \times SS[i] + w_D \times SD[i, t] \quad (4-17)$$

其中，w_s 为静态安全可靠度的权重，w_D 为动态安全可靠度的权重，$w_s + w_D = 1$。

4.4 用户行程时间

根据不同的要求，路阻函数也不同，在路径选择中，可以设计行驶时间、行驶距离、拥挤程度、道路质量等，也可以将上述路阻中的全部或几种组合成广义路阻。这些路阻函数反应交通时间、安全性、交通成本、交通流的稳定性等许多因素，对于管理者和用户而言，除了运营安全是基本约束条件外，最主要的阻抗因素还是行驶时间，其原因在于：

(1) 对高速用户而言，最关注的还是是否能够快速通过，当高速公路发生灾变事件时，希望能选择行程时间较短的路线绕行。

(2) 几乎所有的其他因素都与行程时间密切相关，且呈现出与行程时间相同的变化趋势。

(3) 行程时间比其他因素更易于量化和测量。

路段的行程时间与路段的交通流状态密切相关，正常条件下，可用路段特性函数表示；发生交通事件的条件下，存在阻塞——消散现象，与事件持续时间、事

件严重程度、实时交通流状况有关。以下分未发生交通事件和发生交通事件两种情形分析管理单元的行程时间确定方法。

4.4.1　未发生交通事件情形下管理单元行程时间

对未发生交通事件的管理单元，影响管理单元行程时间的主要因素有单元的长度、管理单元的平均车速、实时交通密度等。在未发生交通事件的情形下，管理单元 i 行程时间可表示为

$$c(i,\ t) = 60 \times \frac{L_i}{v(i,\ t)} \tag{4-18}$$

式中，$c(i,\ t)$为 t 时刻管理单元 i 的行程时间，min；L_i 为管理单元 i 的长度，km；$v(i,\ t)$为管理单元 i，t 时刻的车速，km/h。

采用交通流密度形式表示时，根据 Greenshields 速度/密度关系构造路段行程时间函数，其形式为[95]

$$v(i,\ t) = v_f\left(1 - \frac{k(i,\ t)}{k_j}\right)$$

$$c(i,\ t) = \frac{L_i \times k_j}{v_f(k_j - k(i,\ t))} \tag{4-19}$$

式中，v_f 为自由流速度，km/h；　$k(i,\ t)$为管理单元 i，t 时刻的车流密度，pcu/km；　k_j 为阻塞密度，pcu/km。

采用管理单元属性编号表示时，管理单元 i 的行程时间可表示为

$$c(i,\ t) = \frac{60 \times LS_{31}(i)}{LD_3(i,\ t)} \tag{4-20}$$

或

$$c(i,\ t) = \frac{LS_{31}(i) \times LS_{35}(i)}{LD_5(i,\ t)(LS_{35}(i) - LD_1(i,\ t))} \tag{4-21}$$

4.4.2　发生交通事件情形下管理单元行程时间

当管理单元上发生交通事件时，事发点附近将会形成瓶颈，该处通行能力下降，当交通需求超过下降后的通行能力时，形成排队现象。假设在某管理单元 i 发生交通事件，此时事发单元的行程时间主要由两部分构成：第一部分是

车辆在排队长度上游的行驶及等待时间 t_{i1}，t_{i1} 又包括在上游路段行驶时间 $t_{i1,1}$ 和拥堵排队时间 $t_{i1,2}$；第二部分是在瓶颈段下游的行驶时间 t_{i2}，如图 4-11 所示。

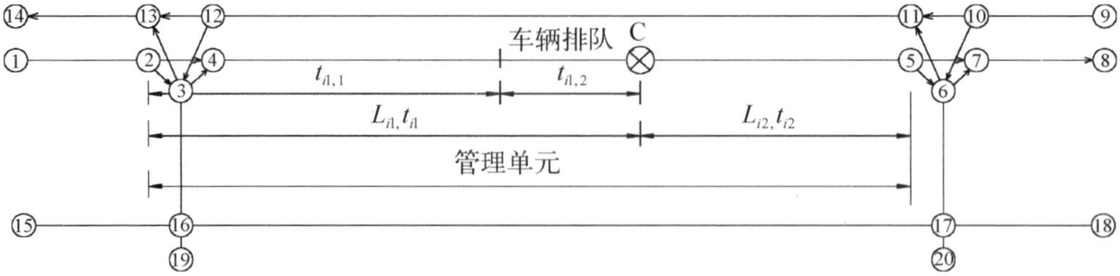

图 4-11　事件发生时的行驶时间示意图

1）波动理论在事发单元行程时间确定中的应用

交通流理论中将相邻两种状态的交通流之间的界面称为"交通波"，关于交通波及特征曲线的性质见 5.1.2 节中的叙述。当事件发生后，事发点的通行能力降低，如果上游的交通需求超过瓶颈点的通行能力，行车排队 $y(t)$，并出现一向后的"返回波"，如图 4-12 a）所示，当事件排除后，将出现"启动波"，同时，尾部又有后续车辆到达，即还有返回波，二者同时存在，且都在向后运动。$t_{i1,1}$ 是车辆从上游结点至 $y(t)$ 队尾的行程时间，$t_{i1,2}$ 是在 $y(t)$ 中拥堵排队时间。

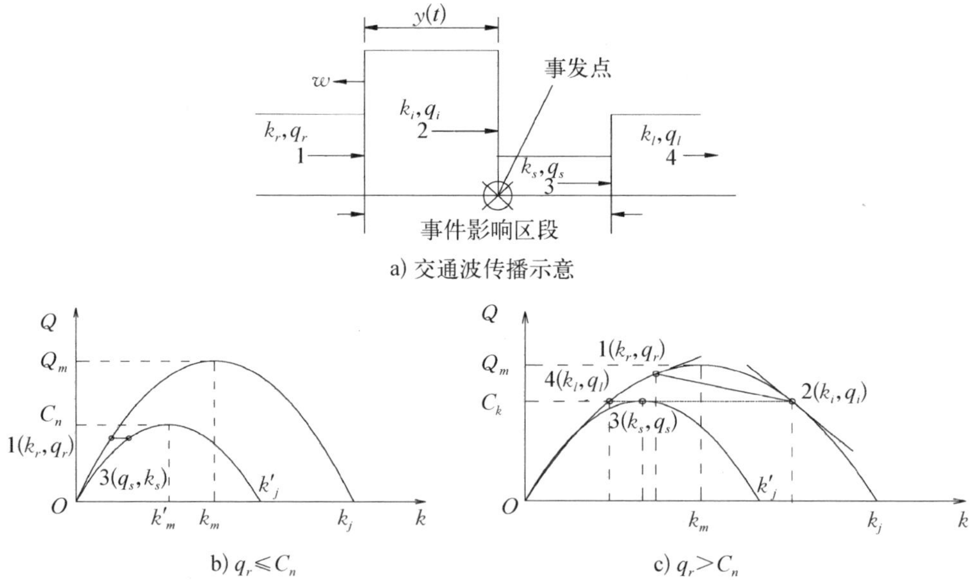

图 4-12　交通事件发生点交通波传播及流量——密度示意图

假设当事件发生后，本车道上游的需求流量为 q_r，对应的密度记为 k_r，在发生事件等级属性 $LD_{11}(t)=n$ 的情形下，瓶颈点的通行能力下降为 C_n。车流密度相应地上升为 k_2，事件持续时间为 t_a。一般交通事件持续时间的定义是指从事件产生到交通流状态恢复正常所需的时间。它由 4 个阶段构成，第 1 阶段是交通事件产生到 AID 系统检测并确认事件；第 2 阶段是响应阶段，即从确认事件到救援车辆到达事发现场；第 3 阶段是清除时间，即从救援车辆到达到离开现场；第 4 阶段是交通流恢复阶段，即从事件清除到排队完全消散，交通流恢复正常。记检测到事件到清除时间为 t_e，是指前 3 个阶段的总时间，上述提到的排队长度上游的行驶及等待时间 t_{i1}，与 t_e 密切相关。交通事件发生后，其排队—消散过程可用交通波理论进行研究。

(1) 交通事件消散的交通波动过程

在时间 t_e 内，当 $q_r \leqslant C_n$ 时，$k_1=k_2=k_4$，如图 4－12b)所示，交通事件不会引起拥堵。当 $q_r > C_n$ 时，由于通行能力不足而将引起拥挤，本书应用波动理论分析该过程。

图 4－13 所示是车流阻塞—消散过程的波形时距图，图中，y，t 分别代表距离和时间，记事发时刻为 t_0，指定原点 O 为事发点和事发时刻，即 $t_0=0$，y 轴指向事发点的上游，曲线 $OBCD$ 为对应时刻的排队长度。

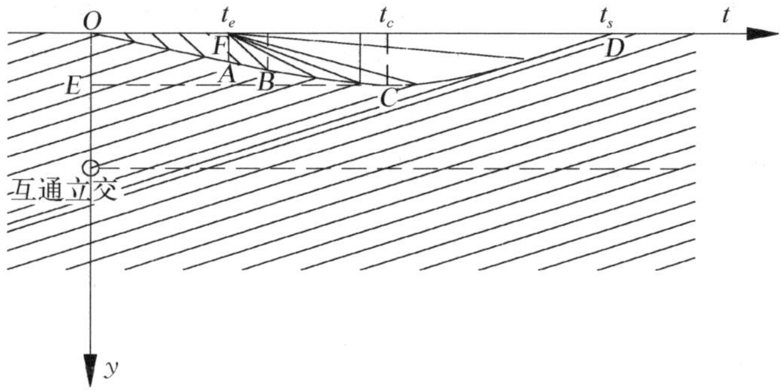

图 4－13　车流阻塞一消散过程的波形时距图

沿 y 轴，点 O 对应事发点，$t=0$ 对应事发时刻，$t=t_e$ 为事件清除完毕时间，FA 段内交通流达到拥堵密度 k_i，流率为 q_i；A 的上游车辆以平均流率 q_r 到达，密度保持 k_r；事发路段以 q_s、k_s 通行，并认为在事发点车流释放达到该点的最大通行能力流量 $q_s=C_n$，当事发路段彻底堵死时，$q_s=0$，$k_s=k_j$，如图4－12 所示。从 $y=0$，$t=0$ 开始所画出的斜线即特性曲线。例如，在 OAF 内，特性曲线都是负的，与流量-密度曲线在点 2$(q_i,\ k_i)$的切线一致，这里，点 3 所在曲线为事件路段的流量-

密度曲线。$t=t_e$ 时，点 F 的密度由 k_i 很快变为 k_m（最大通行能力对应的密度），这样，特性曲线在 B 点呈扇形展开（即斜率从 $(\mathrm{d}q/\mathrm{d}k)_{k2}$ 到 0 的所有可能值），斜率为 0 时，最佳状态，按照这一方式，可以画出如图 4－13 所示剩下的特性曲线。

如图 4－13 所示，从边界发出的特性曲线把整个时空区域划分成三个流量-密度状况截然不同的区域。特性曲线相交线即为交通波曲线（$OABCD$），因此，也是拥堵车队队尾的轨迹，并且它到 t 轴的垂直距离代表车队长度，由 $y(t)$ 表示。

通过交通流波动理论的这一特征曲线，可以考察车队队尾的轨迹。首先，可以看到 OF 段产生的线形交通波相对事发点向后传播，该波在 B 点结束，B 点代表最后一条由事发点发出具有密度 k_i 的特性曲线。在 B 点之后，由于区域 FBD 内呈扇形放射的特性曲线具有不同的密度，波向下游传播的密度是变化的，而从立交向事发点传播的密度恒为 k_r，这就是 BCD 呈非线性的原因。事实上，正如曲线 BCD 所示，它以变化的速度传播。

了解了车流阻塞-消散过程的波形时距图，可分析高速公路上车辆在排队长度上游的行驶及等待时间 t_{i1} 在图中对应的点。如图 4－13 所示，当车辆进入上游互通立交行驶到事发点附近，若拥堵尚未结束，那么，其离开事发点的时间为 $t_{i1}=t_s$；若拥堵已经结束，那么，其不受拥堵干扰，行程时间为上游流量的函数。

（2）事件消散时刻的解析解

曲线 $OABCD$ 的每一段以及点 BCD 的坐标都能用解析法得到，为获得解析结果，必须有流量-密度关系模型，此处假定为 *GREENSHIELD* 流量-密度模型，如图 4－12 所示。

OB 为事件发生后返回波的轨迹，波速为

$$w_{OB}=\frac{q_i-q_r}{k_i-k_r}=v_f\left(1-\frac{k_r+k_i}{k_j}\right) \tag{4-22}$$

通过解三角关系，可得 t_B，令 $h(k)=\dfrac{\mathrm{d}q}{\mathrm{d}k}$，则有

$$\frac{y_B}{t_B}=-w_{OB},\quad \frac{y_B}{t_B-t_e}=-h(k_i)$$

由上两式可得

$$t_B=\frac{h(k_i)t_e}{h(k_i)-w_{OB}} \tag{4-23}$$

又

$$h(k_i) = \frac{\mathrm{d}q}{\mathrm{d}k}\bigg|_{k=k_i} = v_f\left(1 - \frac{2k_i}{k_j}\right)$$

因此

$$t_B = \frac{(k_j - 2k_i)t_e}{k_r - k_i} \tag{4-24}$$

设 k_R 表示曲线段 BCD 上任意一点的交通流密度，则该点的波速为

$$\frac{\mathrm{d}y}{\mathrm{d}t} = \frac{q_R - q_r}{k_R - k_r} = \frac{v_f}{k_j}(k_j - k_r - k_R)$$

又，$y_R = -h(k_R) \times (t - t_e) = -v_f\left(1 - \frac{2k_R}{k_j}\right) \times (t - t_e)$，则有

$$\frac{\mathrm{d}y}{\mathrm{d}t} = -\frac{v_f}{2} + \frac{y}{2(t - t_e)} + \frac{v_f k_r}{k_j} \tag{4-25}$$

求解微分方程可得

$$y_{BCD}(t) = (-h(k_i) + h(k_r))[(t - t_e)(t_B - t_e)]^{1/2} - h(k_r)(t - t_e) \tag{4-26}$$

令 $y_{BCD}(t) = 0$，交通事件消散时刻 t_s 为

$$t_s = \left[1 - \frac{h(k_i)}{h(k_r)}\right]^2 (t_B - t_e) + t_e = \frac{4(k_r - k_i)(k_j - k_r - k_i)}{(k_j - 2k_r)^2} t_e + t_e \tag{4-27}$$

式中，k_i 为紧挨事发点上游的车流密度，可通过检测器检测得到。当 $q_r > C_n$ 时，也可由下式计算：

$$k_i = \frac{1}{2}k_j\left(1 + \sqrt{1 - \frac{C_n}{C}}\right) \tag{4-28}$$

事件持续时间为

$$t_a = t_s = t_e \times \left[\frac{4(k_r - k_i)(k_j - k_r - k_i)}{(k_j - 2k_r)^2} + 1\right] \tag{4-29}$$

2）事发管理单元行程时间确定

假设在 $t = t_0$ 时刻，在距离管理单元 i 起点 L_{i1} 处发生交通事件，那么，消散

时刻为 (t_0+t_{i1})。随着交通事件的处理和消散，不同时刻进入管理单元的车辆在事发单元上所需花费的行程时间是不同的。t 时刻进入管理单元 i 的车辆到达事发点附近的时候，可能事件已经消散完毕，交通恢复正常，车辆不受交通事件的影响，也可能事件没有完全消散，随车队需经历一定的消散时间。管理单元 i 的行程时间可取为

$$T(i,\ t)=\max\left\{\frac{L_i\times k_j}{v_f(k_j-k_i)},\ t_e\times\left[\frac{4(k_r-k_i)(k_j-k_r-k_i)}{(k_j-2k_r)^2}+1\right]\right.$$
$$\left.+\frac{L_{i2}\times k_j}{v_f(k_j-k_l)}-(t-t_0)\right\} \tag{4-30}$$

式中，L_i 为管理单元 i 的长度，km；k_j 为阻塞密度，pcu/km；v_f 为自由流车速，km/h；k_i 为管理单元 i 的车流密度，pcu/km；k_r 为管理单元 i 上游车流密度，pcu/km；L_2 为事发点与管理单元 i 终点之间的距离，km；t_e 为事件清除时间，min；t，t_0 为车辆进入管理单元 i 的时间和事件发生时间，min。

式(4-30)采用管理单元属性编号表示时，k_r、k_i、k_l 分别为上游管理单元、事发管理单元和下游管理单元实时检测到的交通流密度，那么，当管理单元 i 中第 n 个车辆检测器检测到交通事件时，在事件状态下的行程时间可表示为

$$T(i,\ t)=\max\left\{\left[\frac{4(LD_1(i-1,\ t)-LD_1(i,\ t))(LS_{35}(i)-LD_1(i-1,\ t)-LD_1(i,\ t))}{(LS_{35}(i)-2LD_1(i-1,\ t))^2}+1\right]t_e\right.$$
$$\left.+\frac{L_{i2}\times LS_{35}(i)}{LD_5(i,\ t)(LS_{35}(i)-LD_1(i+1,\ t))}-(t-t_0),\ \frac{LS_{31}(i)\times LS_{35}(i)}{LD_5(i,\ t)(LS_{35}(i)-LD_1(i,\ t))}\right\} \tag{4-31}$$

式中，t_e 为事件检测到清除时间，包括事件检测、响应和清除时间。影响事件清除时间的因素很多，与事件严重程度、事件类型、各高速公路管理中心的联动管理水平等均有关系。目前，事件持续时间预测较多的采用统计分布方法，例如，Drakopulos et al. (2001)在分析了美国密尔沃基州际公路 94 的 2 819 次碰撞事件后，建立了高速公路事件清除时间列表：执法单位 3. 4 min 后接到报警，第一响应机构接到通知后 6 min 赶到现场，救护车调度员此后 5. 1 min 接到通知，第一辆救护车此后 7. 5 min 到达现场，现场处理 20. 9 min，10. 9 min 后到达医院。[99]那么，州际公路 94 的 $t_e=40.9$ min。事件清除时间的统计方法主要有方差分析法、线性回归法、非参数回归法、决策树法、hazard duration method、模糊逻辑法等，有关事件清除时间的研究非本书重点，在此不再赘述。

4.5　算　　例

例 4.2: 如图 4－14 所示，以 0－1－2－3－4 为主线高速公路的通道路网，其中所包含各管理单元的道路设施类型均为普通路段，各管理单元的静态属性取值见表 4－8。实时的动态属性见表 4－9。结点 3－4 的中点位置检测到各级交通事件，假定：一级事件清除时间 10 min，二级事件清除时间 20 min，三级事件 30 min，四级 40 min。要求各管理单元的实时安全可靠度大于 $SC = 60\%$。

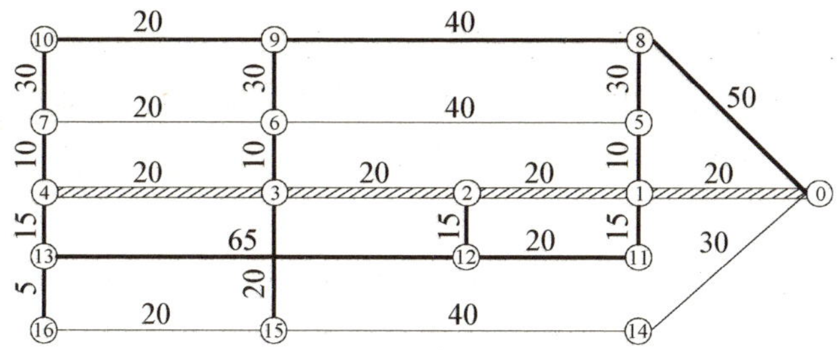

高速公路双向六车道 ━ 高速公路双向四车道 — 二级公路双向二车道

图 4－14　计算实例

表 4－8　管理单元静态属性取值

属性	取　值	属性	取值	属性	取　　值	属性	取　值
LS_1	1	LS_{11}		LS_{21}		LS_{31}	见图 4－14
LS_2	11/15(km/h)	LS_{12}		LS_{22}	—	LS_{32}	见图 4－14
LS_3	90/70(分)	LS_{13}		LS_{23}		LS_{33}	6/2 车道
LS_4	500/150(m)	LS_{14}		LS_{24}	很好(90)/一般(60)	LS_{34}	120/80(km/h)
LS_5	很好(90)/一般(60)	LS_{15}	—	LS_{25}	很好(90)/一般(60)	LS_{35}	75(pcu/km)
LS_6		LS_{16}		LS_{26}	很好(90)/一般(60)	LS_{36}	—
LS_7		LS_{17}		LS_{27}	很好(90)/一般(60)	LS_{37}	3.75(m)
LS_8	—	LS_{18}		LS_{28}	很好(90)/一般(60)	LS_{38}	1(m)
LS_9		LS_{19}		LS_{29}	很好(90)/一般(60)	LS_{39}	2(个)
LS_{10}		LS_{20}		LS_{30}	很好(90)/一般(60)		

注：“/”上方为高速公路静态属性取值，下方为二级公路取值。

表 4－9　管理单元动态属性取值

属性	取　值	属性	取　值	属性	取　值	属性	取　值
LD_1	36/10/4(pcu/km)	LD_6	200(m)	LD_{11}	2(m/s)	LD_{16}	1(s)
LD_2	3 628/1 120/320(pcu/h)	LD_7	0(mm/min)	LD_{12}	1(2，3，4)	LD_{17}	6 750/4 500/1 200(pcu/h/ln)
LD_3	100.8/112/80(km/h)	LD_8	0	LD_{13}	0(cm)		
LD_4	100/100/250(km/pcu)	LD_9	0(cm)	LD_{14}	0.7		
LD_5	120/120/100(km/h)	LD_{10}	25℃	LD_{15}	1 200(m)		

注："①/②/③"：① 为六车道高速公路动态属性取值；② 为四车道高速公路动态属性取值；③ 为二级公路动态属性取值。

1) 实时安全可靠度

如 4.2.2 节所述，非自由流下管理单元的实时安全可靠度由表示静态设施因素的静态安全可靠度和表示动态因素的动态安全可靠度组成。

(1) 静态安全可靠度

影响普通路段静态安全可靠度的因素有道路设施因素和交通工程及沿线设施因素，权重按表 4－10 选取。各单因素的安全等级划分见表 4－2，影响普通路段安全性的单因素权重按表 4－5 和表 4－6 选取。静态安全可靠度的计算结果见表 4－11。

表 4－10　通路段管理单元判断矩阵 $U_0(i)$ 及各因素权重(实例)

U_0	U_1	U_2	权　重
U_1	1.00	3.00	**0.75**
U_2	0.33	1.00	**0.25**

(2) 动态安全可靠度

根据式(4－5)—式(4－16)计算，各管理单元的动态安全可靠度计算结果见表4－11。结点 3－4 之间的管理单元(单元 4)发生各级事件时，各级事件下子单元安全可靠度与管理单元安全可靠度的有向图关系见图 4－15，动态安全可靠度计算如下：

$LD_{12}(4, t)=0, 1$：不占用车道，动态安全可靠度见表 4－11；

$LD_{12}(4, t)=2$：对发生交通事件的管理单元，以事件断面代替上游检测器位置断面，进行动态安全可靠度的计算，如图 4－15 所示。

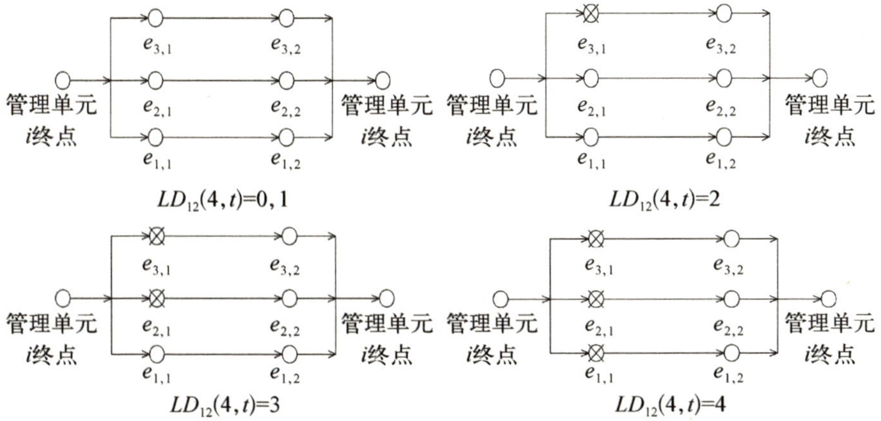

图 4-15　各级事件下子单元安全可靠度与管理单元安全可靠度的有向图关系

表 4-11　管理单元实时安全可靠度 (LD_{12} = 0 或 1)

管理单元			SS[i]	a	r(i, t)	SD[i, t]	S[i, t]
编号	起点	终点					
1	0	1	0.8	3.87	0.45	0.690 9	0.75
2	1	2	0.8	3.87	0.45	0.690 9	0.75
3	2	3	0.8	3.87	0.45	0.690 9	0.75
4	3	4	0.8	3.87	0.45	0.690 9	0.75
5	0	8	0.8	2.12	0.73	0.864 2	0.83
6	8	9	0.8	2.12	0.73	0.864 2	0.83
7	9	10	0.8	2.12	0.73	0.864 2	0.83
8	11	12	0.8	2.12	0.73	0.864 2	0.83
9	12	13	0.8	2.12	0.73	0.864 2	0.83
10	1	5	0.8	2.12	0.73	0.864 2	0.83
11	5	8	0.8	2.12	0.73	0.864 2	0.83
12	1	11	0.8	2.12	0.73	0.864 2	0.83
13	2	12	0.8	2.12	0.73	0.864 2	0.83
14	3	15	0.8	2.12	0.73	0.864 2	0.83
15	3	6	0.8	2.12	0.73	0.864 2	0.83
16	6	9	0.8	2.12	0.73	0.864 2	0.83
17	4	7	0.8	2.12	0.73	0.864 2	0.83
18	7	10	0.8	2.12	0.73	0.864 2	0.83

续 表

管理单元编号	起点	终点	$SS[i]$	a	$r(i, t)$	$SD[i, t]$	$S[i, t]$
19	4	13	0.8	2.12	0.73	0.864 2	0.83
20	13	16	0.8	2.12	0.73	0.864 2	0.83
21	0	14	0.6	1.44	0.86	0.740 6	0.67
22	14	15	0.6	1.44	0.86	0.740 6	0.67
23	15	16	0.6	1.44	0.86	0.740 6	0.67
24	5	6	0.6	1.44	0.86	0.740 6	0.67
25	6	7	0.6	1.44	0.86	0.740 6	0.67

$$SD(4, t) = \left\{1 - \prod_{m=1}^{3}(1 - r_{e_{m,1}})\right\}\left\{1 - \prod_{m=1}^{2}(1 - r_{e_{m,2}})\right\}$$
$$= (1 - 0.543)(1 - 0.642) = 0.47$$

$LD_{12}(4, t) = 3$：

$$SD(4, t) = \left\{1 - \prod_{m=1}^{3}(1 - r_{e_{m,1}})\right\}\left\{1 - \prod_{m=1}^{1}(1 - r_{e_{m,2}})\right\}$$
$$= (1 - 0.473) \times 0 = 0$$

$LD_{12}(4, t) = 4$：$SD(4, t) = 0$。

3) 实时安全可靠度

非自由流下管理单元运营安全可靠度按式(4－17)计算，取 w_s、w_D 为 0.5。计算结果见表 4－11。结点 3－4 之间的管理单元发生各级事件时，管理单元实时安全可靠度见表 4－12。

表 4－12　各级事件下管理单元 4 的实时安全可靠度

$LD_{12}(4)$	$SS[i]$	$a[i, t]$ 事发点上游断面	事发点下游断面	$r[i, t]$ 事发点上游断面	事发点下游断面	$SD[i, t]$	$S[i, t]$
1	0.8	3.83	3.87	0.45	0.45	0.690 9	0.75
2	0.8	5.33	3.87	0.33	0.45	0.462 4	0.63
3	0.8	8.55	3.87	0	0.45	0	$<SC$
4	0.8	0	3.87	0	0.45	0	$<SC$

2）行程时间

对于未发生交通事件的管理单元，应用式(4-19)计算行程时间，行程时间计算结果见表 4-13。结点 3-4(管理单元 4)发生交通事件时，主线上游各结点至结点 4 的行程时间，应用式(5-28)计算，计算结果见表 4-14。

表 4-13　未发生交通事件情形下各管理单元行程时间

管理单元			行程时间/min	管理单元			行程时间/min	管理单元			行程时间/min
编号	起点	终点		编号	起点	终点		编号	起点	终点	
1	0	1	11.9	10	1	5	5.4	19	4	13	8.0
2	1	2	11.9	11	5	8	16.1	20	13	16	2.7
3	2	3	11.9	12	1	11	8.0	21	0	14	23.8
4	3	4	11.9	13	2	12	8.0	22	14	15	31.7
5	0	8	26.8	14	3	15	10.7	23	15	16	15.8
6	8	9	21.4	15	3	6	5.4	24	5	6	31.7
7	9	10	10.7	16	6	9	16.1	25	6	7	15.8
8	11	12	10.7	17	4	7	5.4				
9	12	13	35	18	7	10	16.1				

表 4-14　管理单元 4 发生交通事件时各结点间的行程时间

起点	终点	行程时间/min			
		一级事件 $LD_{12}(4)=1$	二级事件 $LD_{12}(4)=2$	三级事件 $LD_{12}(4)=3$	四级事件 $LD_{12}(4)=4$
0	4	47.6	47.6	59.09	91.51
1	4	35.7	35.7	59.09	91.51
2	4	23.8	27.9	59.09	91.51
3	4	11.9	27.9	59.09	91.51

4.6　本章小结

本章主要针对灾变条件提出了通道路网运营安全管理和应急处置决策依

据，主要完成的内容有以下几点。

1）对策类型

分析了灾变条件下的对策类型，包括：车速控制、车距控制、流量控制、超车控制、照明控制、急刹车控制、车道使用控制、可逆车道交通组织及交通诱导对策。

2）决策依据

提出了灾变条件下通道路网运营安全管理及应急处置决策的依据，包括：灾变事件类型、灾变事件等级、交通流状况、运营安全性、用户行程时间，对其中的运营安全性和用户行程时间进行了具体分析。

3）管理单元实时安全可靠度

针对自由流和非自由流两种不同交通流状态，分析了管理单元实时安全可靠度的确定方法。自由流下采用模糊综合评判模型 P1 确定实时安全可靠度；非自由流下应用模型 P2 确定，实时安全可靠度由静态安全可靠度和动态安全可靠度组成（式（4－17）），静态安全可靠度仍采用模型 P1 确定，动态安全可靠度采用式（4－5）—式（4－16）确定。

4）用户行程时间

根据管理单元是否发生交通事件，管理单元行程时间计算方法分为未发生交通事件和发生交通事件两种情形，未发生交通事件时，采用式（4－19）或式（4－20）确定管理单元行程时间，发生交通事件时，采用式（4－30）确定。

第5章 灾变条件下通道路网运营安全管理及应急处置决策模型与算法

建立灾变条件下通道路网运营安全管理及应急处置决策模型，确定相应的算法，是提高灾变条件下通道路网运营效率和运营安全性至关重要的一环。本章应用波动理论分析通道路网中主线高速公路灾变事件的影响范围，将事件的影响范围分为两类：事件发生单元和事发点上游单元。结合第 4 章提出的决策依据，针对灾变事件发生单元，研究交通异常单元运营安全管理及应急处置对策；针对事发点上游因事件扩展而受到影响的单元，提出基于运营安全的路网交通诱导决策模型。本章的研究内容及相互之间的关系见图 5 - 1。

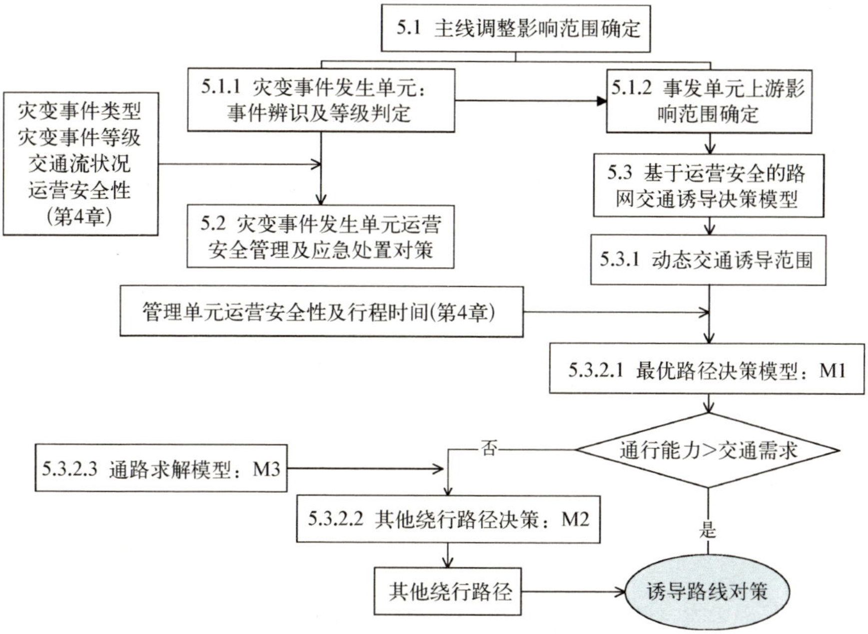

图 5 - 1　本章主要研究内容

5.1 主线高速公路灾变事件影响范围研究

高速公路发生灾变事件时，事发单元及事发点上游一定范围内的管理单元将受到灾变事件的影响，影响范围随事件的严重程度以及实时的交通状况而异。出现灾变事件时，可能出现两种情形：情形一，在运营状况良好、车流量较少的高速公路上，发生交通事件或出现灾害性天气时，只要流量不超过事发点的通行能力，尽管车辆运行安全性将受到一定程度的影响，但路段不会发生拥堵；情形二，在车流较大、运营状况不良的情况下，即使较小的扰动都会影响路段的运营安全性和正常通行，如果不采取实时的控制与管理对策，这种影响将会扩展到上游路段，甚至影响整个路网的安全。对于上述情形一，照常的运行不会引起交通拥挤和紊乱，但是运行安全性将有所降低，因此，只需对事发单元实施异常单元交通控制与管理对策，确保该单元的运营安全性即可；对于上述情形二，不仅需要对事发路段实施交通控制策略，还需在路网的基础上对受事件影响的单元进行路径诱导管理，保证路网的运营安全。因此，发生灾变事件时，可能的影响范围包括发生事件的管理单元和事发点上游一定范围的管理单元，根据交通事件严重等级和实时的交通流状况确定影响范围是进行路网管理的重要内容。在本节研究中，对事件影响范围定义如下：

(1) 事发单元：发生灾变事件的高速公路管理单元；

(2) 事发点上游单元：假定没有采取交通控制与管理措施，由于灾变事件的发生，拥挤的交通波向上游扩展，影响上游高速公路的交通流状况和安全状况，认为这种交通拥挤波波及的管理单元为上游影响范围。由于事发路段通行能力下降，反而能改善下游路段的交通状况，因此，影响范围只考虑上游相关路段。

如上所述，对于影响范围的确定，首先辨识灾变事件发生与否及事件类型，然后根据事件类型以及辨识指标确定事件等级，分析上游哪些范围内的路网将受到灾变事件的影响。

5.1.1 灾变事件的辨识及等级判定

对通道路网进行运营安全管理及应急处置研究，首先要辨识灾变事件的发生与否，如果事件发生，判断该事件的严重程度，即事件等级，然后根据事件等级、实时交通流状况、运营安全性等确定事发单元的交通管理与应急处置对策。

三种类型的灾变事件的辨识指标和等级判定标准各不相同，国内外关于灾变事件辨识和等级判定已有一定的研究成果，灾害性天气以能见度（或可视距离）、水膜厚度、结冰面积率、积雪深度、风速、气温等指标辨识事件和判定事件等级，详见文献[7]、[16]、[21]、[28]、[120]；不良交通状况可以采用饱和度、占有率等作为辨识和等级判定指标，详见文献[7]、[114]、[121]；交通事件可以采用占有率、流量、视频监控作为辨识和等级判定的依据，并通过一定的算法实现辨别，事件辨识的方法详见[7]、[122]、[123]、[124]，事件等级的判定方法目前罕见研究成果，本书对交通事件按事件发生占用车道空间多少分级，分级标准和判定方法详见第 3 章。

5.1.2　事发单元上游影响范围确定

通过上述判别，确定受灾变事件影响的主线高速公路管理单元，在此基础上，进一步确定上游影响范围。事件发生导致事发单元交通变得拥挤，这种拥挤或堵塞，如果控制不当，拥挤流将如同流体波向上游扩展。波动理论能够描述这种现象，因此，本书采用该理论确定影响范围。以下从交通守恒、特性曲线等概念入手，在了解这些概念的基础上，确定事发单元上游影响范围。

1. 交通守恒、特性曲线

在宏观动态交通流模型中，采用平均车速 v，车流密度 k，流量 q 表示交通流，并假定 v、k、q 在时间和空间上是连续的：$v(x, t)$、$k(x, t)$、$q(x, t)$。在这些前提下，道路中任一点在任一时刻均有一个 v、k、q，无论那里是否有车辆。连续性处理对于车辆而言，有些粗略，但实际中道路足够长，而车辆相对也比较密集，这种假设往往可以得到较为满意的结果。由此，得到一些基本关系：

$$\begin{cases} q(x, t) = k(x, t)v(x, t) \\ v_n(t) = v(x_n(t), t) \rightarrow v_{n+\xi}(t) = v(x_{n+\xi}(t), t) \quad 0 \leqslant \xi \leqslant 1 \end{cases} \tag{5-1}$$

式中，$x_n(t)$为第 n 辆车，t 时刻所在的位置；$v_n(t)$为其速度；$x_{n+\xi}(t)$ 为 n 与 $(n+1)$ 辆车之间，假想存在 $(n+\xi)$ 辆车，$v_{n+\xi}(t)$ 为假想车的速度。假想车的存在，使道路中处处存在车辆，满足连续性条件，如图 5-2 所示。

在此基础上，即可建立如下宏观动态模型：

$$q(x, t) = \lim_{\Delta t \to 0} \frac{\Delta A}{\Delta t} = \frac{\partial A}{\partial t} \tag{5-2}$$

其中，$q(x, t)$：t 时刻所有经过 x 的车辆之和。且

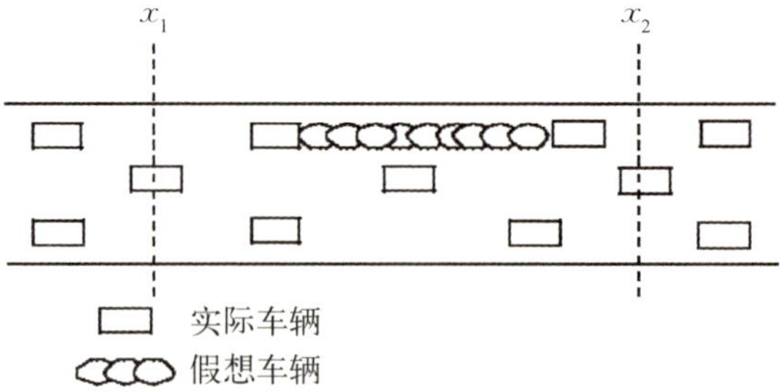

图 5-2　路段车辆守恒

$$k(x, t) = \lim_{\Delta x \to 0} -\frac{\Delta A}{\Delta x} = -\frac{\partial A}{\partial x} \tag{5-3}$$

$$\therefore \frac{\partial k}{\partial t} = -\frac{\partial q}{\partial x} = -\frac{\partial^2 A}{\partial x \partial t} \tag{5-4}$$

$$\therefore \frac{\partial k}{\partial t} + \frac{\partial q}{\partial x} = 0 \tag{5-5}$$

式(5-5)即是守恒方程:路段上的车辆既不会消失也不会自行冒出来。守恒方程采用了偏微分的形式,是因为这些参数同时与 x 和 t 有关,以下将 $v(x, t)$、$k(x, t)$、$q(x, t)$简写成 v、k、q。两个未知数(k、q)一个守恒方程是无法解决的,引入 $v_*(k)$,即 v 为 k 的函数,而

$$q = kv = kv_*(k) = f_*(k) \tag{5-6}$$

式中,$v_*(k)$为速度-密度函数;$f_*(k)$为流量-密度函数。

则式(5-5)可写为

$$\frac{\partial k}{\partial t} + \frac{\partial}{\partial x} f_*(k) = 0 \tag{5-7}$$

即

$$\frac{\partial k}{\partial t} + f_*'(k) \frac{\partial k}{\partial x} = 0 \tag{5-8}$$

引入 $c(k)$函数,以 k 为参数:

$$c(k) = f_*'(k) \tag{5-9}$$

事实上,$c(k) = f_*'(k)$,即为流量-密度曲线在 k 处的切线,波动理论中将这条切线称为特性曲线,见图 5-3。

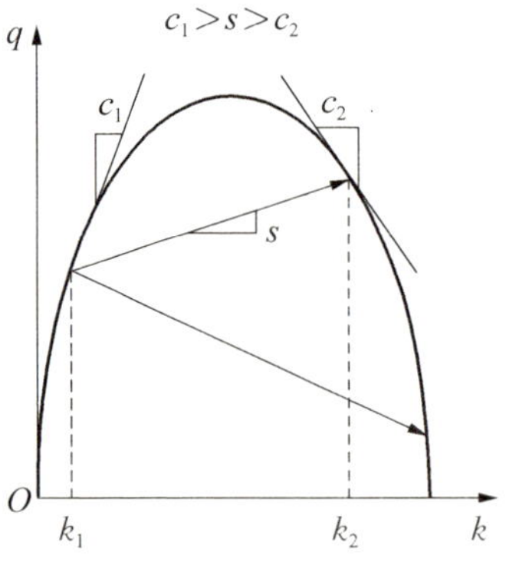

图 5-3　流量-密度关系及波速

那么有

$$c_0 = f_*{}'(k) = \begin{cases} >0 & k < k_c \\ =0 & k = k_c \\ <0 & k > k_c \end{cases}$$

代入式(5-8)，即可写为

$$\frac{\partial k}{\partial t} + c(k)\frac{\partial k}{\partial x} = 0 \tag{5-10}$$

2. 特性曲线的特征

为了考察特性曲线的意义，从考察 k 随时间的变化规律开始分析。

$$\because\ k = k(x,\ t)$$

$$\therefore\ \frac{\mathrm{d}k}{\mathrm{d}t} = \frac{\partial k}{\partial t} + \frac{\mathrm{d}x}{\mathrm{d}t} \times \frac{\partial k}{\partial x}$$

若取

$$\frac{\mathrm{d}x}{\mathrm{d}t} = c(k) \tag{5-11}$$

那么

$$\frac{\mathrm{d}k}{\mathrm{d}t} = 0$$

上式的物理含义为：若观察者沿着 $x(t) = c(k) \times t + \xi$ 观察交通流量密度，k 并不随时间而变化，也就是说，k 是常数，那么，$c(k)$ 也不会变化。因此，$x(t)$ 是直线，沿着这条直线观察，k 不会随时间变化。但这些 $x(t)$ 不一定相互平行，而是跟起始 $t = 0$ 时的 k 有关，除非起始路段上 $k(x,\ 0)$ 是常数。

特性曲线的这一特点可以用以分析两种不同状态的波相遇时的扩散情况。

1) 情形一：上游拥挤波与下游稀疏波相遇

如图 5-4 所示，高速公路某管理单元 i，由于在路段 $[x_1,\ x_2]$ 交通流受到扰动，形成上游拥挤波和下游稀疏波，下游 $k = k_l$，$x \in [\ x_2,\ +\infty]$；上游 $k = k_r$，$x \in [-\infty,\ x_1]$；$k_l \leqslant k \leqslant k_r$，$x \in [x_1,\ x_2]$，由式(5-11)，有

$$\frac{\mathrm{d}x}{\mathrm{d}t} = c(k_l) \equiv c_l \quad x \geqslant x_2$$

$$\frac{\mathrm{d}x}{\mathrm{d}t}=c(k_r)\equiv c_r \quad x\leqslant x_1$$

$$\frac{\mathrm{d}x}{\mathrm{d}t}=c(k)\equiv c_k \quad c_r\leqslant c_k\leqslant c_l \quad x_1\leqslant x\leqslant x_2$$

在区域 $x-c_lt\geqslant x_2$，由 $x=c_lt+x_2$ 平行线覆盖；区域 $x-c_rt\leqslant x_1$，由 $x=c_lt+x_1$ 平行线覆盖；$x-c_lt\leqslant x_2$，$x-c_rt\geqslant x_1$ 区域形成扇形域，如图 5-4 所示，扇形区以 c_l 的速度向下游扩展，以 c_r 的速度向上游扩展。当 $x_1\rightarrow x_2$ 时，$\Delta x\rightarrow 0$，扇形就更加明显了，$t=0$ 时，形成一个台阶，如图 5-5 所示。

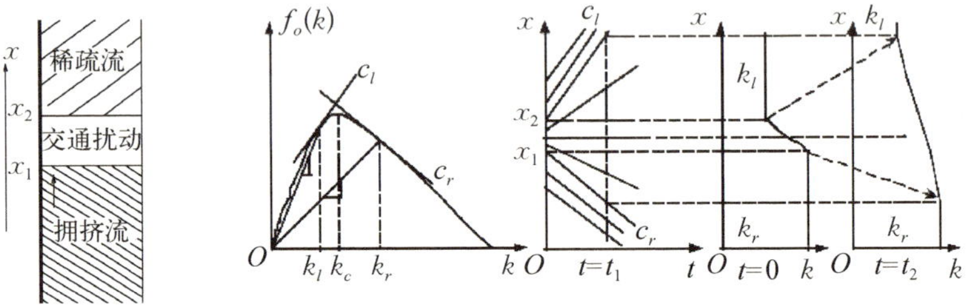

图 5-4　两种不同密度的波相遇时波的扩散过程(情形一)

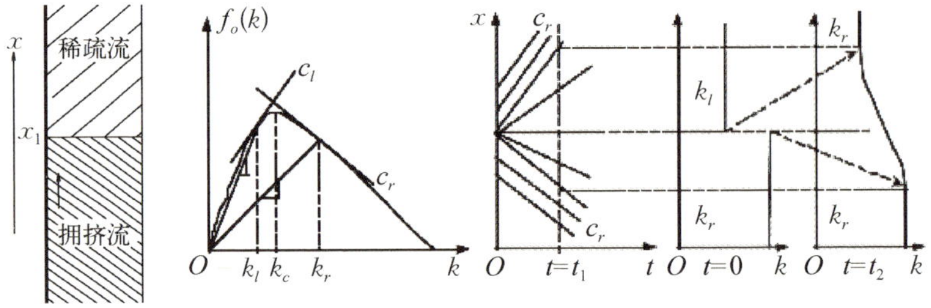

图 5-5　$x_1\rightarrow x_2$ 的扩散过程(情形一)

扇形区域代表了波的扩散或稀疏波的存在：当下游交通比上游稀疏时，下游车辆移动较快，因此，给上游车辆留下较大空间，而使它们有足够的空间提速，这过程会使稀疏—拥堵过渡区间距加大，上游车辆逐渐赶上下游车速，是交通状况逐渐改善的过程。

2) 情形二：上游稀疏波与下游拥挤波相遇

如图 5-6 所示，高速公路某管理单元 i，上游稀疏波与下游拥挤波相遇，下游 $k=k_l$，$x\in[x_2,+\infty]$；上游 $k=k_r$，$x\in[-\infty,x_1]$；$k_l\leqslant k\leqslant k_r$，$x\in[x_1,x_2]$。此时，扇形区是闭合的，两列不同密度的交通波以激波形式传递，可应

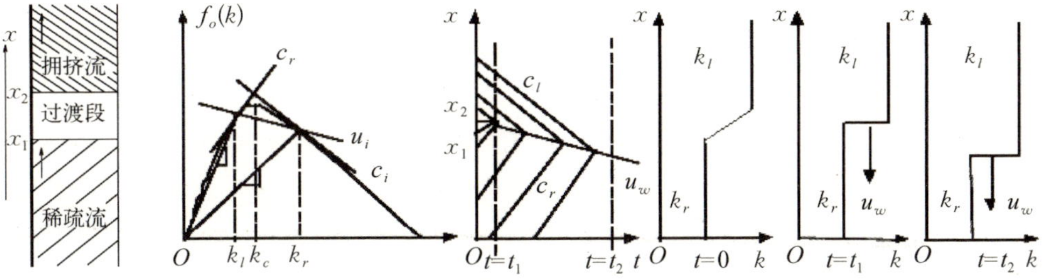

图 5-6　两种不同密度的波相遇时激波的扩散过程(情形二)

用交通流量守恒条件研究激波的速度。

见 3.2.1.2 节,可得

$$u_w = \frac{q_2 - q_1}{k_2 - k_1} \tag{5-12}$$

式(5-12)是激波波速的计算公式。由此可见,激波的速度 u_w 是(k_l, q_l),(k_r, q_r)连线的斜率,不管它是否在同一 $q-k$ 曲线上。

u_w事实上就是$(k_l, f_*(k_l))$,$(k_r, f_*(k_r))$连线的斜率,$u_w>0$,则激波沿交通流方向前进,反之,则沿相反方向传播。

3) 其他情形

除了上述两种情形的交通波相遇外,还有不同密度的两列拥挤波相遇,或者不同密度的两列稀疏波相遇,都可以用扇形区和激波分析波的扩散过程:

(1) 两列稀疏波相遇时:当上游稀疏波密度比下游的大时,扇形区闭合后以激波形式扩散;当上游稀疏波密度比下游的小时,以张开的扇形区扩散;

(2) 两列拥挤波相遇时:当上游拥挤波密度比下游的大时,扇形区闭合后以激波形式扩散;当上游拥挤波密度比下游的小时,以张开的扇形区扩散。

3. 波动理论在确定灾变事件影响范围中的应用

上节中,根据特性曲线的特点,分析了两种不同密度交通波相遇时,波的扩散过程,将上述结果应用于灾变事件影响范围分析,得出不同灾变事件下的空间影响范围和时间影响范围。

1) 灾害性天气的影响范围

在高速公路路段范围$[x_1, x_2]$中,检测到灾害性天气,其中该范围内最上游的管理单元为 i,x 轴以管理单元 i 的起点为原点。$[x_1, x_2]$通行能力由原来的 C 降低至C'_i,那么,在管理单元 i 上,若 $q_i \leqslant C'_i$,仍能满足本单元交通需求的要求，不会发生交通拥挤；若 $q_i > C'_i$，管理单元 i 不能正常疏导车流，交通流的变化如图 5－6 所示。此时，两种不同密度的交通波仍以激波形式传递，激波的速度 u_w 是 (k_l, q_l)，(k_r, q_r) 连线的斜率。其中，$u_{w12}=0$，$u_{wi1}=0$，$u_{wri}<0$。当管理单元 i 出现灾害性天气时，下游交通流密度减小，上游密度增大，并以 u_{wri} 向上游移动。

(1) 空间影响范围

若灾害性天气持续时间为 t_w，那么影响范围随时间变化以及最大值为

$$L=-u_{wri}\times t=-\frac{q_i-q_r}{k_i-k_r}\times t=-\frac{C'_i-q_r}{k_i-k_r}\times t$$

$$L_{\max}=L\Big|_{t=t_w}=-\frac{C'_i-q_r}{k_i-k_r}\times t_w \tag{5-13}$$

式中，C'_i为灾害性天气下的通行能力；q_r为上游交通流量，假定 $q_{i-1}=q_{i-2}=\cdots=q_r$；$k_r$为上游管理单元交通流密度，假定 $k_{i-1}=k_{i-2}=\cdots=k_r$；$k_i$为邻近事发点上游的拥挤密度：

$$k_i=\frac{1}{2}k_j\left(1+\sqrt{1-\frac{C'}{C}}\right)$$

在距管理单元 i 的距离小于 L 的 m 个单元均会受到影响，如图 5－7 所示。

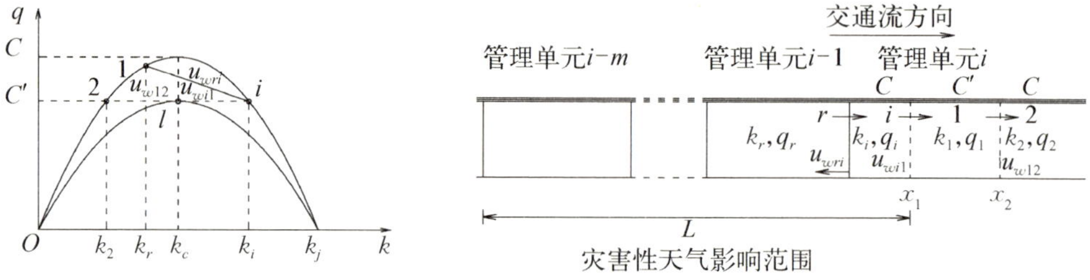

图 5－7　灾害性天气下交通流变化及影响范围分析

(2) 时间影响范围

将灾害性天气的不良影响扩展到管理单元 $(i-1)$，$(i-2)$，…，$(i-m)$ 所需的时间记为 t_{i-1}，t_{i-2}，…，t_{i-m}，那么：

$$t_{i-1}=\frac{x_1}{u_w}=-\frac{k_i-k_r}{C'_i-q_r}\times x_1,\ t_{i-2}=-\frac{k_i-k_r}{C'_i-q_r}\times(x_1+L_{i-1})$$

$$\cdots$$

$$t_{i-m}=-\frac{k_i-k_r}{C'_i-q_r}\times\left(x_1+\sum_{n=1}^{m-1}L_{i-n}\right) \tag{5-14}$$

由此，灾害性天气影响在单元 $(i-m)$ 扩展的时间范围为 $[t_{i-m},\ t_{i-(m+1)}]$，灾害性天气持续时间 $t_w\geqslant t_{i-m}$ 时，管理单元 $(i-m)$ 将受到不良影响。

2) 不良交通状况的影响范围

在高速公路某管理单元 i 检测到不良交通状况，交通流为拥挤状态，流量为 q_i，密度为 $k_i(k_i>k_c)$，假设倘若拥挤不得到控制，影响一直扩展到管理单元 $(i-m)$，m 为自然数，如图 5-9 所示。在没有任何交通诱导提示信息时，同上，假定高速公路上游流量、密度不变，那么管理单元 i 的不良交通状况如图 5-6 所示扩散，其中激波速度为

$$u_w=\frac{q_i-q_r}{k_i-k_r}$$

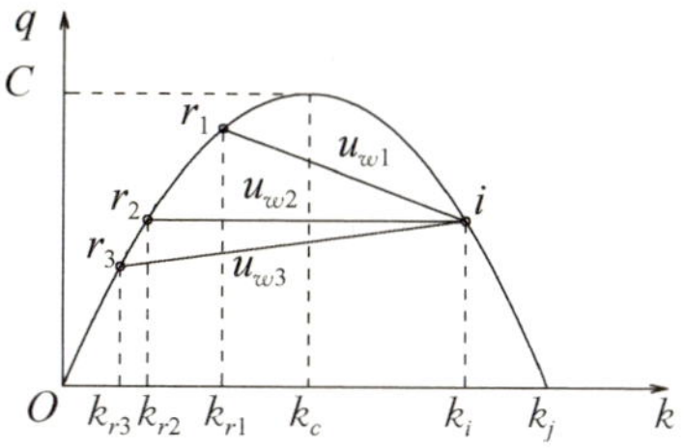

图 5-8　上游不同交通量下的激波速度

如图 5-8 所示，当 $u_w>0$，上游交通量较少，$q_i>q_r$，激波向下游移动，拥挤不会影响上游交通，自行消散；当 $u_w=0$，上游到达的交通量刚好等于拥挤单元的交通量，$q_i=q_r$，激波保持不动，拥挤也不会向下游扩散；当 $u_w<0$，上游有较大的交通需求，$q_i>q_r$，不能顺利通过管理单元 i，拥挤以 u_w 向上游扩散。

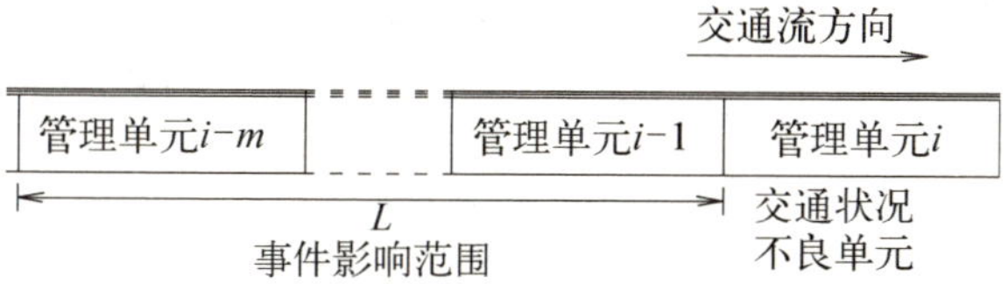

图 5-9　不良交通状况影响范围

(1) 空间影响范围

不良交通状况向上游扩展的范围 L 与时间有关，假设不良交通状况持续时间为 t_j(指从交通不良状况产生到交通流状态恢复正常所需的时间)，那么空间影响范围及最大空间影响范围 $L_{\max}$ 为

$$L=-u_w\times t=-\frac{q_i-q_r}{k_i-k_r}\times t$$

$$L_{\max} = L\mid_{t=t_j} = -\frac{q_i - q_r}{k_i - k_r} \times t_j \tag{5-15}$$

(2) 时间影响范围

此时

$$t_{i-1} = 0,\ t_{i-2} = \frac{L_{i-1}}{u_w} = -\frac{k_i - k_r}{q_i - q_r} \times L_{i-1}$$

$$\cdots$$

$$t_{i-m} = -\frac{k_i - k_r}{q_i - q_r} \times \sum_{n=1}^{m-1} L_{i-n} \tag{5-16}$$

由此，不良交通状况在单元 $(i-m)$ 扩展的时间范围为 $[t_{i-m},\ t_{i-(m+1)}]$，不良交通状况持续时间 $t_j \geqslant t_{i-m}$ 时，管理单元 $(i-m)$ 将受到不良影响。

3) 交通事件的影响范围

在管理单元 i 的路段 $[x_1,\ x_2]$（以 i 的起点为 x 轴原点）发生交通事件时，事发点车道数减少，通行能力下降至 $C_{i,\ n}$，n 为事件等级，不同等级交通事件的 $q-k$ 曲线变化如图 5－10 所示（以双向六车道为例）。同上，$q_i \leqslant C_{i,\ n}$ 时，拥挤不会扩散，当 $q_i > C_{i,\ n}$ 时，空间范围和时间范围影响如下。

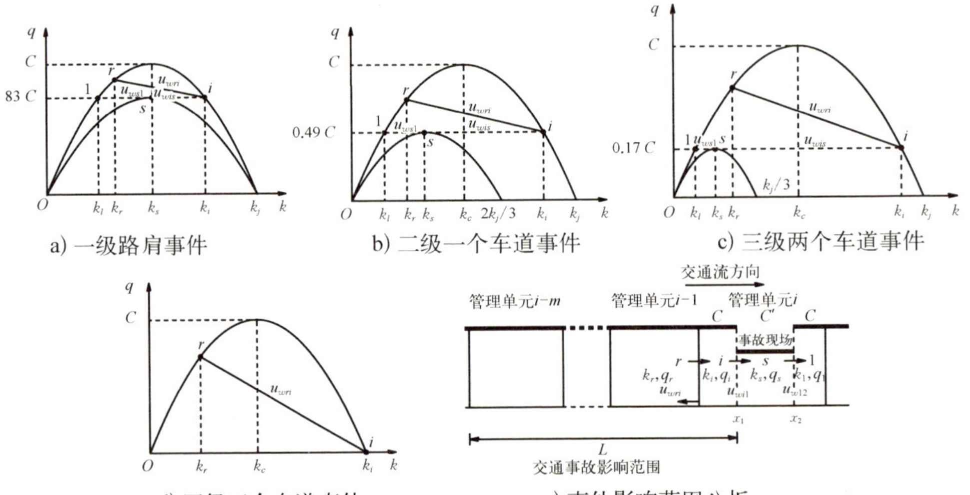

a) 一级路肩事件　b) 二级一个车道事件　c) 三级两个车道事件

d) 四级三个车道事件　e) 事件影响范围分析

图 5－10　交通流变化及影响范围分析（双向六车道实例）

(1) 空间影响范围

假设事件持续时间为 t_a，见式(4－29)，同样可以得到空间影响范围：

一级事件：

$$L=-u_{wri}\times t=-\frac{q_i-q_r}{k_i-k_r}\times t=-\frac{C_{i,1}-q_r}{k_i-k_r}\times t$$

$$L_{\max}=L\mid_{t=t_a}=-\frac{0.83C-q_r}{k_i-k_r}\times t_a \tag{5-17}$$

二级事件：

$$L=-u_{wri}\times t=-\frac{q_i-q_r}{k_i-k_r}\times t=-\frac{C_{i,2}-q_r}{k_i-k_r}\times t$$

$$L_{\max}=L\mid_{t=t_a}=-\frac{0.49C-q_r}{k_i-k_r}\times t_a \tag{5-18}$$

三级事件：

$$L=-u_{wri}\times t=-\frac{q_i-q_r}{k_i-k_r}\times t=-\frac{C_{i,3}-q_r}{k_i-k_r}\times t$$

$$L_{\max}=L\mid_{t=t_a}=-\frac{0.17C-q_r}{k_i-k_r}\times t_a \tag{5-19}$$

四级事件：

$$L=-u_{wri}\times t=-\frac{q_i-q_r}{k_i-k_r}\times t=\frac{q_r}{k_j-k_r}\times t$$

$$L_{\max}=L\mid_{t=t_a}=\frac{q_r}{k_j-k_r}\times t_a \tag{5-20}$$

(2) 时间影响范围

一级事件：

$$t_{i-1}=\frac{x_1}{u_w}=-\frac{k_i-k_r}{0.83C-q_r}\times x_1,$$

……

$$t_{i-m}=-\frac{k_i-k_r}{0.83C-q_r}\times\left(x_1+\sum_{n=1}^{m-1}L_{i-n}\right) \tag{5-21}$$

二级事件：

$$t_{i-m}=-\frac{k_i-k_r}{0.49C-q_r}\times\left(x_1+\sum_{n=1}^{m-1}L_{i-n}\right) \tag{5-22}$$

三级事件：

$$t_{i-m}=-\frac{k_i-k_r}{0.17C-q_r}\times\left(x_1+\sum_{n=1}^{m-1}L_{i-n}\right) \tag{5-23}$$

四级事件：

$$t_{i-m}=-\frac{k_j-k_r}{q_r}\times\left(x_1+\sum_{n=1}^{m-1}L_{i-n}\right) \tag{5-24}$$

由此，交通事件在单元 $(i-m)$ 扩展的时间范围为 $[t_{i-m}, t_{i-(m+1)}]$，交通事件持续时间 $t_a \geqslant t_{i-m}$ 时，管理单元 $(i-m)$ 将受到不良影响。

5.2 主线高速公路事发单元运营安全管理及应急处置对策

主线高速公路一旦发生灾变事件，直接受影响的是事发单元的运营安全性。为了减轻事件发生对管理单元造成的行车风险，应根据灾害性天气、不良交通条件、交通事件的类型、严重程度确定分级管理对策，制定符合可行性、实用性、有效性、正确性、经济性要求的运营安全管理对策。交通异常单元运营安全控制与管理对策包括限速、限流、照明控制、车距控制等，当事件较为严重而导致拥挤、堵塞发生时，可根据实时的交通条件，采用可逆车道交通组织对策，本节研究内容见图 5-11 所示。

5.2.1 灾害性天气下事发单元运营安全管理对策

同济大学郭忠印教授课题组在充分分析国内外研究成果，以及对上海市、浙江省的部分高速公路进行实地调研的基础上，从单车和交通流安全性两方面着手，结合 VISSIM 交通仿真实验，运用车辆动力学理论、经典交通流理论等，以避免追尾和保证行车稳定性为临界条件，建立了不同能见度、不同水膜厚度(降雨强度)、不同强风风速以及路面积雪或结冰条件下的高速公路安全运行车速模型，并由此得到了不同类型灾害性天气条件下的高速公路车速车距控制标准。[7]本书在此基础上，综合考虑管理单元实时安全可靠度，将实时安全可靠度作为另

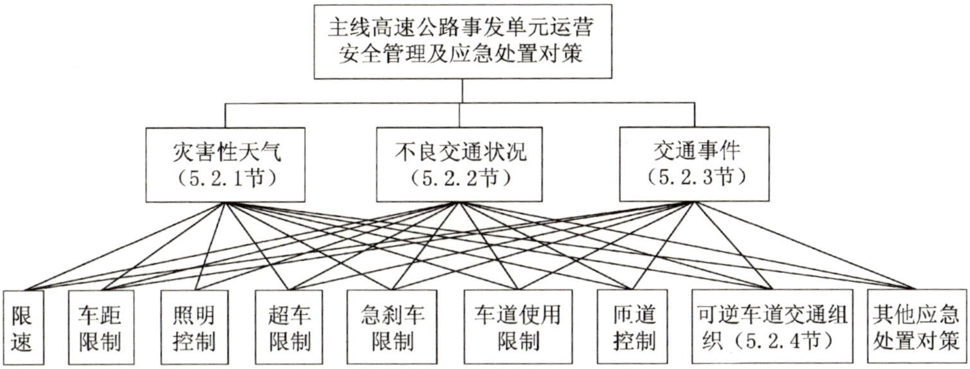

图 5－11　本节主要研究内容

一个临界条件，建立管理单元灾变条件下的行车控制标准。依据这些控制标准，可以建立不同灾害性天气下的管理对策，例如，雾天主线高速公路管理单元运营安全管理及应急处置对策见表 5－1，其中表中第三列对交通流状态划分，不同的交通流密度对应不同的控制标准，以满足安全可靠度的要求。为节省篇幅，本书仅对雾天的控制标准按实时安全可靠度进行细分，雨天、结冰、雪天以及风环境下不同交通流状态下的控制标准可同理获得，在此不赘述。雨天、结冰、雪天以及风环境下主线高速公路管理单元运营安全管理及应急处置对策见表 5－2—表 5－5。灾变事件下管理单元运营安全管理决策模型见文献[7]。

表 5－1　雾天双向六车道高速公路管理单元运营安全管理对策（实例）

雾天等级	能见度/m	交通流密度/(pcu/km)	控制方式	限速/(km/h)	车距限制/m	照明控制[a]	超车限制	其他应急措施[b]
F1	500～1 000	0～34	行车限制	100	160	1	正常	1
		35～43		80	110			
		>43		60	75			
F2	200～500	0～34	行车限制	100	160	4	正常	2
		35～43		80	110			
		>43		60	75			
F3	100～200	0～33	行车限制	80	110	4	禁止	3
		34～44		60	75			
		>44		40	50			

续　表

雾天等级	能见度/m	交通流密度/(pcu/km)	控制方式	限速/(km/h)	车距限制/m	照明控制[a]	超车限制	其他应急措施[b]
F4	50～100	0～33	行车限制	80	110	4	禁止	4
		34～44		60	75			
		>44		40	50			
F5	<50		封闭			4	禁止	4

注：a. 照明控制：1—正常；2—开启防雾灯；3—开启车道灯；4—开启防雾灯和车道灯等。
b. 其他应急措施：1—正常；2—出动交警；3—出动交警，医疗救援部门待命；4—警车带队，医疗救援部门待命。

表 5-2　雨天高速公路管理单元运营安全管理及应急处置对策(实例)

雨天等级	能见度/m	水膜厚度/mm	控制方式	限速/(km/h)	车距限制/m	照明控制	超车限制	其他应急措施
R11	500～100 000	0～2.5	行车限制	85	90	1	正常	1
R12		2.5～5.0	行车限制	80	90	1	正常	1
R13		5.0～7.5	行车限制	60	70	1	正常	2
R14		7.5～10.0	行车限制	60	70	1	正常	3
R15		大于 10.0	行车限制	55	70	1	正常	3
R21	375～500	0～2.5	行车限制	75	90	4	正常	1
R22		2.5～5.0	行车限制	70	80	4	正常	1
R23		5.0～7.5	行车限制	60	70	4	正常	2
R24		7.5～10.0	行车限制	60	70	4	正常	3
R25		大于 10.0	行车限制	55	70	4	正常	3
R31	300～375	0～2.5	行车限制	65	80	4	正常	1
R32		2.5～5.0	行车限制	60	70	4	正常	1
R33		5.0～7.5	行车限制	60	70	4	正常	2
R34		7.5～10.0	行车限制	60	70	4	正常	3
R35		大于 10.0	行车限制	55	70	4	正常	3
R41	50～300	0～2.5	行车限制	55	70	4	正常	1
R42		2.5～5.0	行车限制	50	60	4	正常	1
R43		5.0～7.5	行车限制	50	60	4	正常	2

续　表

雨天等级	能见度/m	水膜厚度/mm	控制方式	限速/(km/h)	车距限制/m	照明控制	超车限制	其他应急措施
R44	250～300	7.5～10.0	行车限制	45	60	4	正常	3
R45		大于 10.0	行车限制	40	60	4	正常	3
R51	200～250	0～2.5	行车限制	40	60	4	禁止	2
R52		2.5～5.0	行车限制	40	60	4	禁止	2
R53		5.0～7.5	行车限制	35	50	4	禁止	3
R54		7.5～10.0	行车限制	30	50	4	禁止	3
R55		大于 10.0	行车限制	20	40	4	禁止	4
R61	125～200	0～2.5	行车限制	20	40	4	禁止	2
R62		2.5～5.0	行车限制	20	40	4	禁止	3
R63		5.0～7.5	行车限制	15	30	4	禁止	3
R64		7.5～10.0	行车限制	15	30	4	禁止	4
R65		大于 10.0	行车限制	10	20	4	禁止	4
R71	0～125	0～2.5	封闭	10	20	4	禁止	4
R72		2.5～5.0	封闭	10	20	4	禁止	4
R73		5.0～7.5	封闭	10	20	4	禁止	4
R74		7.5～10.0	封闭	10	20	4	禁止	4
R75		大于 10.0	封闭	10	20	4	禁止	4
R71	0～125	0～2.5	封闭	10	20	4	禁止	4
R72		2.5～5.0	封闭	10	20	4	禁止	4
R73		5.0～7.5	封闭	10	20	4	禁止	4
R74		7.5～10.0	封闭	10	20	4	禁止	4
R75		大于 10.0	封闭	10	20	4	禁止	4

表 5－3　结冰环境高速公路管理单元运营安全管理及应急处置对策(实例)

结冰等级	能见度/m	结冰面积率(%)	控制方式	控制车速/(km/h)	控制车距/m	照明控制	急刹车限制	超车限制	其他应急措施
I11	500～100 000	0～30	行车限制	45	120	1	禁止	禁止	1
I12		30～60	行车限制	30	80	1	禁止	禁止	3
I13		60～100	封闭	10	40	1	禁止	禁止	3

续 表

结冰等级	能见度/m	结冰面积率(%)	控制方式	控制车速/(km/h)	控制车距/m	照明控制	急刹车限制	超车限制	其他应急措施
I21	375～500	0～30	行车限制	40	100	4	禁止	禁止	2
I22		30～60	行车限制	25	70	4	禁止	禁止	3
I23		60～100	封闭	10	40	4	禁止	禁止	3
I31	300～375	0～30	行车限制	35	90	4	禁止	禁止	2
I32		30～60	行车限制	20	60	4	禁止	禁止	3
I33		60～100	封闭	10	40	4	禁止	禁止	3
I41	250～300	0～30	行车限制	30	80	4	禁止	禁止	2
I42		30～60	行车限制	15	50	4	禁止	禁止	3
I43		60～100	封闭	10	40	4	禁止	禁止	3
I51	200～250	0～30	行车限制	25	70	4	禁止	禁止	2
I52		30～60	行车限制	15	50	4	禁止	禁止	3
I53		60～100	封闭	10	40	4	禁止	禁止	3
I61	150～200	0～30	行车限制	15	50	4	禁止	禁止	2
I62		30～60	行车限制	15	50	4	禁止	禁止	3
I63		60～100	封闭	10	40	4	禁止	禁止	4
I71	0～150	0～30	行车限制	10	40	4	禁止	禁止	4
I72		30～60	行车限制	10	40	4	禁止	禁止	4
I71		0～30	封闭	10	40	4	禁止	禁止	4
I72		30～60	封闭	10	40	4	禁止	禁止	4
I73		60～100	封闭	10	40	4	禁止	禁止	4

表 5-4 雪天环境高速公路管理单元运营安全管理及应急处置对策(实例)

雪天等级	能见度/m	积雪深度/cm	控制方式	控制车速/(km/h)	控制车距/m	照明控制	急刹车限制	超车限制	除雪[a]	其他应急措施
S11	500～100 000	0～5	行车限制	60	70	1	禁止	禁止	1	2
S12		5～10	行车限制	50	60	1	禁止	禁止	2	3
S13		10～15	行车限制	40	50	1	禁止	禁止	2	3
S14		15～20	行车限制	25	30	1	禁止	禁止	2	3
S15		20～10 000	封闭	10	15	1	禁止	禁止	2	3

续　表

雪天等级	能见度/m	积雪深度/cm	控制方式	控制车速/(km/h)	控制车距/m	照明控制	急刹车限制	超车限制	除雪[a]	其他应急措施
S21	375～500	0～5	行车限制	55	65	4	禁止	禁止	1	3
S22		5～10	行车限制	45	55	4	禁止	禁止	2	3
S23		10～15	行车限制	35	45	4	禁止	禁止	2	3
S24		15～20	行车限制	25	30	4	禁止	禁止	2	3
S25		20～10 000	封闭	10	15	4	禁止	禁止	2	3
S31	300～375	0～5	行车限制	50	60	4	禁止	禁止	1	3
S32		5～10	行车限制	40	50	4	禁止	禁止	2	3
S33		10～15	行车限制	30	40	4	禁止	禁止	2	3
S34		15～20	行车限制	25	30	4	禁止	禁止	2	3
S35		20～10 000	封闭	10	15	4	禁止	禁止	2	3
S41	250～300	0～5	行车限制	45	55	4	禁止	禁止	1	3
S42		5～10	行车限制	35	45	4	禁止	禁止	2	3
S43		10～15	行车限制	25	30	4	禁止	禁止	2	3
S44		15～20	行车限制	25	30	4	禁止	禁止	2	3
S45		20～10 000	封闭	10	15	4	禁止	禁止	2	3
S51	200～250	0～5	行车限制	40	50	4	禁止	禁止	1	3
S52		5～10	行车限制	30	40	4	禁止	禁止	2	3
S53		10～15	行车限制	20	25	4	禁止	禁止	2	3
S54		15～20	行车限制	20	25	4	禁止	禁止	2	3
S55		20～10 000	封闭	10	15	4	禁止	禁止	2	3
S61	150～200	0～5	行车限制	20	25	4	禁止	禁止	1	4
S62		5～10	行车限制	20	25	4	禁止	禁止	2	4
S63		10～15	行车限制	15	20	4	禁止	禁止	2	4
S64		15～20	行车限制	15	20	4	禁止	禁止	2	4
S65		20～10 000	封闭	10	15	4	禁止	禁止	2	4
S71	0～150	0～5	行车限制	10	15	4	禁止	禁止	1	4
S72		5～10	行车限制	10	15	4	禁止	禁止	2	4

续 表

雪天等级	能见度/m	积雪深度/cm	控制方式	控制车速/(km/h)	控制车距/m	照明控制	急刹车限制	超车限制	除雪[a]	其他应急措施
S73		10～15	行车限制	10	15	4	禁止	禁止	2	4
S74		15～20	行车限制	10	15	4	禁止	禁止	2	4
S71		0～5	封闭	10	15	4	禁止	禁止	1	4
S72	0～150	5～10	封闭	10	15	4	禁止	禁止	2	4
S73		10～15	封闭	10	15	4	禁止	禁止	2	4
S74		15～20	封闭	10	15	4	禁止	禁止	2	4
S75		20～10 000	封闭	10	15	4	禁止	禁止	2	4

注：a. 除雪：1—不铲雪；2—出动军队铲雪，采用除雪剂等除雪。

5.2.2　不良交通状况下事发单元运营安全管理对策

在主线高速公路管理单元发生不良交通事件时，不仅需要控制车辆行驶速度和车辆间距，还需控制进入高速公路的入口匝道流量。不良交通状态下，高速公路运营安全管理等级不仅与交通拥挤事件有关，还与非拥挤条件下的交通流运行状况密切相关。因此，结合交通拥挤事件的自动检测技术和交通流状态判别方法[7]，划分了不良交通状态的等级，见表 5-6，根据事件等级确定表 5-7 所列的高速公路运营安全管理对策。

5.2.3　交通事件下事发单元运营安全管理对策

交通事件对高速公路运营安全造成的影响大小是和其持续时间长短、交通事件类型、阻塞位置情况以及上游路段（车辆检测器）交通流状况等紧密联系在一起的，且这些因素是相互关联，互为影响的。在这些因素中，对交通事件条件下所采取的交通控制对策有显著影响的是阻塞位置情况和上游路段交通流状况。其中，阻塞位置包含两方面的含义：① 阻塞的是路肩还是车道；② 阻塞的车道数。上游路段交通流状况可以采用交通量、密度或饱和度等交通参数的不同阈值来确定。[7]根据高速公路交通事件等级划分和实时交通流检测技术等，制定了高速公路网交通事件安全管理等级决策标准，表 5-8 所列为根据国内外相关研究成果和各级事件下的通行能力提出一个双向六车道高速公路的实例。

表 5 - 5　风环境高速公路管理单元运营安全管理及应急处置对策(实例)

风等级	风速	路面情况	控制方式	轻型客车控制车速/(km/h)	大中型客车控制车速/(km/h)	集装箱半挂车控制车速/(km/h)	小汽车控制车速/(km/h)	轻型客车控制车距/m	大中型客车控制车距/m	集装箱半挂车控制车距/m	小汽车控制车距(m)	急刹车限制	超车限制	其他应急措施
W11	15～16	干燥	行车限制	60R	80RM	N	N			N	N	禁止	L	1
W12	15～16	湿润	行车限制	40R	70RM	N	N			N	N	禁止	L	3
W13	15～16	积雪	行车限制	P	10R	10R	30	P				禁止	禁止	3
W14	15～16	结冰	封闭	P	P	P	P	P	P	P	P	禁止	禁止	4
W21	16～19	干燥	行车限制	20R	60RM	N	N			N	N	禁止	L	1
W22	16～19	湿润	行车限制	P	40R	80RM	N	P			N	禁止	C	3
W23	16～19	积雪	行车限制	P	P	10R	20	P	P			禁止	禁止	3
W24	16～19	结冰	封闭	P	P	P	P	P	P	P	P	禁止	禁止	4
W31	19～23	干燥	行车限制	P	20R	60RM	N	P			N	禁止	C	1
W32	19～23	湿润	行车限制	P	P	45R	85	P	P			禁止	S	3
W33	19～23	积雪	行车限制	P	P	P	10	P	P	P		禁止	禁止	3
W34	19～23	结冰	封闭	P	P	P	P	P	P	P	P	禁止	禁止	4
W41	23～27	干燥	行车限制	P	P	20R	60	P	P			禁止	S	1
W42	23～27	湿润	行车限制	P	P	P	50	P	P	P		禁止	禁止	3
W43	23～27	积雪	封闭	P	P	P	P	P	P	P	P	禁止	禁止	3

续 表

风等级	风速	路面情况	控制方式	轻型客车控制车速/(km/h)	大中型客车控制车速/(km/h)	集装箱半挂车控制车速/(km/h)	小汽车控制车速/(km/h)	轻型客车控制车距/m	大中型客车控制车距/m	集装箱半挂车控制车距/m	小汽车控制车距/m	急刹车限制	超车限制	其他应急措施
W44	23～27	结冰	封闭	P	P	P	P	P	P	P	P	禁止	禁止	4
W51	27～60	干燥	行车限制	P	P	10R	20	P	P			禁止	禁止	3
W52	27～60	湿润	行车限制	P	P	P	10	P	P	P		禁止	禁止	3
W51	27～60	干燥	封闭	P	P	P	P	P	P	P	P	禁止	禁止	4
W52	27～60	湿润	封闭	P	P	P	P	P	P	P	P	禁止	禁止	4
W53	27～60	积雪	封闭	P	P	P	P	P	P	P	P	禁止	禁止	4
W54	27～60	结冰	封闭	P	P	P	P	P	P	P	P	禁止	禁止	4

注：① 风环境下高速公路安全控制车速和车距按四种车型分别限制：小汽车(M)、轻型客车(L)、大中型客车(C)和集装箱半挂车(S)；② 此处的限制车速分三种情况：N—正常车速(高速公路设计车速，通常为 100 km/h 或 120 km/h)；具体限速值+(限行车道)；P—禁止通行。其中限行车道包括：R—只限在右侧车道行驶；RM—对单向三车道高速公路而言，只限在右侧和中间车道行驶；③ 此处的限制车距分为三种情况：N—正常，即无限制；具体限制车距；P—禁止通行；④ 表中的超车限制分为：L—轻型客车禁止超车；C—大中型客车禁止超车；S—集装箱半挂车禁止超车。

表 5-6　不良交通状态下高速公路运营安全管理等级决策标准实例[7]

等级编号	拥挤指标	饱和度下限	饱和度上限	控制方式	备　注
T11	顺畅	0	0.2	N	自由流状态
T12	顺畅	0.2	DS_c	N	稳定流前期状态
T13	顺畅	DS_c	0.4	R	稳定流后期状态
T14	顺畅	0.4	0.5	R	不稳定流状态
T15	顺畅	0.5	0.6	R	饱和流状态
T16	顺畅	0.6	0.8	R	阻塞流前期状态
T17	顺畅	0.8	1.0	R	阻塞流后期状态
T2	拥挤			R	拥挤状态

表 5-7　基于同济标准的不良交通状态下高速公路运营安全管理及应急处置对策(实例)

等级编号	控制车速/(km/h)	控制车距/m	入口匝道控制	车道限制	超车限制	其他应急措施
T13	95	150	T	1	F	1
T14	80	100	T	4	T	2
T15	65	60	F	4	T	2
T16	60	40	F	1	T	3
T17	50	30	T	1	T	3
T2	40	20	T	1	T	3

注：① 入口匝道控制值包括：F—正常；T—调节入口流率。
② 此处车道限制指对大型货车的使用限制，其值包括：1—正常(无限制)；2—超车道限制；3—超车道和左侧行车道限制；4—超车道和行车道限制。此项策略适用于大型货车比例达到 30% 的高速公路路段。
③ 超车限制值包括：F—正常；T—禁止超车。

表 5-8　交通事件下双向六车道高速公路管理单元运营安全管理及应急处置对策(实例)

等级编号	密度(辆/km)	控制方式	控制车速/(km/h)	控制车距/m	入口匝道控制	车道限制	超车限制	急刹车限制	其他应急措施
一级	0～50	行车限制	100	160	F	1	F	F	3
	50～65	行车限制	80	110	F	1	F	F	3
	>65	行车限制	60	75	T	1	T	T	3

续 表

等级编号	密度(辆/km)	控制方式	控制车速/(km/h)	控制车距/m	入口匝道控制	车道限制	超车限制	急刹车限制	其他应急措施
二级	0～50	行车限制	80	110	F	2	F	F	3
	50～65	行车限制	60	75	F	2	F	F	3
	>65	行车限制	40	40	T	2	T	T	3
三级	0～25	行车限制	60	75	F	3	F	F	3
	25～35	行车限制	40	40	F	3	F	F	3
	>35	行车限制	20	20	T	3	T	T	3
四级	—	关闭			T	4			3

5.2.4 事发单元可逆车道交通组织对策及决策

在主线高速公路上运行的车辆在获取事件信息时，已经到达发生灾变事件的管理单元，那么所能采取的对策只有两种：

(1) 等待对策，等待分为两种情况：一种是交通中断，等待交通拥堵疏散，恢复正常，通过异常路段；另一种是交通拥挤，车辆跟随拥挤队列缓慢前进，通过异常路段。

(2) 可逆车道交通组织对策，逆半幅交通流满足一定条件下，开启中央分隔带活动护栏，借用逆半幅的若干车道，诱导拥堵车辆疏散，回到前方正常路段，然后继续前进。

是否可以利用逆向车道，需根据对向车道的交通流状况来决定。当主线高速公路某半幅发生严重的灾变事件导致交通拥挤或堵塞，而另外半幅有足够的通行能力剩余，那么可以考虑采用部分可逆车道来疏导受阻的交通。

假设逆半幅管理单元 j 有 n 个车道，实时交通流量为 q'，通行能力为 C'。被借用一个车道，可认为发生占用一个车道的二级事件，见表 3－4，通行能力修正系数为 $\gamma_a(n, 2)$，通行能力变为 $\gamma_a(n, 2)\times C'$，借用两个车道，三级事件，通行能力修正系数为 $\gamma_a(n, 3)$。

当 $q' > \gamma_a(n, 2)\times C'$，逆半幅本身交通流量较大，若被借用一个车道，将导致自身拥堵发生，不适合采取可逆车道利用对策；当 $\gamma_a(n, 3)\times C' < q' <$

$\gamma_a(n, 2) \times C'$ 时，满足借用一个车道的要求；当 $\gamma_a(n, 4) \times C' < q' < \gamma_a(n, 3) \times C'$ 时，满足借用二个车道的要求；当 $\gamma_a(n, k+2) \times C' < q' < \gamma_a(n, k+1) \times C'$ 时，可借用 k 个车道，$k \leqslant n$。如图 5-12、图 5-13 所示为双向六车道高速公路交通发生事件时，可逆车道利用的模式图例。

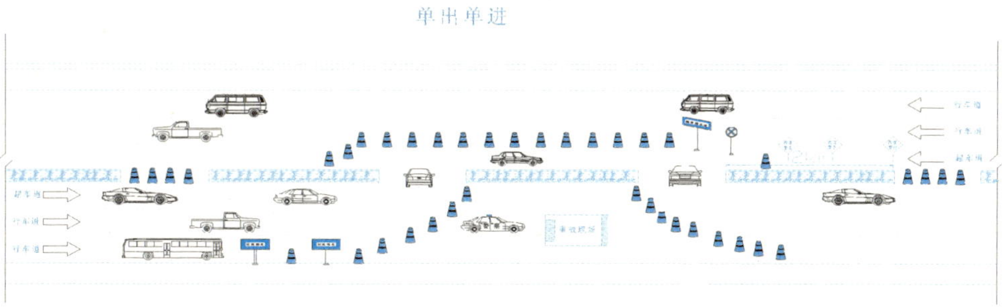

图 5-12　“单出单进”模式(实例:双向六车道高速公路)

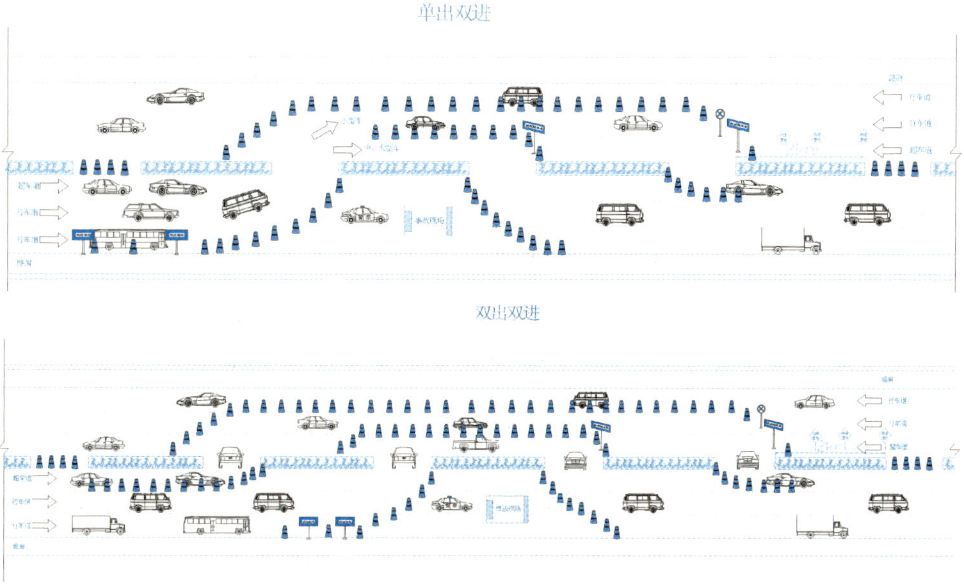

图 5-13　“单出双进”和“双出双进”模式(实例:双向六车道高速公路)

由上述分析，事发单元可逆车道交通组织决策模型如图 5-14 所示。

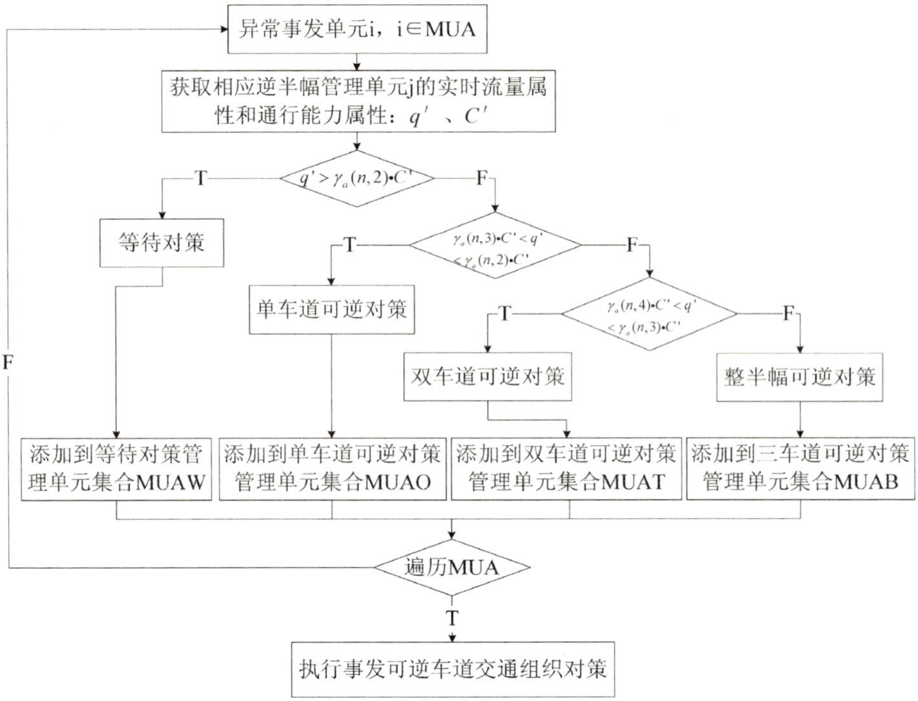

图 5-14　事发单元可逆车道交通组织决策模型(实例:双向六车道高速公路)

5.3　基于运营安全的通道路网交通诱导决策模型

主线高速公路网管理单元发生灾变事件后,事发单元通行能力将会降低,运行安全性也将变差。即使事发单元采取了相应的管理与应急措施,倘若上游实时流量较大,且没有任何限流、诱导对策,驾驶员盲目前进的后果将导致事发单元上的拥挤、堵塞向上游扩展,并将随时间的延续愈演愈烈。因此,本书以运营安全为基本要求,在管理单元发生灾变事件时,针对受事件影响的路网范围,研究交通诱导对策及决策模型,为建立合理、可行、有效的交通诱导系统提供理论依据。

首先,获取管理单元各类属性数据,辨识事件发生与否,并分析相应的事件影响范围,确定诱导范围。然后,根据管理单元的静态属性和实时动态属性确定诱导起点至诱导终点间能够满足安全要求的若干诱导路线,要求这些路线的最大允许通行能力能够满足疏导上游交通需求的要求。本书研究基于运营安全的高速公路通道路网交通诱导决策模型主要特点表现在：

(1) 动态交通诱导范围：以主线高速公路上游事件影响范围为依据，确定通道路网范围内的动态交通诱导范围；

(2) 基本约束条件：运营安全性。建立的高速公路网诱导系统是基于运营安全的诱导系统，最终得到的诱导路线所包含的管理单元，其运行风险必须低于一定的要求，达到一定的安全可靠度；

(3) 目标：在满足安全性的基本条件下，确定 $k+1$ 条诱导路径，其中第 1 条是以行程时间为路阻的最短路径，其余 k 条是在满足一定安全要求和行程时间要求下，保证有足够通行能力来疏导上游交通需求的其他可行路径。

本节的主要研究内容及技术路线见图 5－15。

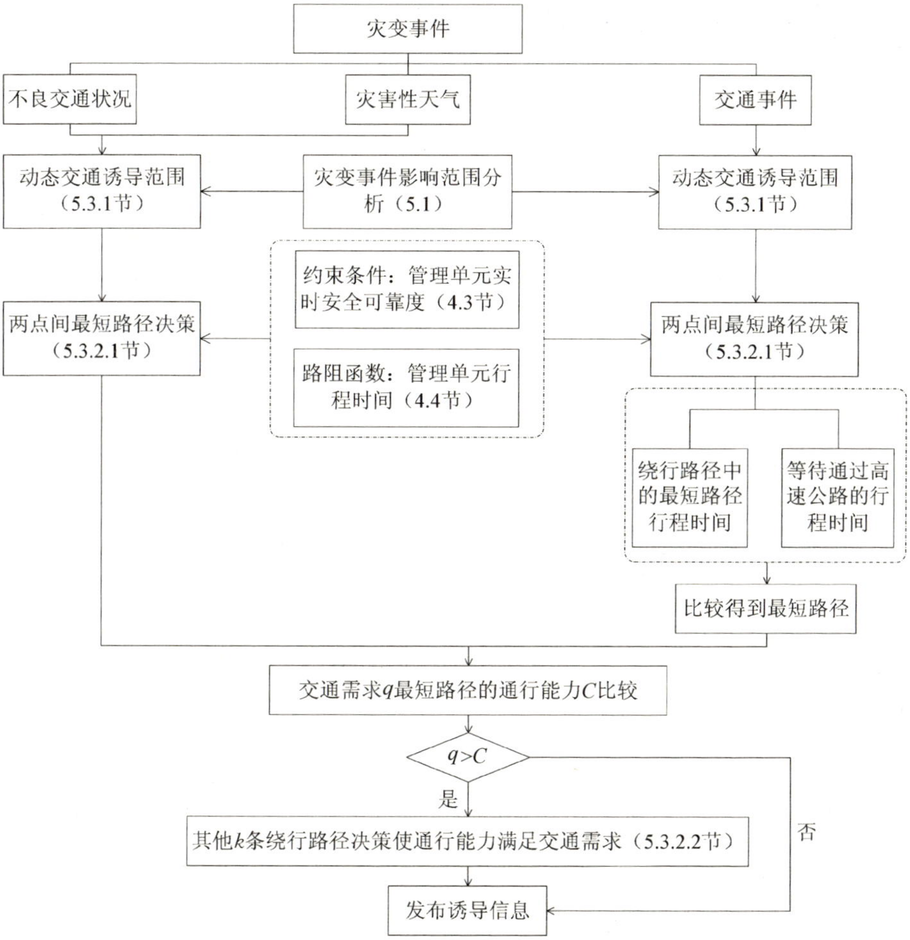

图 5－15　基于运营安全的高速公路通道路网交通诱导决策模型框图

5.3.1 交通诱导范围

交通诱导是期望能在正常交通条件下提供给车辆两点间最优行驶路径，在灾变事件下还需为受事件影响的车辆提供足够的可绕行路线。对于全体驾驶员而言，各自的出行目的不同，最好的是像车辆导航系统一样能够根据需求给出任意两点间的最优路径。但高速公路的信息提示系统是通过布设在沿线的信息板发布给驾驶员，能够给出的信息量是有限的，不可能把路网中任意两点间的最优路径都发布出来。因此，需在高速公路的管理路网内，选择合适的诱导起终点，应用有限的信息发布设施，给用户提供较重要的路径信息。

1）固定诱导起终点

固定的诱导起终点是指在任何运营环境下，为大部分用户提供的最优路径的起终点。固定诱导起终点考虑以下几点：

（1）高速公路的起终点

高速公路的起终点是各并行道路的共同点，有必要根据路况信息，为用户提供相应的最优路径。

（2）大 OD 区域的出入口、立交

（3）高速公路途径的重要城市

2）灾变条件下诱导起终点

高速公路出现灾变事件，为了使车辆能避开事发单元及受事件影响的路段，需进行路径诱导。路径诱导首先需要确定诱导范围，即诱导的起点和迂回点，即从哪里（或哪些结点）开始诱导，迂回到哪个控制结点。

（1）诱导起点

为使车辆能顺利避开事发单元，应对行驶在受事件影响范围内的车辆进行诱导，影响诱导起点确定的因素主要有两点：① 诱导范围应至少覆盖事件影响范围；② 事发点与诱导起点间的出口匝道总通行能力应满足疏导要求。

——受事件影响范围限制的诱导起点

通过上节影响范围分析，高速公路发生灾变事件时，影响范围以激波速度 u_w 向上游扩展，并随时间的增加，影响范围不断扩大。诱导起点的确定可根据受事件影响的空间范围或时间范围确定，以下以时间范围作为确定诱导起点依据，说明确定诱导起点的方法。假设灾害性天气的持续时间为 t_w，不良交通的持续时间为 t_j，交通事件的持续时间为 t_a，诱导起点的确定步骤如下：① 确定管理单元 $(i-m)$ 的时间影响范围 $[t_{i-m},\ t_{i-(m+1)}]$；② 确定诱导起点。

$t_w(t_j, t_a)$ 与 $[t_{i-m}, t_{i-(m+1)}]$ 及时间持续时间，如图 5-16 所示，按下式确定诱导起点 o：

$$o = m \mid t_w(\text{或}\ t_j, t_a) \in [t_{i-m}, t_{i-(m+1)}] \tag{5-25}$$

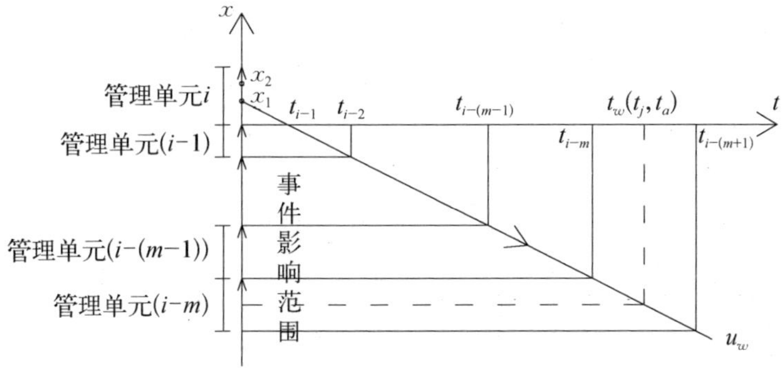

图 5-16　诱导周期与事件影响范围

——受通行能力限制的诱导起点

管理单元 i 发生灾变事件时，必然导致通行能力下降，为了保证上游交通需求的疏散，诱导起点与事发点之间必须有足够的出口匝道。假设上游管理单元 $(i-k)$ 的实时交通需求为 $q(i-k, t)$，事发单元 i 的通行能力降低至 $C(i, t)$，受疏散拥挤限制的诱导起点确定步骤和方法如下：① 计算单元 $(i-m)$ 至单元 i 之间所有出口匝道通行能力总和 $C_m(t)$；② 比较 $q(i-k, t)$ 与 $(C_m(t)+C(i, t))$，若 $q(i-k, t) < (C_m(t)+C(i, t))$，确定单元 $(i-m)$ 的起点为诱导起点，否则令 $m=m+1$，返回步骤①。

——受路网结构影响的诱导起点修正

查询路网结构，是否存在跨越步骤②确定的诱导起点的管理单元，如果存在，搜索这些单元的起点，作为诱导起点。如图 5-17 所示，若步骤②确定的诱导起点为结点 6，管理单元 S329Y2 跨越该结点与结点 7 相连，路线 S329Y2 可能成为是结点 5 至结点 7 之间的最优绕行路径，将结点 5 定为诱导起点。

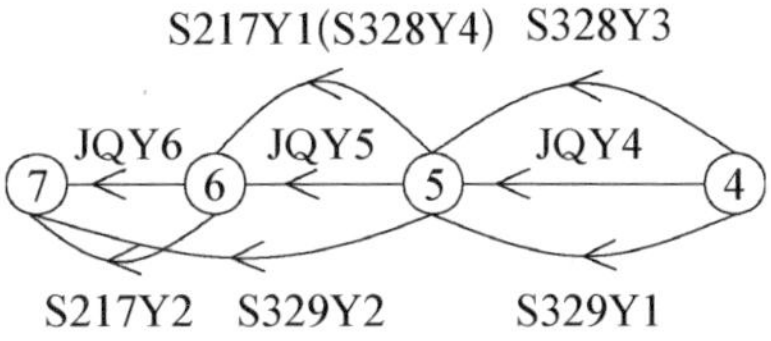

图 5-17

(2) 迂回点

高速公路灾变条件下进行路径诱导的另一个目的是在避开事发路段后引导交通重新迂回到高速公路，事发单元下游的交通流状况因事发单元 i 的“瓶颈作用”而得到改善，因此，迂回点在事发单元下游附近较合适。迂回点的确定方法和步骤如下：① 迂回点可设在事发单元 i 的终点处，倘若诱导起点没有路径与该点相连，那么，迂回点向下游移动直到有迂回路径存在，确定该点为迂回点；② 查询路网结构，是否存在跨越上述确定的迂回点的管理单元，如果存在，搜索这些单元的终点，将最下游的结点确定为最终迂回点。如图 5-17 所示，倘若单元 JQY5 出现灾变状况，若诱导起点为 v_5，第一个迂回点为 v_6，S329Y2 跨越结点 v_6 到达 v_7，v_5 之间 v_7 可能存在更好的路径，因此确定 v_7 为最终迂回点。

综上所述，为了使事发点上游的车辆均得到合理的诱导方案，诱导起点包括固定诱导起点、考虑事件影响范围和疏散拥挤要求的上游结点，记诱导起点集为 O；而迂回点是固定诱导终点和邻近事发单元下游结点，记诱导终点集为 D。

5.3.2　路径诱导决策模型

主线高速公路管理单元遭遇灾变事件时，对于高速公路管理者而言，有两种可能的诱导建议对策：建议继续选择高速公路，等待或缓慢通过事发单元；提供可行条路径从事发点前方某一出口开始绕行，回到高速公路事发点后的某一节点。本节基于运营安全的通道路网路径诱导决策模型，首先针对所有的诱导起终点，解决在满足安全的基本约束下，确定所有可行路径中最优路径(以行程时间为路阻函数的最优路径)，然后针对受事件影响的管理范围，检验给出的路径通行能力是否满足上游交通需求，当上游交通需求较大时，继续寻找 k 条其他可绕行路径，满足疏导上游交通需求的要求。

1. 基于运营安全的最优路径决策模型 M1

寻找任意两点 o、$d(o \in O,\ d \in D)$ 间满足实时安全可靠度要求的最优路径数学表达式如下：

$$\sum_{i \in P_{o,d}[a]} c(i,\ k(t)) \Rightarrow \min \quad P_{o,d}[a] \in P_{o,d}$$

$$s.t. \quad S(i,\ t) \geqslant S_c \tag{5-26}$$

式中，$P_{o,d}$ 为 o，d 间的所有通路集合，关于两点间通路求解见第 5.3.2.3 节；$P_{o,d}[a]$ 为 o，d 间的第 a 条通路；SC 为管理单元允许的最小安全可靠度。

1）路阻函数的说明

为了满足管理单元实时安全可靠度的基本约束条件，对路阻函数做出如下修正：

$$c(i,\ t)=\begin{cases}\dfrac{L_i\times k_j}{v_f(k_j-k(i,\ t))} & S[i,\ t]\geqslant SC \quad 式(4-19)\\ +\infty & S[i,\ t]<SC\end{cases}\tag{5-27}$$

当主线高速公路发生的交通事件时，如果车辆继续沿高速前进，如 4.4 节所述，行程时间分成两种情况：一种是当车辆到达事发点时，交通事件已消散完毕，那么上游的车辆不受事件的影响；另一种情形是事件未完全消散，行程时间受到交通事件消散的影响。在管理单元 i 发生交通事件情形下，高速公路上游管理单元（$i-k$）行驶至单元 i 终点的行程时间为

$$T({}_{i-k}to_i,\ t)=\max\left\{\sum_{m=i-k}^{i}\frac{L_m\times k_j}{v_f(k_j-k_m)},\ t_e\left[\frac{4(k_1-k_2)(k_j-k_1-k_2)}{(k_j-2k_1)^2}+1\right]+\frac{L_2\times k_j}{v_f(k_j-k_4)}-(t-t_0)\right\}\tag{5-28}$$

式中，L_i 为管理单元 i 的长度，km；k_j 为阻塞密度，pcu/km；v_f 为自由流车速，km/h；k_i 为管理单元 i 的车流密度，pcu/km；k_r 为管理单元 i 上游车流密度，pcu/km；L_2 为事发点与管理单元 i 终点之间的距离，km；t_e 为事件清除时间，min；t，t_0 为车辆进入管理单元 i 的时间和事件发生时间，min。

2）最优路径算法

（1）未发生交通事件时最优路径算法

当主线高速公路未发生交通事件时，可直接应用最优路径搜索算法，找到最短路径。用于解决最优路径搜索问题的算法被称作“最优路径算法”，也可称为“最短路径算法”。最常用的算法有：迪克斯特拉（Dijkstra）算法，A* 算法，Bellman - Ford 算法，Floyd - Warshall 算法以及 Johnson 算法，计算第 K 条最优路的二重扫除算法（double - sweep algorithm）、推广的福劳德算法（generalized Floyd algorithm）和推广的但茨希算法（generalized Dantzig algorithm）。其中迪克斯特拉算法是目前公认最好的算法，是目前多数系统解决最优路径问题采用的理论基础。

Dijkstra 算法[109]：

Dijkstra 算法的步骤：开始，给始点 o 一个标号 $l(o)=0$，而对 $v \neq o$，则有 $l(v)=+\infty$，在算法进行时，这些标号不断被修改：在第 i 步结束时，对已选定的顶点 $u \in S_i$，有

$$l(u)=d(o, u)$$

而对其余顶点 $v \in \bar{S}_i$，有

$$d(o, v) \leqslant l(v)=\min_{u \in S_{i-1}}\{d(o, v)+w(uv)\}$$

由此，*Dijkstra* 算法的基本步骤可归纳如下：

置 $l(o)=0$，对 $v \in V-\{o\}$，$l(v)=+\infty$，$S_0=\{o\}$，$i=0$，V 为结点集；

对每一个 $v \in N_{\overline{Si}}(u_i)$，$N_{\overline{Si}}(u_i)$ 为 u_i 在$\overline{Si}$中的邻域，用 $\min\{l(v), l(u_i)+w(u_iv)\}$ 代替 $l(v)$。如果 $l(v)$取到 $l(u_i)+w(u_iv)$，则在 v 旁边记下(u_i)。计算 $\min\limits_{v \in \bar{S}_i}\{l(v)\}$，并把达到最小值的这一个顶点记为 u_{i+1}。置 $S_{i+1}=S_i \cup \{u_{i+1}\}$；

若 $i=p(G)-2$，则停止计算。否则用 $i+1$ 代替 i，并转入第二步。$p(G)$为图 G 的结点数。

当算法结束时，从到的距离由最终的标号给出可根据各个顶点旁边的追回出从顶点到的最短路。该算法的框图如图 5－18 所示。

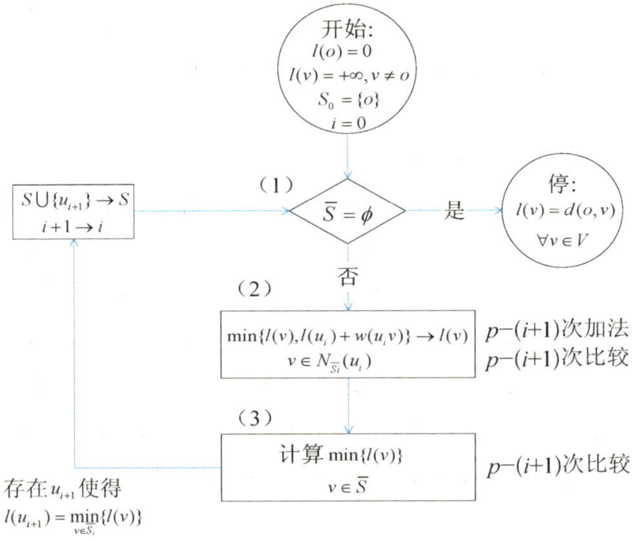

图 5－18　Dijkstra 算法框图[54]

Dijkstra 算法能够经过一次循环，求解一个特定顶点到所有其他顶点的最优路径。

(2) 发生交通事件时最优路径算法

当高速公路发生交通事件时，车辆继续沿高速公路的行车时间按式(4－53)计算，其他绕行路径中最优路径的行程时间和行车路线可由最优搜索算法求得。二者比较后得到事故状态下的最优路径。算法步骤如下：

——绕行路线中的最优路径搜索

直接应用 Dijkstra 算法搜索最短路径，最优路径搜索流程见图 5－18。求得最优路径行程时间记为 T_R。

——继续走高速公路的行程时间确定

见式(5－28)，记为 T_F。

——最优路径确定

比较 T_R 和 T_F，取较小者对应的路径为最优路径，最优路径记为 $P_{o,d}[1]$：

$$T_{P_{o,d}[1]} = \min\{T_R, T_F\}$$

2. 其他绕行路径的决策模型 M2

通过上述分析，可以找到事发上游诱导起点至下游迂回点之间的最优路径，是一条从 o 到 d 的行程时间最短的可行路径，记为 $P_{o,d}[1]$。当高速公路遭遇灾变事件时，$P_{o,d}[1]$能提供的通行能力不一定能满足上游的交通需求，还需要提供第 2 条，……，第 $k+1$ 条绕行路径，以增大诱导最大允许流量，直到能满足疏导交通需求的要求。

寻找多条最短路径方面，大多数的学者提出采用“K—最短路径”来求取 K 条候选路径供司机选择，但是通过这样的方法，求出的 K 条路径相似程度很高，即通路之间重叠的单元较多，对增大最大允许流量不利。寻找第 k 条绕行路径问题可描述如下：在两点间已知的通路路径集 $P_{o,d}$ 中，寻找一条具有可接受的安全可靠度和行程时间的路径，并且与其他候选的路径相比，在所使用的路段单元上，与选出的前($k-1$)的差异最大，则可被称为是一条合理绕行路径。关于两点间通路路径集 $P_{o,d}$的求解见第 5.3.2.3 节。

采用“重复度 R”的概念，进行绕行路径的选择，路径的重复度 R 定义如下：该路径与已选出的绕行路径共有路段的总长度与本身的总长度之比：

$$R_{P_{o,d}[a]} = \frac{\sum_{i \in I} l_i \delta_{i,L}^{o,d} \delta_{i,a}^{o,d}}{\sum_{i \in I} l_i \delta_{i,a}^{o,d}} \tag{5-29}$$

式中，I 为管理单元集合；$R_{P_{o,d}[a]}$ 为第 a 条路径与已辨识出的绕行路径的重复度，$a \geqslant 1$；L，$\bar{P}_{o,d}$ 为 o 到 d 之间已辨识出的绕行路径和路径集合；l_i 为管理单元 i 的长度；

$$\delta_{i,L}^{o,d} = \begin{cases} 1 & i \in L \\ 0 & i \notin L \end{cases}; \quad \delta_{i,a}^{o,d} = \begin{cases} 1 & i \in P_{o,d}[a] \\ 0 & i \notin P_{o,d}[a] \end{cases}$$

那么，寻找一条合理的绕行路径的数学表达如下：

$$\begin{gathered} R_{P_{o,d}[a]} \Rightarrow \min,\ P_{o,d}[a] \in P_{o,d} - \bar{P}_{o,d} \\ S(i,t) \geqslant S_c \quad \forall i \in p_{o,d}(a) \\ T_{P_{o,d}[a]} \leqslant T_{o-d,c} \end{gathered} \tag{5-30}$$

式中，S_c 为允许的最低安全等级对应的风险路阻；$T_{o-d,c}$ 为 $o-d$ 间允许的最大行驶时间。

这样，经过 k 次计算可辨识出 k 条 o 到 d 的其他绕行路径，检验 $(k+1)$ 条绕行路径是否能够满足疏导交通需求的要求，可通过比较 o 上游交通需求与 $(k+1)$ 条绕行路径的诱导最大允许流量确定，诱导最大允许流量可用通路算法计算，算法流程如下：

(1) 确定已辨识出来的绕行路径集合 $\bar{P}_{o,d}$；

(2) 根据通路里的分支数多少，由小到大对通路进行排序，即

$$|\bar{P}_{o,d}[a]| \leqslant |\bar{P}_{o,d}[a+1]|$$

(3) 从排序后的第一条通路开始求可增广通路的增广量：

令 $f_{jk}=0$，$(v_j, v_k) \in \bar{P}_{o,d}[a]$

$$\delta_a = \min\{C_{jk} - f_{jk}\},\ ((\nu_j, \nu_k) \in \bar{P}_{o,d}[a],\ c_{jk} > f_{jk})$$

式中，C_{jk} 为路段(ν_j, ν_k)的通行能力。

并对通路进行增广：$f_{jk} \leftarrow f_{jk} + \delta_a$，$((\nu_j, \nu_k) \in \bar{P}_{o,d}[a])$

直至

$$\forall \bar{P}_{o,d}[a]$$

$$\exists E' \neq \phi,\ E' \subseteq \bar{P}_{o,d}[a],\ C_{jk} = f_{jk},\ (\nu_j, \nu_k) \in E'$$

即每条通路中都至少有一个饱和分支，不再存在可增广的通路，此时，网络的最大流为

$$\max \bar{\omega} = \sum \delta_a$$

计算第 k 条其他绕行路径的算法步骤可归纳如下：

第一步：初始化 $k = 1$；

第二步：对所有的 $P_{o,d}[a] \in P_{o,d} - \bar{P}_{o,d}$，计算其重复度 $R_{P_{o,d}[a]}$，求出 $R_{P_{o,d}[a]}$ 最小的路径且满足检验条件 $(S(i,t) \leqslant S_c,\ c(i,t) \leqslant T,\ \forall i \in P_{o,d}[a])$ 的绕行路径 $\bar{P}_{o,d}[k]$；

第三步：将 $\bar{P}_{o,d}[k]$ 并入 $\bar{P}_{o,d}$，$\bar{P}_{o,d} = \bar{P}_{o,d} + \bar{P}_{o,d}[k]$；

第四步：用通路法计算第 $(k+1)$ 条路径容量，如能满足需求，则进入第七步；

第五步：更新 $P_{o,d}[a] \in P_{o,d} - \bar{P}_{o,d}$ 的重复度；

第六步：令 $k = k+1$，从第二步开始；

第七步：绕行路径集为 $\bar{P}_{o,d}$，路径数为 $(k+1)$，结束计算。

3. 两点间通路 $P_{o,d}$ 求解模型 M3

对于简单的路网，两点间的通路数量和路径可以穷举得到，对于较复杂的路网为了避免遗漏，两点间的通路可由图论和流体网络理论的相关方法求解。流体网络理论以网络拓扑结构模型为研究对象，通过节点邻接矩阵运算求得任意两点间的通路矩阵。流体网络理论要求作为通路求解的拓扑结构模型内部不能存在回路，这是因为矩阵计算无法辨别回路，只要包含的单元不同就认为是不同通路，一旦存在回路，可能导致两点间通路数量庞大。如图 5-19 所示，$\nu_1 \rightarrow \nu_5$ 的有效通路显然只有一个：$\{e1, e2, e3\}$，出现一个回路时通路为：$\{e1, e2, e4, e5, e2, e3\}$，出现两个回路的通路为：$\{e1, e2, e4, e5, e2, e4, e5, e2, e3\}$ ……理论上，这些都是可以从 ν_1 到达 ν_5 的通路，但实际上是没有意义的路径。

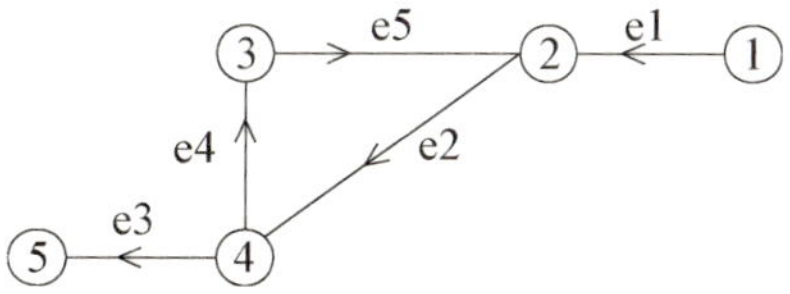

图 5-19　带有回路的路网

因此应用流体网络计算两点间的通路时，应先将回路去除，然后通过节点邻接矩阵运算求得任意两点间的通路矩阵。流体网络理论中，从任意结点 ν_i 到 ν_j 的全部通路数可作如下计算：

$$S_{i,j}=\sum_{k=1}^{m-1}a_{ij}^{k}=a_{ij}^{1}+a_{ij}^{2}+\cdots+a_{ij}^{m-1} \tag{5-31}$$

式中，a_{ij}^{k} 是 A^{k} 中的第 i 行第 j 列的元素，而 $A^{k}=AA^{k-1}$，是通路求解图的节点邻接矩阵 A 相乘 k 次。

对于路网所关心的是所有结点之间的全部通路求和，其计算公式如下：

$$S=\sum_{i,j,k}a_{ij}^{k},\ (i\in\{i\mid \nu_i\in V^{-}(G)\},\ j\in\{j\mid \nu_j\in V^{+}(G)\})$$

通过矩阵运算直到 $A^{k}=0$。A^{k} 的 (i,j) 元素表示从节点 i 到节点 j 要经过 k 条路段的路线数量。

将各弧元素 e 代入，构造与节点邻接矩阵 A 对应的 A^{e}，令 $U=A^{e}+I$，I 为单位矩阵。展开对 U 取行列式中 u_{ji} 对应的余子式即可求得 ν_i，ν_j 之间所有通路。

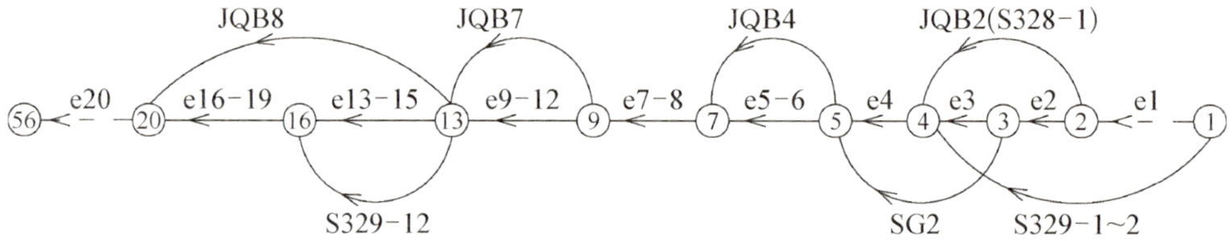

图 5-20　算例图

以图 5-20 为例说明流体网络理论通路求解过程。其节点邻接矩阵 A 如下：

$$A=\begin{array}{c} \\ \nu_1\\ \nu_2\\ \nu_3\\ \nu_4\\ \nu_5\\ \nu_7\\ \nu_9\\ \nu_{13}\\ \nu_{16}\\ \nu_{20}\\ \nu_{56}\end{array}\begin{array}{c}\begin{array}{ccccccccccc}\nu_1&\nu_2&\nu_3&\nu_4&\nu_5&\nu_7&\nu_9&\nu_{13}&\nu_{16}&\nu_{20}&\nu_{56}\end{array}\\ \begin{bmatrix}0&1&0&1&0&0&0&0&0&0&0\\0&0&1&1&0&0&0&0&0&0&0\\0&0&0&1&1&0&0&0&0&0&0\\0&0&0&0&1&0&0&0&0&0&0\\0&0&0&0&0&2&0&0&0&0&0\\0&0&0&0&0&0&1&0&0&0&0\\0&0&0&0&0&0&0&2&0&0&0\\0&0&0&0&0&0&0&0&2&1&0\\0&0&0&0&0&0&0&0&0&1&0\\0&0&0&0&0&0&0&0&0&0&1\\0&0&0&0&0&0&0&0&0&0&0\end{bmatrix}\end{array}$$

计算 A^{2}，A^{3}，……直至 $A^{11}=0$，如下所示：

$$A^2 = \begin{bmatrix} 0 & 0 & 1 & 1 & 1 & 0 & 0 & 0 & 0 & 0 & 0 \\ 0 & 0 & 0 & 1 & 2 & 0 & 0 & 0 & 0 & 0 & 0 \\ 0 & 0 & 0 & 0 & 1 & 2 & 0 & 0 & 0 & 0 & 0 \\ 0 & 0 & 0 & 0 & 0 & 2 & 0 & 0 & 0 & 0 & 0 \\ 0 & 0 & 0 & 0 & 0 & 0 & 2 & 0 & 0 & 0 & 0 \\ 0 & 0 & 0 & 0 & 0 & 0 & 0 & 2 & 0 & 0 & 0 \\ 0 & 0 & 0 & 0 & 0 & 0 & 0 & 0 & 4 & 2 & 0 \\ 0 & 0 & 0 & 0 & 0 & 0 & 0 & 0 & 0 & 2 & 1 \\ 0 & 0 & 0 & 0 & 0 & 0 & 0 & 0 & 0 & 0 & 1 \\ 0 & 0 & 0 & 0 & 0 & 0 & 0 & 0 & 0 & 0 & 0 \\ 0 & 0 & 0 & 0 & 0 & 0 & 0 & 0 & 0 & 0 & 0 \end{bmatrix}$$

$$A^3 = \begin{bmatrix} 0 & 0 & 0 & 1 & 2 & 2 & 0 & 0 & 0 & 0 & 0 \\ 0 & 0 & 0 & 0 & 1 & 4 & 0 & 0 & 0 & 0 & 0 \\ 0 & 0 & 0 & 0 & 0 & 2 & 2 & 0 & 0 & 0 & 0 \\ 0 & 0 & 0 & 0 & 0 & 0 & 2 & 0 & 0 & 0 & 0 \\ 0 & 0 & 0 & 0 & 0 & 0 & 0 & 4 & 0 & 0 & 0 \\ 0 & 0 & 0 & 0 & 0 & 0 & 0 & 0 & 4 & 2 & 0 \\ 0 & 0 & 0 & 0 & 0 & 0 & 0 & 0 & 0 & 4 & 2 \\ 0 & 0 & 0 & 0 & 0 & 0 & 0 & 0 & 0 & 0 & 2 \\ 0 & 0 & 0 & 0 & 0 & 0 & 0 & 0 & 0 & 0 & 0 \\ 0 & 0 & 0 & 0 & 0 & 0 & 0 & 0 & 0 & 0 & 0 \\ 0 & 0 & 0 & 0 & 0 & 0 & 0 & 0 & 0 & 0 & 0 \end{bmatrix}$$

$$A^4 = \begin{bmatrix} 0 & 0 & 0 & 0 & 1 & 4 & 2 & 0 & 0 & 0 & 0 \\ 0 & 0 & 0 & 0 & 0 & 2 & 4 & 0 & 0 & 0 & 0 \\ 0 & 0 & 0 & 0 & 0 & 0 & 2 & 4 & 0 & 0 & 0 \\ 0 & 0 & 0 & 0 & 0 & 0 & 0 & 4 & 0 & 0 & 0 \\ 0 & 0 & 0 & 0 & 0 & 0 & 0 & 0 & 8 & 4 & 0 \\ 0 & 0 & 0 & 0 & 0 & 0 & 0 & 0 & 0 & 4 & 2 \\ 0 & 0 & 0 & 0 & 0 & 0 & 0 & 0 & 0 & 0 & 4 \\ 0 & 0 & 0 & 0 & 0 & 0 & 0 & 0 & 0 & 0 & 0 \\ 0 & 0 & 0 & 0 & 0 & 0 & 0 & 0 & 0 & 0 & 0 \\ 0 & 0 & 0 & 0 & 0 & 0 & 0 & 0 & 0 & 0 & 0 \\ 0 & 0 & 0 & 0 & 0 & 0 & 0 & 0 & 0 & 0 & 0 \end{bmatrix}$$

$$A^5 = \begin{bmatrix} 0&0&0&0&0&2&4&4&0&0&0\\ 0&0&0&0&0&0&2&8&0&0&0\\ 0&0&0&0&0&0&0&4&8&4&0\\ 0&0&0&0&0&0&0&0&8&4&0\\ 0&0&0&0&0&0&0&0&0&8&4\\ 0&0&0&0&0&0&0&0&0&0&4\\ 0&0&0&0&0&0&0&0&0&0&0\\ 0&0&0&0&0&0&0&0&0&0&0\\ 0&0&0&0&0&0&0&0&0&0&0\\ 0&0&0&0&0&0&0&0&0&0&0\\ 0&0&0&0&0&0&0&0&0&0&0 \end{bmatrix}$$

$$A^6 = \begin{bmatrix} 0&0&0&0&0&0&2&8&8&4&0\\ 0&0&0&0&0&0&0&4&16&8&0\\ 0&0&0&0&0&0&0&0&8&12&4\\ 0&0&0&0&0&0&0&0&0&8&4\\ 0&0&0&0&0&0&0&0&0&0&8\\ 0&0&0&0&0&0&0&0&0&0&0\\ 0&0&0&0&0&0&0&0&0&0&0\\ 0&0&0&0&0&0&0&0&0&0&0\\ 0&0&0&0&0&0&0&0&0&0&0\\ 0&0&0&0&0&0&0&0&0&0&0\\ 0&0&0&0&0&0&0&0&0&0&0 \end{bmatrix}$$

$$A^7 = \begin{bmatrix} 0&0&0&0&0&0&0&4&16&16&4\\ 0&0&0&0&0&0&0&0&8&20&8\\ 0&0&0&0&0&0&0&0&0&8&12\\ 0&0&0&0&0&0&0&0&0&0&8\\ 0&0&0&0&0&0&0&0&0&0&0\\ 0&0&0&0&0&0&0&0&0&0&0\\ 0&0&0&0&0&0&0&0&0&0&0\\ 0&0&0&0&0&0&0&0&0&0&0\\ 0&0&0&0&0&0&0&0&0&0&0\\ 0&0&0&0&0&0&0&0&0&0&0\\ 0&0&0&0&0&0&0&0&0&0&0 \end{bmatrix}$$

$$A^8=\begin{bmatrix}0&0&0&0&0&0&0&0&8&20&16\\0&0&0&0&0&0&0&0&0&8&20\\0&0&0&0&0&0&0&0&0&0&8\\0&0&0&0&0&0&0&0&0&0&0\\0&0&0&0&0&0&0&0&0&0&0\\0&0&0&0&0&0&0&0&0&0&0\\0&0&0&0&0&0&0&0&0&0&0\\0&0&0&0&0&0&0&0&0&0&0\\0&0&0&0&0&0&0&0&0&0&0\\0&0&0&0&0&0&0&0&0&0&0\\0&0&0&0&0&0&0&0&0&0&0\end{bmatrix}$$

$$A^9=\begin{bmatrix}0&0&0&0&0&0&0&0&0&8&20\\0&0&0&0&0&0&0&0&0&0&8\\0&0&0&0&0&0&0&0&0&0&0\\0&0&0&0&0&0&0&0&0&0&0\\0&0&0&0&0&0&0&0&0&0&0\\0&0&0&0&0&0&0&0&0&0&0\\0&0&0&0&0&0&0&0&0&0&0\\0&0&0&0&0&0&0&0&0&0&0\\0&0&0&0&0&0&0&0&0&0&0\\0&0&0&0&0&0&0&0&0&0&0\\0&0&0&0&0&0&0&0&0&0&0\end{bmatrix}$$

$$A^{10}=\begin{bmatrix}0&0&0&0&0&0&0&0&0&0&8\\0&0&0&0&0&0&0&0&0&0&0\\0&0&0&0&0&0&0&0&0&0&0\\0&0&0&0&0&0&0&0&0&0&0\\0&0&0&0&0&0&0&0&0&0&0\\0&0&0&0&0&0&0&0&0&0&0\\0&0&0&0&0&0&0&0&0&0&0\\0&0&0&0&0&0&0&0&0&0&0\\0&0&0&0&0&0&0&0&0&0&0\\0&0&0&0&0&0&0&0&0&0&0\\0&0&0&0&0&0&0&0&0&0&0\end{bmatrix}$$

$$A^{11} = 0$$

其中,出发点和到达点 $V^{-}(G) = \{\nu_1, \nu_2, \nu_3, \nu_4, \nu_5, \nu_7, \nu_9, \nu_{13}, \nu_{16}, \nu_{20}\}$,
$V^{+}(G) = \{\nu_2, \nu_3, \nu_4, \nu_5, \nu_7, \nu_9, \nu_{13}, \nu_{16}, \nu_{20}, \nu_{56}\}$,
通路数量 $S = \sum_{i=1}^{11}\sum_{j=1}^{11}\sum_{k=1}^{11} a_{ij}^{k} = 488$,其中 $S_{1,\,56} = 48$。

具体通路路径可通过展开节点邻接矩阵 A 对应的 A^{e} 余子式获得,步骤如下:

(1) 建立节点邻接矩阵 A 对应的 A^{e}

$$A^{e} = \begin{bmatrix} 0 & e_1 & 0 & S329-1\sim 2 & 0 \\ 0 & 0 & e_2 & JQB2 & 0 \\ 0 & 0 & 0 & e_3 & SG2 \\ 0 & 0 & 0 & 0 & e_4 \\ 0 & 0 & 0 & 0 & 0 \end{bmatrix}$$

(2) 令 $U = A^{e} + I$,I 为单位矩阵

$$U = A^{e} + I = A^{e} = \begin{bmatrix} 1 & e_1 & 0 & S329-1\sim 2 & 0 \\ 0 & 1 & e_2 & JQB2 & 0 \\ 0 & 0 & 1 & e_3 & SG2 \\ 0 & 0 & 0 & 1 & e_4 \\ 0 & 0 & 0 & 0 & 1 \end{bmatrix}$$

(3) 对 U 行列式

$$|U| = \begin{vmatrix} 1 & e_1 & 0 & S329-1\sim 2 & 0 \\ 0 & 1 & e_2 & JQB2 & 0 \\ 0 & 0 & 1 & e_3 & SG2 \\ 0 & 0 & 0 & 1 & e_4 \\ 0 & 0 & 0 & 0 & 1 \end{vmatrix}$$

(4) 求 $\{\nu_1, \nu_2, \nu_3, \nu_4, \nu_5\}$ 任意两个有序结点 ν_i, ν_j 间的通路,须展开行列式中的 u_{ji} 对应的余子式,不考虑正负符号,如求 ν_1, ν_5 之间的通路:

$$\boldsymbol{u}_{71}=\begin{vmatrix} e_1 & 0 & S329-1\sim 2 & 0 \\ 1 & e_2 & JQB2 & 0 \\ 0 & 1 & e_3 & SG2 \\ 0 & 0 & 1 & e_4 \end{vmatrix}$$

$$=e_1\begin{vmatrix} e_2 & JQB2 & 0 \\ 1 & e_3 & SG2 \\ 0 & 1 & e_4 \end{vmatrix}+S329-1\sim 2\begin{vmatrix} 1 & e_2 & 0 \\ 0 & 1 & SG2 \\ 0 & 0 & e_4 \end{vmatrix}$$

$$=e_1e_2e_3e_4e_5+e_1e_2\rightarrow SG2+e_1\rightarrow JQB2\rightarrow e_4+S329-1\sim 2\rightarrow e_4$$

即 $\nu_1\rightarrow\nu_5$ 通路：$e_1e_2e_3e_4e_5$，$e_1e_2\rightarrow SG2$，$e_1\rightarrow JOB2\rightarrow e_4$，$S329-1\sim 2\rightarrow e_4$。

5.4　算　　例

例 5.1：仍以 4.2 节中相关路网为例：

1）事件影响范围

(1) 结点 3－4 发生一级事件

$$q_4(t)=3\,628\ \text{pcu/h}<C_{4,1}=0.83\times 6\,750=5\,603\ \text{pcu/h}。$$

事件不扩散，影响范围 $L=0$

(2) 结点 3－4 发生二级事件

$$q_4(t)=3\,628\ \text{pcu/h}>C_{4,2}=0.49\times 6\,750=3\,308\ \text{pcu/h}。$$

根据式(5－18)，有

$$L_{\max}=-\frac{3\,308-3\,628}{193-36}\times 20/60=0.679\ \text{km}$$

根据式(5－22)，管理单元 2—3 的时间影响范围为[4.9 h，14.7 h]，1—2 的时间影响范围为[14.7 h，24.5 h]，0—1 的时间影响范围为[24.5 h，34.3 h]。

(3) 结点 3－4 发生三级事件

$$q_4(t)=3\,628\ \text{pcu/h}>C_{4,3}=0.17\times 6\,750=1\,148\ \text{pcu/h}。$$

根据式(5－19)，有

$$L_{\max}=-\frac{1\ 283-3\ 628}{215-36}\times 30/60=6.6\ \text{km}$$

根据式(5-23),管理单元 2—3 的时间影响范围为[0.8 h,2.3 h],1—2 的时间影响范围为[2.3 h,3.8 h],0—1 的时间影响范围为[3.8 h,5.3 h]。

(4) 结点 3-4 发生四级事件

$$q_4(t)=3\ 628\ \text{pcu/h}>C_{4,4}=0。$$

根据式(5-20),有

$$L_{\max}=-\frac{0-3\ 628}{225-36}\times 40/60=12.8\ \text{km}$$

根据式(5-24),管理单元 2—3 的时间影响范围为[0.8 h,2.3 h],1—2 的时间影响范围为[2.3 h,3.8 h],0—1 的时间影响范围为[3.8 h,5.3 h]。

2) 事发单元运营安全管理对策

事发单元运营安全管理对策见表 5-9。

3) 诱导路线决策

首先根据 5.3.1 节确定诱导范围,然后根据 5.3.2 节的模型 M1—M3 确定诱导路线。

(1) 结点 3-4 中点发生一级事件

事发后通行能力和实时安全可靠度均满足要求,事件不扩散,不进行诱导。

(2) 结点 3-4 中点发生二级事件

事件发生后,单元 4 的实时安全可靠度仍能满足要求,但通行能力不足。根据事件影响范围、通行能力需要及路网结构考虑,诱导范围确定为结点 2-3-4。根据 5.3.2.1 节模型 M1,搜索最短路径得:$P_{3,4}$[1]:2-3-6-7-4。通行能力检验:结点 2-3-4 之间两条路径:$P_{3,4}$[0]:2-3-4 和 $P_{3,4}$[1]:2-3-6-7-4,通行能力为 3 308+1 200=4 508 pcu/h,交通需求为:3 628+320=3 948 pcu/h,满足需求。无需其他绕行路径。

(3) 结点 3-4 中点发生三级事件

单元 4 的实时安全可靠度和通行能力均不能满足要求。根据事件影响范围、通行能力需要及路网结构考虑,诱导范围确定为结点 2-4。根据 5.3.2.1 节模型 **M1**,搜索最短路径得:$P_{3,4}$[1]:2-3-6-7-4。

通行能力检验:结点 2-4 之间两条路径:$P_{3,4}$[1]:2-3-6-7-4 和 $P_{3,4}$[0]:2-3-4,通行能力为 min{1 148+1 200,6 750}=2 348 pcu/h,交通需求为:

表 5-9　结点 3-4 之间管理单元发生交通事件时的运营安全管理对策库

<table>
<tr><th rowspan="2">等级编号</th><th rowspan="2">控制车速/(km/h)</th><th rowspan="2">控制车距/m</th><th rowspan="2">入口匝道控制</th><th rowspan="2">超车限制</th><th rowspan="2">急刹车限制</th><th rowspan="2">其他</th><th colspan="2">诱　导　对　策</th></tr>
<tr><th>0→4 方向</th><th>4→0 方向</th></tr>
<tr><td>一级</td><td>100</td><td>160</td><td>正常</td><td>正常</td><td>正常</td><td rowspan="4">出动交警协助指挥交通，医疗救援部门待命</td><td>—</td><td>—</td></tr>
<tr><td>二级</td><td>80</td><td>110</td><td>正常</td><td>正常</td><td>正常</td><td>结点 3 前方给出诱导路线：3→6→7→4</td><td>结点 4 前方给出诱导路线：4→7→6→3</td></tr>
<tr><td>三级</td><td>20</td><td>20</td><td>封闭</td><td>限制</td><td>限制</td><td>结点 3 前方给出诱导路线：3→6→7→4；结点 2 前方给出诱导路线：2→12→13→4</td><td>结点 4 前方给出诱导路线：4→7→6→3 和 4→13→12→2</td></tr>
<tr><td>四级</td><td>封闭</td><td>封闭</td><td>封闭</td><td>限制</td><td>限制</td><td>结点 3 前方给出诱导路线：3→6→7→4；结点 2 前方给出诱导路线：2→12→13→4</td><td>结点 4 前方给出诱导路线：4→7→6→3 和 4→13→12→2</td></tr>
</table>

3 628+320=3 948 pcu/h，不能满足需求。

根据 5.3.2.2 节模型 M2，寻找其他绕行路径：

① 根据 5.3.2.3 节模型 M3 确定 2-4 之间的其他通路有：$P_{3,4}[2]$：$\underline{2}$-12-13-$\underline{4}$；$P_{3,4}[3]$：$\underline{2}$-3-15-16-13-$\underline{4}$；$P_{3,4}[4]$：$\underline{2}$-3-6-9-10-7-$\underline{4}$。

② 计算重复度：

由式 5-29：

$$R_{P_{2,4}[2]}=0,\ R_{P_{2,4}[3]}=0.25,\ R_{P_{2,4}[3]}=0.33$$

取 $T_{o-d,c}=T_{3-4}=59.09\ \text{min}$。因此，$P_{2,4}[2]$可作为第二条绕行路径。

③ 检验通行能力：

$P_{2,4}[0]$、$P_{2,4}[1]$以及 $P_{2,4}[2]$的通行能力为：1 148+1 200+4 500=6 848 pcu/h，交通需求为 3 628+320+1 120=5 068 pcu/h，满足需求。

(4) 结点 3-4 中点发生四级事件

单元 4 封闭，根据事件影响范围、通行能力需要及路网结构考虑，诱导范围确定为结点 2－4。根据 5.3.2.1 节模型 M1，搜索最短路径得：$P_{3,4}[1]$：2－3－6－7－4。

根据 5.3.2.2 节模型 M2，寻找其他绕行路径：

① 根据 5.3.2.3 节模型 M3 确定 2－4 之间的其他通路有：$P_{3,4}[2]$：$\underline{2}$－12－13－$\underline{4}$；$P_{3,4}[3]$：$\underline{2}$－3－15－16－13－$\underline{4}$；$P_{3,4}[4]$：$\underline{2}$－3－6－9－10－7－$\underline{4}$。

② 计算重复度：

由式(5－29)，有

$$R_{P_{2,4}[2]} = 0,\ R_{P_{2,4}[3]} = 0.25,\ R_{P_{2,4}[3]} = 0.33$$

取 $T_{o-d,c} = T_{3-4} = 91.51$ min。因此，$P_{2,4}[2]$可作为第二条绕行路径。

③ 检验通行能力：

$P_{2,4}[0]$、$P_{2,4}[1]$以及 $P_{2,4}[2]$的通行能力为：$0 + 1\,200 + 4\,500 = 5\,700$ pcu/h，交通需求为 3 628＋320＋1 120＝5 068 pcu/h，满足需求。

5.5 本章小结

本章主要针对灾变条件下通道路网运营安全的管理及应急处置决策展开研究，主要完成的内容有以下几点：

1) 灾变事件影响范围研究

通过灾变事件的辨识及等级判定确定主线高速的事件发生单元，通过波动理论确定主线高速上灾变事件上游影响范围。灾害性天气下，上游影响范围由式(5－13)及式(5－14)确定；不良交通状况下，上游影响范围由式(5－15)及式(5－16)确定；交通事件下，上游影响范围由式(5－17)—式(5－19)—式(5－24)确定。

2) 交通异常单元运营安全管理及应急处置研究

根据事发单元不同的灾变事件和事件等级，提出相应的控制与管理对策以及决策流程。灾害性天气下事发单元运营安全管理及应急处置对策见表 5－1—表 5－5，不良交通状况时对策见表 5－6 和表 5－7，交通事件时对策见表 5－8。

3) 基于运营安全的通道路网交通诱导决策模型

(1) 动态交通诱导范围

根据事件对上游的影响范围，确定动态交通诱导范围。

(2) 路径诱导决策模型

提出确定两点间最优路径的决策模型 M1，见式(5-26)；当交通需求较大时，在两点间的通路中为用户提供重复度较小的其他绕行路径，见模型 M2，以保证交通疏导。两点间通路求解方法见 M3。

第6章 工程应用

6.1 工程背景

青岛至莱芜高速公路是国家重点公路建设规划“13纵、15横”中(横5)青岛—新疆红旗拉甫公路的重要组成部分(以下简称济青南线)。根据行政区及工程规模,济青南线规划分为青岛段、青潍界至马站段、马站至莱芜三段。

济青南线的建设对于加快山东省公路网主框架的形成,完善和优化区域路网布局,改善行车条件,加强胶东半岛与内陆地区之间的经济联系,适应改革开放和区域经济发展的需要,大力发展旅游产业等,都将产生一定的推动作用。济青南线沿线属温暖带大陆性季风气候,特别是沂源县境内地形比较复杂,地面起伏大,热量和降水分布不均。

济青高速沿线具有一定规模的路网,如济青北线、疏港高速、G204、同三高速、S329、S236等。对济青高速运营安全管理应着眼于其所处的路网,在恶劣天气、自然灾害等引发公路交通拥挤、交通中断和交通延误以及伤亡惨重的交通事件时,合理使用这些道路设施,从路网的角度统筹考虑高速公路及其周边所影响的道路,形成一个高效的通道路网运营安全管理系统。

6.2 路网构建

管理路网构建以山东省规划图为基础,各道路基础数据来源于《国家重点公路青岛—红其拉甫线(青岛—莱芜段)工程可行性研究报告》、山东省各区市的交通地图以及实地调研。

6.2.1 路网的确定

济青南线所在局域路网中，与济青南线主导方向（济南—青岛）一致的其他道路有三条：S329、济青北线，以及由京沪、日竹、同三、疏港高速四条高速公路连成的一条通路（以下简称路线 3），通过若干国道、省道连接线，将这些道路连接在网，如图 6-1 所示。本项目设计范围为青岛—莱芜段，将上述几条道路通往济南的路线仅以一段虚线表示，在青岛端各条路线以到达环胶州湾高速为参考。

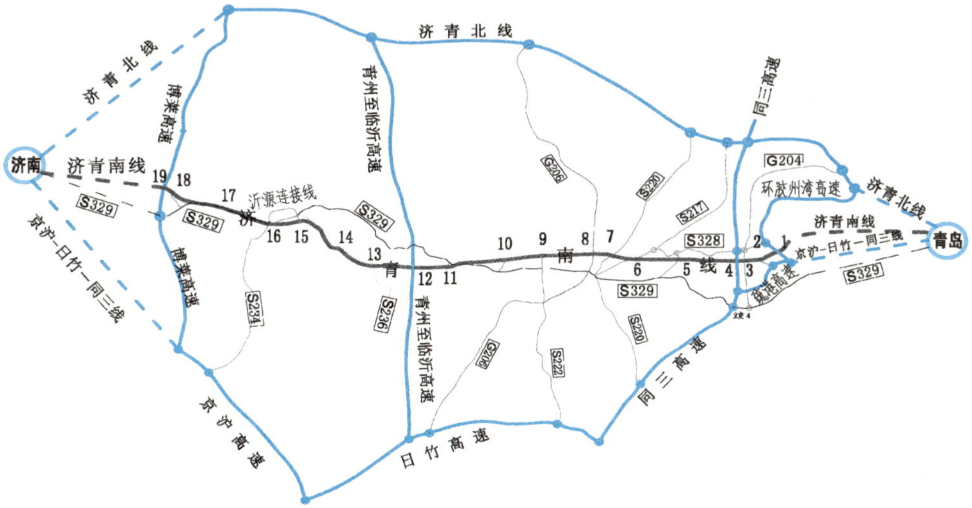

图 6-1 济青南线邻近路网简图

根据第 2 章关联度计算方法，计算过程见附件 A，对 S329、济青北线和路线 3 进行关联度的计算，计算结果为：$C_1=0.8837$（S329），$C_2=0.1352$（济青北线），$C_3=0.1005$（路线 3）。根据关联度计算结果，S329 与济青南线的关联度最大，济青北线其次，路线 3 最差。本算例以 2020 年交通量预测为基础确定管理路网。按式 2-4 确定全线并行道路为 S329 和济青北线。在此基础上，对部分路段进行分析，确定的济青通道管理路网如图 6-2 所示。

6.2.2 管理单元划分

对确定的管理路网进行两个层次的管理单元划分，青岛和济南两端的虚线左右行车道各为一个管理单元，不再区分层次细分。其中，济青南线青岛至莱芜段上下行第二层次管理单元各划分成 18 个，见附录 B 表 1。具体划分方法参见第 2 章，其他管理单元划分不再一一列出。

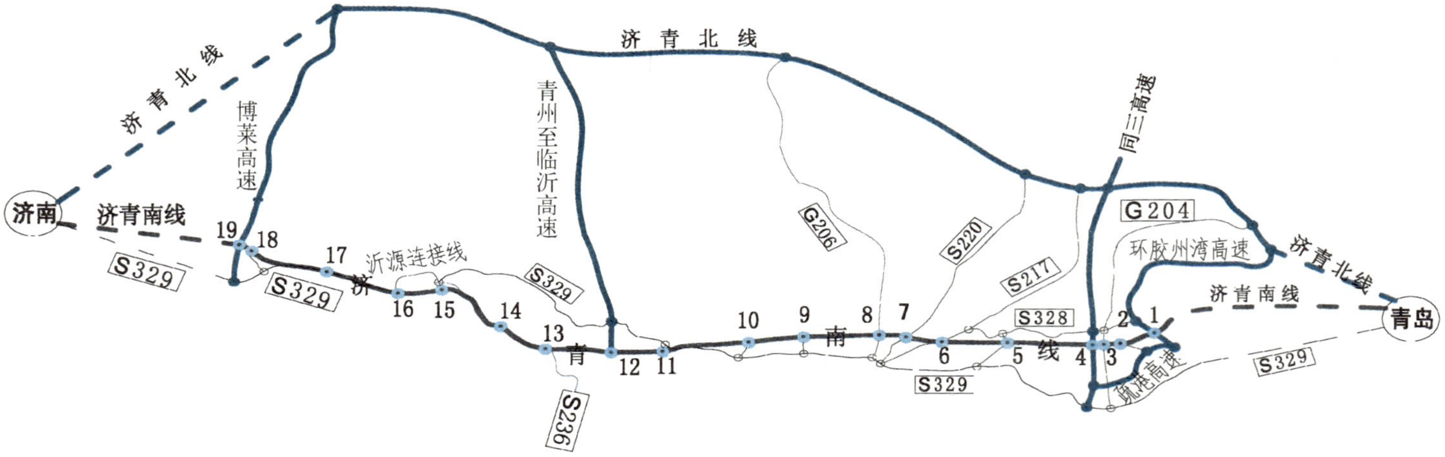

济青南线立交名称：1：红石崖立交；2：徐村立交；3：黄山立交；4：胶南立交；5：里岔立交；6：辛兴立交；7：诸城东立交；8：诸城立交；9：诸城西立交；10：孟疃立交；11：杨庄立交；12：马站立交；13：新庄立交；14：张家坡立交；15：沂源东立交；16：沂源立交；17：沂源西立交；18：辛庄立交；19：莱芜立交。

图 6－2　济青南线管理路网

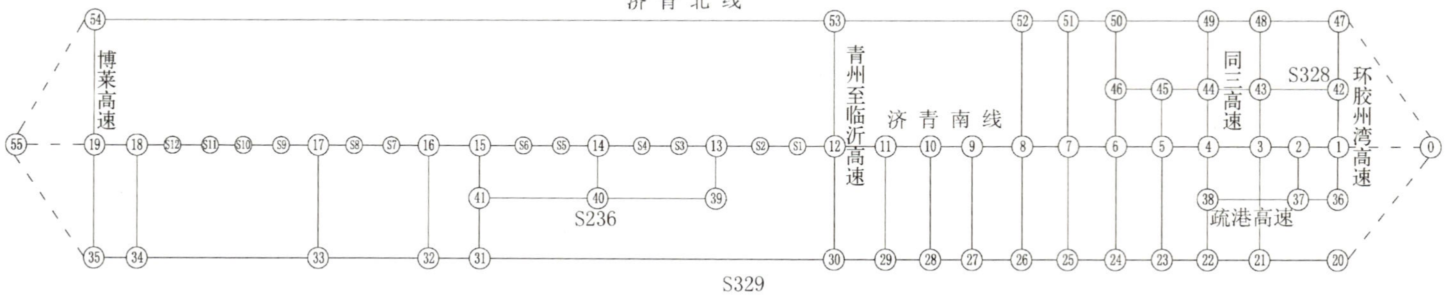

图 6－3　管理路网无向图结构

6.2.3　拓扑结构的建立

管理路网拓扑结构按第 2 章的方法建立，有向图表示方法不在此列出，无向图如图 6 - 3 所示。

6.3　管理单元属性分析

在第 3 章中，对管理单元的属性确定方法进行了详细的说明，并将属性分成了 39 静态属性和 17 动态属性两类。在此不一一列出，相关内容和确定方法见第 3 章。

6.4　高速公路通道路网运营安全管理及应急处置对策应用

6.4.1　济青南线事发单元运营安全管理对策库

详见第 5 章 5.2 节，对灾变事件根据事件严重程度按一定的指标划分等级，然后针对不同等级的灾变事件采用不同的控制管理对策。管理对策的实施可依赖于管理单元上布设的小型可变信息板(SCMS)和布设在各入口匝道上的 F 形可变信息板发布，济青南线各单元的信息发布设备布设位置见附录 B 表 1。以发生各级交通事件和各级雾天为例，给出管理单元发生交通事件时的对策库，见表 6 - 4 和表 6 - 5。

6.4.2　高速公路通道路网交通诱导管理对策应用

以交通事件和雾天为例，诱导范围分析方法见 5.3.1 节分析，基于运营安全的通道路网路径诱导决策过程见 5.3.2 节。

此外，理想的诱导信息发布系统，能够将相应的诱导信息发布给诱导范围内的每一位用户，但考虑到高速公路现有的信息发布设备，主要是依赖于大型可变信息板(CMS)，CMS 布设在管理单元终点附近，对下一个管理单元起诱导作用。每一块 CMS 都有一个诱导区域，发布下游若干管理单元的交通诱导信息，济青南线各 CMS 的诱导区域见附录表 2。

1. 诱导范围确定

首先对采用的符号说明如下：

x_a：事发点的桩号；

x_i、x_j：立交 i、立交 j 的桩号；

L：事件影响范围，$L_{\max}$为最大影响范围。

1) 交通事件下的诱导范围

假定条件：① 一级事件持续时间 10 min；② 二级事件持续时间 20 min；③ 三级事件持续时间 30 min；④ 四级事件持续时间 40 min。

(1) 青岛至莱芜方向

假设在立交 i 至立交$(i+1)$之间桩号为 x_a的位置发生交通事件。

诱导范围可根据事件空间影响范围和时间影响范围确定，根据时间影响确定诱导范围的方法已在上述算例中举例，下面介绍应用空间影响范围确定诱导范围的方法。如图 6－4 所示。

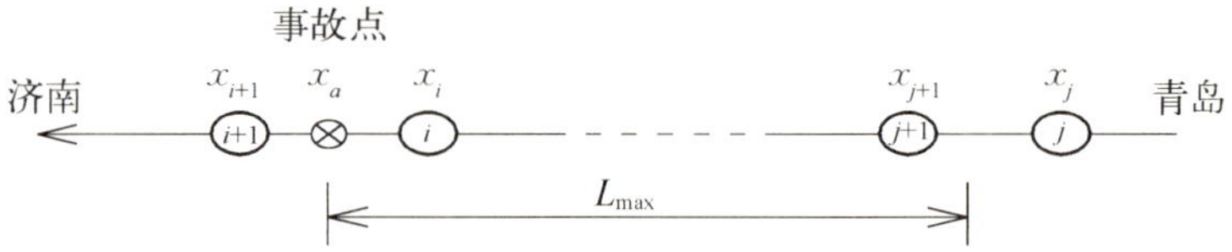

图 6－4　交通事件下诱导范围(青岛至莱芜)

当 $x_a - x_1 \geqslant L_{\max}$ 时，诱导范围为：$x_j \rightarrow x_{i+1}$，其中 x_j 满足如下条件：

$$\begin{cases} x_a - x_j \geqslant L_{\max} \\ x_a - x_{j+1} < L_{\max} \end{cases}$$

当 $x_a - x_1 < L_{\max}$ 时，$x_j = x_1$。

然后，在附录表 2 中查询 x_j 所在的诱导区段，确定发布诱导信息的 CMS，记为 CMSm。

不同等级事件下，$L_{\max}$的计算方法见式(5－17)—式(5－20)。

(2) 莱芜至青岛方向

假设在立交$(i+1)$至立交 i 之间桩号为 x_a 的位置发生交通事件。如图 6－5 所示。

当 $x_{20} - x_a \geqslant L_{\max}$ 时，诱导范围为 $x_{j+1} \rightarrow x_i$，x_{j+1} 满足如下条件：

$$\begin{cases} x_{j+1} - x_a \geqslant L_{\max} \\ x_j - x_a < L_{\max} \end{cases}$$

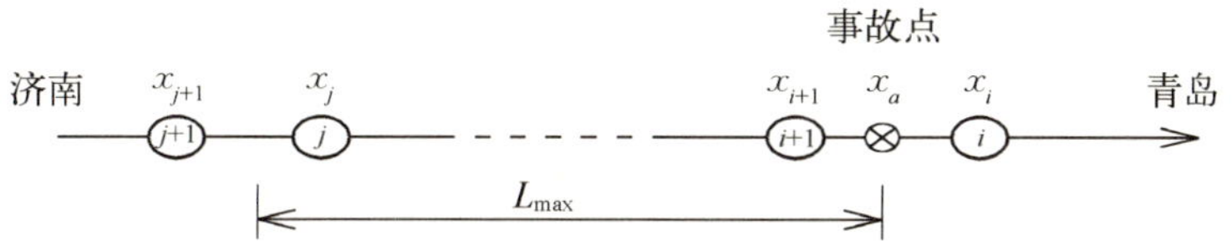

图6-5　交通事件下诱导范围(莱芜至青岛)

当 $x_{20}-x_a<L_{max}$ 时，$x_{j+1}=x_{20}$。

然后，在附录B表2中查询 x_{j+1} 所在的诱导区段，确定发布诱导信息的CMS，记为CMSn。

2）雾天诱导范围

高速公路出现雾天时，可能覆盖若干管理单元，此时将出现雾天的若干管理单元划分为雾区。当雾区为立交 i 至立交 $(i+f)$ 之间的路段时，雾天运营安全管理对策库见表6-5，其中，诱导范围确定方法如下。

假定条件：① 雾天持续时间为一个小时；② 某管理单元局部出现雾天时，认为整个单元都出现雾。

(1) 青岛至莱芜方向

如图6-6所示，当 $x_i-x_1\geqslant L_{max}$ 时，诱导范围为 $x_j\rightarrow x_{i+f}$，其中 x_j 满足如下条件：

$$\begin{cases}x_i-x_j\geqslant L_{max}\\x_i-x_{j+1}<L_{max}\end{cases}$$

当 $x_i-x_1<L_{max}$ 时，$x_j=x_1$。

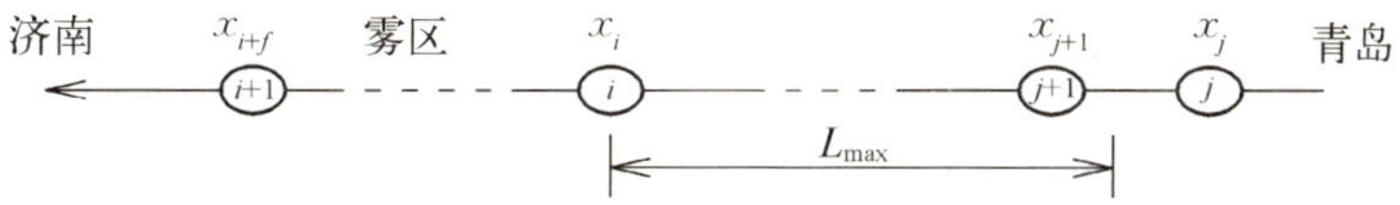

图6-6　雾天诱导范围(青岛至莱芜)

然后，在附录B表2中查询 x_j 所在的诱导区段，确定发布诱导信息的CMS，记为CMSm。

不同等级雾天，L_{max}的计算方法见式(5-13)。

(2) 莱芜至青岛方向

如图6-7所示，当 $x_{20}-x_{i+f}\geqslant L_{max}$ 时，诱导范围为 $x_{j+1}\rightarrow x_i$，x_{j+1} 满足如下条件：

$$\begin{cases} x_{j+1} - x_i \geqslant L_{\max} \\ x_j - x_i < L_{\max} \end{cases}$$

当 $x_{20} - x_i < L_{\max}$ 时，$x_{j+1} = x_{20}$。

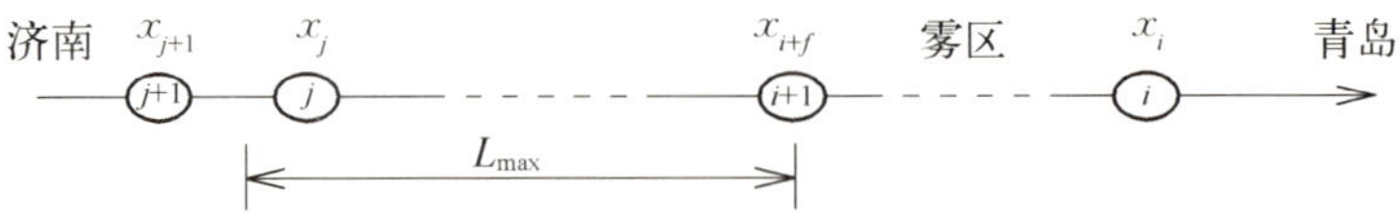

图 6-7　雾天诱导范围(莱芜至青岛)

然后，在附录 B 表 2 中查询 x_{j+1} 所在的诱导区段，确定发布诱导信息的 CMS，记为 CMSn。

2. 路径诱导决策模型应用

在诱导范围确定后，可进行诱导对策和决策的分析。在对策及决策过程中，统一采用管理单元的属性编号，各编号对应的意义汇总见附录表 3，其他符号意义如表 6-1 所列。

表 6-1　其他符号说明

符　号	说　　明	符　号	说　　明
LSAFE	安全停车间距	$a[i, t]$	管理单元 i 的单车安全制动减速度
SC	允许的安全可靠度	$r[i, t]$	管理单元 i 单车安全可靠度
i	管理单元 i	$SS[i]$	管理单元 i 静态安全可靠度
t	时间 t	$SD[i, t]$	管理单元 i 动态安全可靠度
t_0	交通事件事发时刻	ws	静态安全可靠度权重
t_o	交通事件清除时间	wd	动态安全可靠度权重
$c[i, t]$	管理单元 i 的行程时间	$S[i, t]$	管理单元 i 的路段安全可靠度值

1) 最优路径

最优路径通过 java 编程实现，主程序见附录。

以安全可靠度为基本约束条件下，求取行程时间最短的行驶路径，当高速公路未发生交通事件时，直接应用 Dijkstra 算法搜索最短路径即可，最优路径搜索流程如图 6-8 所示。其中路阻函数见式(5-27)。

当高速公路发生交通事件时，事发单元的行走时间算法有所不同，不能直接

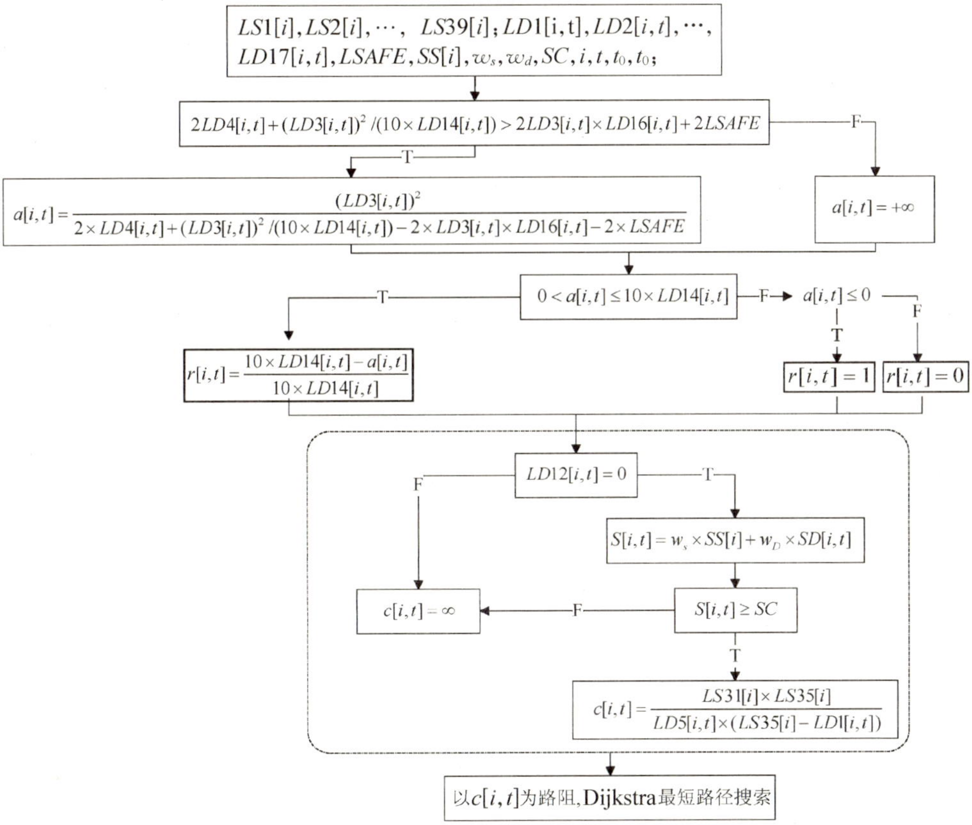

图 6-8　最优路径搜索流程

应用 Dijkstra 算法,需分为以下三步搜索最短路径:

(1) 绕行路线中的最优路径搜索

直接应用 Dijkstra 算法搜索最短路径,最优路径搜索流程见图 5-8。求得最优路径行程时间记为 T_R。

(2) 继续走高速公路的行程时间确定

见式(5-28),记为 T_F。

(3) 最优路径确定

比较 T_R 和 T_F,取较小者对应的路径为最优路径,最优路径记为 $P_{o,d}[1]$:

$$T_{P_{o,d}[1]} = \min\{T_R, T_F\}$$

2) 其他可绕行路径

其他可绕行路径的算法详见 5.3.2.2 节。

3）通路求解

路网结构较简单时，两点间的通路可穷举得到，较复杂时，采用 5.3.2.3 节所述的流体网络通路求解办法。图 6－3 所示的济青路网结点较多，不利于手工计算，根据济青路网的特点，先将路网简化，然后进行求解，求解步骤如下：

（1）合并济青相邻两点间的并行线

将图 6－8 所示济青南线中两相邻结点间的高速公路管理单元和相应并行线管理单元合为一条弧，以 e× 表示，e× 编号与济青南线管理单元的编号一致，如用 e5 表示管理单元 JQ5、S328－3 和 S329－4。各弧所代表的管理单元汇总如表 6－2 所列。

表 6－2　通路求解路网模型各弧所代表的管理单元汇总（济青南线右线）

弧	管理单元	弧	管理单元	弧	管理单元
e1	JQ1；JQB1	e8	JQ8；JQB6；S329－7	e15	JQ15；S236－2
e2	JQ2；SG1	e9	JQ9；S329－8	e16	JQ16；S329－13
e3	JQ3；	e10	JQ10；S329－9	e17	JQ17；S329－14
e4	JQ4；S328－2；JQB3；S329－3	e11	JQ11；S329－10	e18	JQ18；S329－15
e5	JQ5；S328－3；S329－4	e12	JQ12；S329－11	e19	JQ19；S329－16
e6	JQ6；S328－4；S329－5	e13	JQ13；	e20	JQ20；S329－17
e7	JQ7；JQB5；S329－6	e14	JQ14；S236－1		

原路网用简化后的弧段表示成如图 6－9 所示的通路求解路网模型。

（2）分幅

将高速公路分成左右幅进行通路求解。相应的取并行线的左幅（或右幅）。

（3）通路求解

对右幅结点 $\{\nu_1, \nu_2, \nu_3, \nu_4, \nu_5, \nu_7, \nu_9, \nu_{13}, \nu_{16}, \nu_{20}, \nu_{56}\}$ 之间的通路求解，在节中已经作为算例求解。

将通路求解的结果以表格形式给出，见表 6－3。通路查询表的使用说明如下：

① 表中第一行为高速公路结点；

② 表中第二行开始为相应的管理单元，管理单元所占表格宽度对应的结点为其所连接（或作为并行线）的起终结点。

例如 JQ1 为高速公路上结点 1－2 之间的连接线，JQB1 为该结点间的并

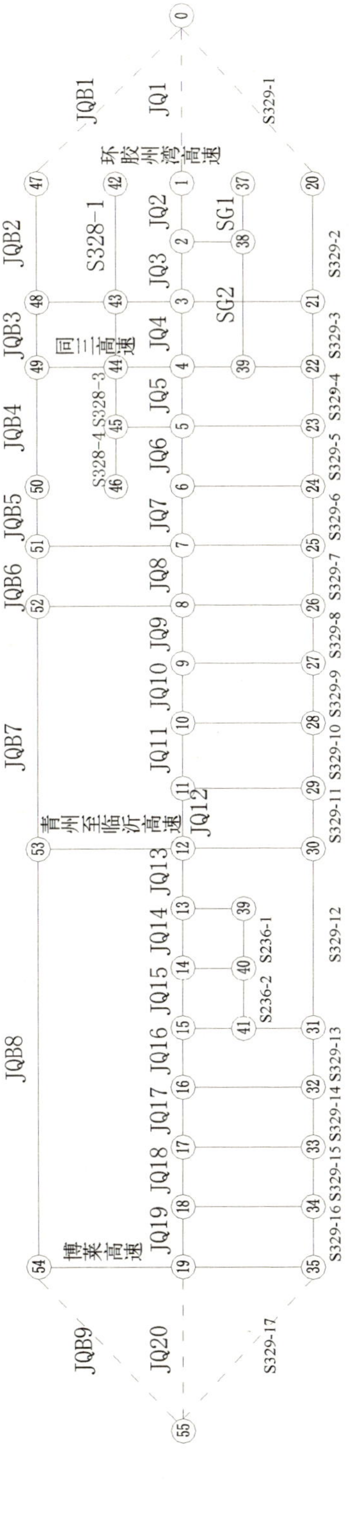

图 6-9　路网中各管理单元名称

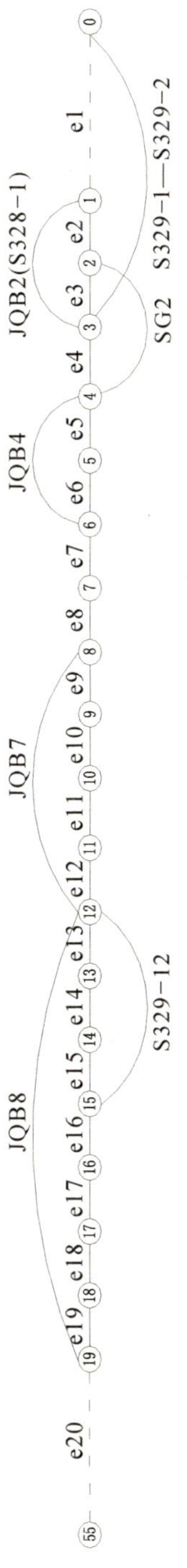

图 6-10　通路求解路网模型

表 6－3　通路查询表

<table>
<tr><th>结点</th><th>55</th><th>19</th><th>18</th><th>17</th><th>16</th><th>15</th><th>14</th><th>13</th><th>12</th><th>11</th><th>10</th><th>9</th><th>8</th><th>7</th><th>6</th><th>5</th><th>4</th><th>3</th><th>2</th><th>1</th><th>0</th></tr>
<tr><td rowspan="4">管理单元</td><td rowspan="4">e20：JQ20 S329－17</td><td rowspan="2">e19：JQ19 S329－16</td><td rowspan="2">e18：JQ18 S329－15</td><td rowspan="2">e17：JQ17 S329－14</td><td rowspan="2">e16：JQ16 S329－13</td><td>e15：JQ15 S236－2</td><td>e14：JQ14 S236－1</td><td>e13：JQ13</td><td>e12：JQ12 S329－11</td><td>e11：JQ11 S329－10</td><td>e10：JQ10 S329－9</td><td>e9：JQ9 S329－8</td><td rowspan="4">e8：JQ8 JQB6 S329－7</td><td rowspan="4">e7：JQ7 JQB5 S329－6</td><td>e6：JQ6 S328－4 S329－5</td><td>e5：JQ5 S328－3 S329－4</td><td rowspan="2">e4：JQ4 S328－2 JQB3 S329－3</td><td>e3：JQ3</td><td>e2：JQ2 SG1</td><td rowspan="2">e1：JQ1 JQB1</td></tr>
<tr><td colspan="3">S329－12</td><td colspan="4" rowspan="3">JQB7</td><td colspan="2" rowspan="3">JQB4</td><td colspan="2">JQB2 S328－1</td></tr>
<tr><td colspan="7" rowspan="2">JQB8</td><td colspan="4">S329－1～2</td></tr>
<tr><td colspan="3">SG2</td><td>e1</td></tr>
</table>

表 6-4　结点 i 与 $(i+1)$ 之间管理单元发生交通事件时的安全管理对策库

对策等级	路段管理对策			$i\rightarrow(i+1)$ 诱导对策		$(i+1)\rightarrow i$ 诱导对策	
	密度/(pcu/km)	对　策	信息提示	②	②	①	②
一级	0～50	1. 限速 100 km/h 2. 限距 160 m	本段 SCMS(或入口 F 板、短信)提示“前方路肩发生事件，限速 100 km/h，限距 160 m”	CMSm（建议在 $(j-1)-j$ 单元同时采用短信）发布诱导信息：立交 $j\rightarrow$ 立交 $i+1$请走××道路	CMS01（建议全线同时采用短信）发布诱导信息： 1. 莱芜：请走××道路，预计行程×× min； 2. 济南：请走××道路，预计行程×× min	CMSn（建议在 $(j+2)-(j+1)$ 单元同时采用短信形式）发布诱导信息：立交 $j+1\rightarrow$立交 i 请走××道路	CMS16（建议全线同时采用短信）发布诱导信息：青岛：请走××道路，预计行程×× min
	50～65	1. 限速 80 km/h 2. 限距 110 m	本段 SCMS(或入口 F 板、短信)提示“前方路肩发生事件，限速 80 km/h，限距 110 m”				
	>65	1. 限速 60 km/h 2. 限距 75 m 3. 入口匝道控制	本段 SCMS(或入口 F 板、短信)提示“前方路肩发生事件，限速 60 km/h，限距 75 m”				
二级	0～50	1. 限速 80 km/h 2. 限距 110 m	本段 SCMS(或入口 F 板、短信)提示“前方×车道发生事件，限速 80 km/h，限距 110 m”	CMSm（建议在 $(j-1)-j$ 单元同时采用短信形式）发布诱导信息：立交 $j\rightarrow$立交 $i+1$ 请走××道路		CMSn（建议在 $(j+2)-(j+1)$ 单元同时采用短信形式）发布诱导信息：立交 $j+1\rightarrow$立交 i 请走××道路	
	50～65	1. 限速 60 km/h 2. 限距 75 m	本段 SCMS(或入口 F 板、短信)提示“前方×车道发生事件，限速 60 km/h，限距 75 m”				
	>65	1. 限速 40 km/h 2. 限距 40 m 3. 入口匝道控制	本段 SCMS(或入口 F 板、短信)提示“前方×车道发生事件，限速 40 km/h，限距 40 m”				

续 表

<table>
<tr><th rowspan="2">对策等级</th><th colspan="3">路段管理对策</th><th colspan="2">$i\rightarrow(i+1)$ 诱导对策</th><th colspan="2">$(i+1)\rightarrow i$ 诱导对策</th></tr>
<tr><th>密度/(pcu/km)</th><th>对　策</th><th>信息提示</th><th>②</th><th>②</th><th>①</th><th>②</th></tr>
<tr><td rowspan="3">三级</td><td>0～25</td><td>1. 限速 60 km/h
2. 限距 75 m</td><td>本段 SCMS(或入口 F 板、短信)提示“前方×车道和×车道发生事件,限速 60 km/h,限距 75 m”</td><td rowspan="3">CMSm(建议在 $(j-1)-j$ 单元同时采用短信形式)发布诱导信息：立交 $j\rightarrow$ 立交 $i+1$ 请走××道路</td><td rowspan="4"></td><td rowspan="3">CMSn(建议在 $(j+2)-(j+1)$ 单元同时采用短信形式)发布诱导信息：立交 $j+1\rightarrow$ 立交 i 请走××道路</td><td rowspan="4"></td></tr>
<tr><td>25～35</td><td>1. 限速 40 km/h
2. 限距 40 m</td><td>本段 SCMS(或入口 F 板、短信)提示“前方×车道和×车道发生事件,限速 40 km/h,限距 40 m”</td></tr>
<tr><td>>35</td><td>1. 限速 20 km/h
2. 限距 20 m
3. 入口匝道控制</td><td>本段 SCMS(或入口 F 板、短信)提示“前方×车道和×车道发生事件,限速 20 km/h,限距 20 m”</td></tr>
<tr><td>四级</td><td></td><td>封闭</td><td>本段 SCMS(或入口 F 板、短信)提示“前方事件交通中断”</td><td>CMSm(建议在 $(j-1)-j$ 单元同时采用短信形式)发布诱导信息：立交 $j\rightarrow$ 立交 $i+1$ 请走××道路</td><td>CMSn(建议在 $(j+2)-(j+1)$ 单元同时采用短信形式)发布诱导信息：立交 $j+1\rightarrow$ 立交 i 请走××道路</td></tr>
</table>

表6-5 结点 i 与 $(i+f)$ 之间管理单元出现雾天时的安全管理对策库

对策等级	路段管理对策			$i\to(i+1)$ 诱导对策		$(i+1)\to i$ 诱导对策	
	密度/(pcu/km)	对策	信息提示	③	②	③	④
一级	0～34	1. 限速 100 km/h 2. 限距 160 m	雾区 SCMS(或入口F板、短信)提示“因雾限速 100 km/h,保持车距 160 m”	CMSm(建议在 $(j-1)-j$ 单元同时采用短信形式)发布诱导信息:立交 $j\to$ 立交 $i+f$ 请走××道路	CMS01(建议在全线同时采用短信形式)发布诱导信息: 1. 莱芜:请走××高速,预计行程××min 2. 济南:请走××高速,预计行程××min	CMSn(或 $(j+2)-(j+1)$ 单元短信)发布诱导信息:立交 $j+1\to$ 立交 i 请走××道路	CMS16(建议在全线同时采用短信形式)发布诱导信息:青岛:请走××高速,预计行程××min
	35～43	1. 限速 80 km/h 2. 限距 110 m	雾区 SCMS(或入口F板、短信)提示“因雾限速 80 km/h,保持车距 110 m”				
	>43	1. 限速 60 km/h 2. 限距 75 m 3. 入口匝道控制	雾区 SCMS(或入口F板、短信)提示“因雾限速 60 km/h,保持车距 75 m”				
二级	0～34	1. 限速 100 km/h 2. 限距 160 m 3. 开启防雾灯和车道灯	雾区 SCMS(或入口F板、短信)提示“因雾限速 100 km/h,保持车距 160 m”	CMSm(建议在 $(j-1)-j$ 单元同时采用短信形式)发布诱导信息:立交 $j\to$ 立交 $i+f$ 请走××道路		CMSn(或 $(j+2)-(j+1)$ 单元短信)发布诱导信息:立交 $j+1\to$ 立交 i 请走××道路	
	35～43	1. 限速 80 km/h 2. 限距 110 m 3. 开启防雾灯和车道灯	雾区 SCMS(或入口F板、短信)提示“因雾限速 80 km/h,保持车距 110 m”				
	>43	1. 限速 60 km/h 2. 限距 75 m 3. 开启防雾灯和车道灯 4. 入口匝道控制	雾区 SCMS(或入口F板、短信)提示“因雾限速 60 km/h,保持车距 75 m”				

续 表

对策等级	路段管理对策			$i \to (i+1)$诱导对策		$(i+1) \to i$ 诱导对策	
	密度/(pcu/km)	对　策	信息提示	③	②	③	④
三级	0～33	1. 限速 80 km/h 2. 限距 110 m 3. 开启防雾灯和车道灯 4. 禁止超车	雾区 SCMS(或入口 F 板、短信)提示“因雾限速 80 km/h,保持车距 110 m”	CMSm(建议在$(j-1)-j$单元同时采用短信形式)发布诱导信息:立交 $j \to$ 立交 $i+f$ 请走××道路		CMSn(或$(j+2)-(j+1)$单元短信)发布诱导信息:立交 $j+1 \to$ 立交 i 请走××道路	
	34～44	1. 限速 60 km/h 2. 限距 75 m 3. 开启防雾灯和车道灯 4. 禁止超车	雾区 SCMS(或入口 F 板、短信)提示“因雾限速 60 km/h,保持车距 75 m”				
	>44	1. 限速 40 km/h 2. 限距 40 m 3. 开启防雾灯和车道灯 4. 禁止超车 5. 入口匝道控制	雾区 SCMS(或入口 F 板、短信)提示“因雾限速 40 km/h,保持车距 40 km”				
四级	0～33	1. 限速 80 km/h 2. 限距 110 m 3. 开启防雾灯和车道灯 4. 禁止超车	雾区 SCMS(或入口 F 板、短信)提示“因雾限速 80 km/h,保持车距 110 m”	CMSm(建议在$(j-1)-j$单元同时采用短信形式)发布诱导信息:立交 $j \to$ 立交 $i+f$ 请走××道路		CMSn(或$(j+2)-(j+1)$单元短信)发布诱导信息:立交 $j+1 \to$ 立交 i 请走××道路	

续　表

对策等级	路段管理对策			$i\to(i+1)$诱导对策		$(i+1)\to i$ 诱导对策	
	密度/(pcu/km)	对　策	信息提示	③	②	③	④
四级	34～44	1. 限速 60 km/h 2. 限距 75 m 3. 开启防雾灯和车道灯 4. 禁止超车	雾区 SCMS(或入口 F 板、短信)提示“因雾限速 60 km/h,保持车距 75 m”				
	>44	1. 限速 40 km/h 2. 限距 40 m 3. 开启防雾灯和车道灯 4. 禁止超车 5. 入口匝道控制	雾区 SCMS(或入口 F 板、短信)提示“因雾限速 40 km/h,保持车距 40 m”				
五级		封闭	雾区 SCMS(或入口 F 板、短信)提示“浓雾封闭”	CMSm(建议在$(j-1)-j$单元同时采用短信形式)发布诱导信息:立交$j\to$立交$i+f$请走××道路		CMSn(或$(j+2)-(j+1)$单元短信)发布诱导信息:立交$j+1\to$立交i请走××道路	

行线。

③ 结点 i-j 之间通路查询方法：以 i 为起点、j 为终点的管理单元，或以 i 为起点的管理单元、j 为终点的管理单元通过若干中间单元连接来的路径，其中，处于同一列的单元为并联“或”关系，不同列之间为串联“且”关系。

例如查询结点 9－13 之间的通路：通路一：JQB7；通路二：e9（JQ9 或 S329－8）—e10（JQ10 或 S329－9）—e11（JQ11 或 S329－10）—e12（JQ12 或 S329－11）。结点 9－13 之间的通路数量一共为：1＋2×2×2×2＝17 条。

第7章 结论与展望

7.1 主要内容及结论

本书以高速公路网为研究对象，以通道路网运营安全为基本目标，依托济青南线相关路网，在灾变条件下（灾害性天气事件、不良交通状态事件、交通事件），研究事件影响范围内通道路网运营安全管理对策及决策方法，对部分关键技术进行深入理论研究，并将结果用于青岛—新疆红旗拉甫公路青岛至莱芜段工程实践。主要研究内容及结论如下：

1）高速公路通道运营安全管理路网构建

高速公路通道运营安全管理路网的构建，主要研究内容和结论有以下几点：

（1）影响道路运营安全的灾变事件有灾害性天气、不良交通状况、交通事件，这些交通事件从不同角度影响人、车、路组成的道路交通系统的运营安全。

（2）建立高速公路通道管理路网所需考虑的因素有以下几点：安全管理路网的可知性和联通性；安全管理路网的可控性；针对局部路段事件，建立的路网中任一高速公路均有邻近的绕行路线。

（3）确定路网中控制结点和相关道路时，遵循控制结点进行交通组织的可行性原则、与主线高速公路具有相关性原则、高速公路交通流可疏散性原则和经济性原则，本书研究过程中采用距离综合评价方法对路网中各并行道路与主线高速的相关性进行排序，并根据交通量的要求和通行能力条件确定并行道路数量。

（4）为便于管理和属性分析，将路网中的管理单元划分成两个层次，第一层次的管理单元服务于灾变事件下，管理单元交通控制与管理对策及决策研究，以及交通诱导对策和决策研究；第二层次的管理单元用于属性分析和灾变事件条件下管理单元交通控制与管理对策及决策研究。

(5) 建立路网图论模型,将结点间的拓扑关系采用矩阵形式表达,并提出了适用于运营安全管理对策及决策研究的属性矩阵,为运营安全管理对策及决策研究建立了可用的物理研究对象。

2) 高速公路通道路网管理单元属性分析

分析了服务于运营安全管理对策及决策研究的 39 个静态属性和 17 个动态属性,并对部分属性探讨了定性定量描述方法。对动态属性中的事件等级属性、水膜厚度、路面附着系数、可视距离、驾驶员的反应时间、管理单元通行能力属性进行了重点阐述。主要研究内容及结论如下:

(1) 各属性是否随时间变化的特点分为静态属性和动态属性

本书的静态属性主要考虑以下两个方面:影响普通路段、桥梁、隧道和立交设施运营安全性的静态属性(包括道路设施属性和交通工程及沿线设施属性);作为确定动态属性重要参数的静态属性,或对运营安全和管理对策决策过程有重要意义的其他静态属性。

将动态属性分为可直接得到的直接动态属性和需通过一定运算得到的间接动态属性,分析了包括车流密度、流量、运行速度、事件等级属性、水面厚度等 17 个动态属性。

(2) 分析了各属性的确定方法

对各类属性进行编号,构成静态属性矩阵和动态属性矩阵,对各属性分析了定性定量描述的方法,对间接动态属性的确定方法进行了探讨。

3) 灾变条件下通道路网运营安全管理及应急处置决策依据

灾变条件下,运营安全管理及应急处置对策的确定,需根据一定的决策依据,该部分的主要内容及结论如下。

(1) 对策类型

对策的类型包括:车速控制对策、车距控制对策、流量控制对策、超车控制对策、照明控制对策、急刹车控制对策、车道使用控制对策、可逆车道交通组织对策、交通诱导对策等。

(2) 决策依据

决策依据主要包括灾变事件类型、灾变事件等级、交通流状况、运营安全性、用户行程时间等。本书重点分析了表征管理单元运营安全性的实时安全可靠度和用户行车时间的确定方法。

(3) 管理单元实时安全可靠度

管理单元运营安全性是运营安全管理及应急处置决策的重要依据,引入实时安全可靠度描述管理单元的运营安全性：表示在一定的交通、气候和道路环境下，车辆能够保持安全运行的概率。本书针对自由流和非自由流两种不同交通流状态，分析了管理单元实时安全可靠度的确定方法。

(4) 用户行程时间

行程时间最受用户关注、反应其他多个指标、易于量化和测量等优点，进行交通诱导时将其作为路阻函数，本书以安全可靠度作为基本约束条件，以行程时间作为路阻函数。路阻函数计算分为未发生交通事件和发生交通事件两种情形。

4) 灾变条件下通道路网运营安全管理及应急处置决策模型及算法

针对主线高速公路上的各类灾变事件(不良交通状况、灾害性天气以及交通事件等灾变事件)，运营安全性降低，对不同事件影响范围的管理单元，针对性的采取实时管理对策，并对各类管理及应急处置对策研究决策模型，即灾变条件下通道路网运营安全管理及应急处置决策研究，主要内容及结论如下。

(1) 灾变事件影响范围研究

灾变事件的影响范围可分为两类：

① 事发单元：出现灾害性天气、不良交通状况、交通事件等灾变事件的主线高速公路管理单元；

② 事发点上游单元：假定没有采取交通控制和诱导措施，由于灾变事件的发生，拥挤的交通波向上游扩展，影响上游的交通流状况和安全状况，认为这种交通拥挤波及的主线高速公路管理单元为上游事件影响范围。

对两类影响范围的判定方法如下：

① 事发单元：通过灾变事件的辨识及等级判定确定事件发生单元，灾害性天气采用气象指数进行判定，交通事件以及不良交通状况采用交通参数判定；

② 事发点上游单元：根据波动理论中，沿着特征线密度将不随时间变化而变化的这一特点，分析两种不同状态的波相遇时的扩散情况，得到激波的方向和传播速度。根据激波传播方向和速度分析事件的扩散情况，从而得到灾变事件上游的影响范围。

(2) 主线高速公路事发单元运营安全管理及应急处置对策

对主线高速公路灾变事件发生单元，根据灾变事件类型、事件等级及实时交通流状况，提出相应的车速、车距控制、限流管理等对策，以防止交通事件的发生或再发生。

(3) 基于运营安全的通道路网交通诱导决策模型

对受事件影响的主线高速公路事发点上游管理单元，采取路网交通诱导的对策，以缓减事发单元的交通压力，防止用户盲目行驶。主要内容及结论有以下几点：

(1) 建立路网诱导模型

高速公路发生灾变事件而采取路网交通诱导时，首先需明确从哪里开始诱导，至哪里结束。本书根据事发点上游影响范围，在管理路网内确定交通诱导的起终点。

(2) 路径诱导决策模型

针对路段路网中的起终点，首先在满足安全的基本约束下，确定所有可行路径中最优路径(以行程时间为路阻函数的最优路径)，然后针对受事件影响的管理范围，检验给出的路径通行能力是否满足上游交通需求，当上游交通需求较大时，仍需继续寻找 k 条其他可绕行路径，满足疏导上游交通需求的要求。

5) 工程应用

结合济青南线依托工程，以济青南线为通道路网的主线高速公路，将灾变条件下通道路网运营安全管理及应急处置研究成果应用于工程实践。

7.2 本书创新点

1) 建立了高速公路通道运营安全管理路网构建方法

通过对影响道路运营安全灾变事件的分析，总结了高速公路通道管理路网的确定所需考虑的因素，并提出了应遵循的原则性要求：控制结点进行交通组织的可行性原则、与主线高速公路具有相关性原则、高速公路交通流可疏散性原则和经济性原则。各并行道路与主线高速的关联度(作为相关性的度量)采用距离综合评价方法计算，提出了一套完整的评价指标体系，并根据交通量的要求和通行能力条件确定并行道路数量。对确定的管理路网，提出了一套系统的两个层次管理单元划分方法，并阐述了路网图论模型建立方法。

2) 管理单元实时安全可靠度计算方法

引入实时安全可靠度描述管理单元的运营安全性：表示在一定的交通、气候和道路环境下，车辆能够保持安全运行的概率。通过对不同交通流状态下行车安全性特征和影响因素地分析，针对自由流和非自由流两种不同交通流状态，分别提出了管理单元实时安全可靠度的确定方法。

自由流下，影响道路运营安全的静态因素主要是道路设施、交通工程及沿线设施、监控系统等，动态因素主要是时变的气候环境。采用模糊综合评判的方法确定安全性判分值，从而得到实时安全可靠度。

非自由流状态下，管理单元上运行的车辆之间相互影响，彼此之间构成相互威胁。影响道路运营安全因素不仅有静态因素（道路设施、交通工程及沿线设施、监控系统），还有动态因素（交通流状态和气候环境）。非自由流下管理单元的实时安全可靠度由表示静态设施因素的静态安全可靠度和表示动态因素的动态安全可靠度组成。静态安全可靠度的确定方法仍基于模糊综合评判方法。

动态安全可靠度对单车运行风险评价方法和评价指标（安全制动减速度）的分析，提出了应用相对安全制动减速度表征单车的安全可靠度的方法。将可以准确获取各类交通参数的车辆检测器断面位置视为管理单元的子单元，子单元通过一定的拓扑关系构成管理单元。子单元的实时安全性可由子单元上获取的实时交通参数确定，本书通过研究子单元和管理单元的关系提出了动态安全可靠度的有向图关系，并通过构造结构函数，将管理单元的实时安全可靠度由若干子单元的实时安全可靠度表示，得到了管理单元的动态安全可靠度计算方法。

3) 基于运营安全的高速公路通道路径诱导决策模型及算法

本书首次将安全因素考虑到动态路径诱导决策模型中，提出了以管理单元实时安全可靠度作为基本约束条件、行程时间作为诱导的路阻函数的诱导决策模型及算法。并在其他 k 条可绕行路径算法中，提出了“重复度 R”的概念及指标，以重复度最小求取其他绕行路径，以满足疏导上游交通需求的要求。

7.3 发展与展望

灾变条件下通道路网运营安全管理及应急处置研究是道路安全管理系统中的一部分，本书在研究过程中取得一定成果的，同时也发现了许多新的问题。还有许多问题有待于今后研究工作中进一步深入探讨：

(1) 本书提出了高速公路通道型管理路网确定方法，有利于合理利用周边的并行道路服务于主线高速公路的交通疏导。但当管理的重心不止是一条高速公路而是多条高速公路时，管理路网的形式和并行道路的确定方法仍需进一步探讨。

(2) 属性分析中虽然对某些间接动态属性进行了初步探讨,中间还涉及许多参数、指标和标准的确定,仍需进一步完善。

(3) 本书提出了管理单元实时可靠度的计算方法,但没有涉及该控制参数的取值标准问题,仍需要对其取值范围进行理论与实验方面的进一步研究,并通过实际工程应用中的反馈不断进行调整和修正,以使其变得更加系统和完善。

附录 A

济青南线所在局域路网如图 5 - 1 所示，上述各条高速公路的评价指标原始数据见表 1。

表 1　并行线各指标原始数据

序号	并行线名称	公路等级	并行线车道数	济南—青岛里程/km	与主线连接线总车道数	与主线平均时间距离/min
0	济青南线	高速(1)	双向 6 车道(6)	287.1	42	6.72
1	S329	二级(3)	双向 4 车道(4)	316	38	5.77
2	济青北线	高速(1)	双向 4 车道(4)	311.5	26	42.46
3	路线 3	高速(1)	双向车道(4)	466.9	30	32.96

对指标原始数据进行正向化、无量纲化处理，一致化采用倒数法，无量纲化采用比重法，处理后的各并行线指标数据见表 2。

表 2　各并行线规范化后的数据

序　号	指标 1	指标 2	指标 3	指标 4	指标 5
0	0.566 9	0.654 7	0.572 3	0.607 2	0.698 6
1	0.189 0	0.436 4	0.520 0	0.549 4	0.698 6
2	0.566 9	0.436 4	0.527 5	0.375 9	0.094 9
3	0.566 9	0.436 4	0.351 9	0.433 7	0.122 3

采用表 2 - 2 的权重，$w_1=0.066$，$w_2=0.100$，$w_3=0.201$，$w_4=0.182$，$w_5=0.451$，得到加权后数据如表 3。

表 3　加权处理后的数据

序　号	指标 1	指标 2	指标 3	指标 4	指标 5
0	0.037 4	0.065 5	0.115 0	0.110 45	0.315 1
1	0.012 5	0.043 6	0.104 5	0.100 0	0.315 1
2	0.037 4	0.043 6	0.106 0	0.068 4	0.042 8
3	0.037 4	0.043 6	0.070 7	0.078 9	0.055 2

最优样本参考点和最劣样本参考点分别为 $Y^+=$(0.037 4,0.065 5,0.115 0,0.115 7,0.314 1)即为济青南线高速的各项指标；$Y^-=$(0.012 5,0.043 6,0.068 3,0.070 7,0.046 1)。

计算关联度，各路线与济青南线的关联度分别为 $M_1=0.8837$(S329)，$M_2=0.1352$(济青北线)，$M_3=0.1005$(路线 3)。

根据关联度计算结果，S329 与济青南线的关联度最大，济青北线其次，路线 3 最差，但二者相差不多。

本算例以 2020 年交通量预测为基础确定管理路网。按式(2-7)确定并行道路，N_{X_i} 为并行线 X_i 高峰小时交通量，N_{X_0} 为济青南线高峰小时交通量，C_{X_i} 为 X_i 的设计通行能力，高峰小时交通量的计算如下：

$$N_{X_i}=AADTX_i\times K\times D$$

式中，$AADTX_i$ 为 X_i 的年平均日交通量；K 为高峰小时交流量占年平均日交通量的百分比，本项目取 11%；D 为高峰小时段，最大方向交通量占双向总交通量的百分比，本项目取 0.51。

济青南线 2008 年交通量预测为 15 219 辆/日，2015 年交通量预测为 25 413 辆/日，2020 年交通量预测为 36 781 辆/日，2027 年交通量预测为 46 362 辆/日。2020 年济青南线高峰小时交通量为

$$N_{X_0}=36\,781\times0.11\times0.51=2\,063\ \text{pcu/h}$$

S329 于 2002 年全线平均交通量为 6 795 辆/日，济青南线建成后，交通负荷能够有所缓解，2008 年剩余交通量为 3 272 辆/日，2015 年剩余交通量为 4 754 辆/日，2020 年剩余交通量为 5 524 辆/日，2027 年剩余交通量为 6 554 辆/日。2020 年 S329 高峰小时交通量为

$$N_{X_i}=5\,524\times0.11\times0.51=310\ \text{pcu/h}$$

济青北线 2003 年的全线平均交通量为 20 017 辆/日，济青南线通车后，北线的部分交通会转移到南线上来，北线的交通量增长会有所减慢，没有对济青北线交通量进行预测，假定 2020 年济青北线跟南线交通量水平相当，为 36 000 辆/日，2020 年济青北线高峰小时交通量为

$$N_{X_1} = 36\,000 \times 0.11 \times 0.51 = 2\,020 \text{ pcu/h} = 1\,010 \text{ pcu/h/ln}$$

各级道路的通行能力按其设计通行能力选取，见表 4 取 S329 的通行能力为 1 200 pcu/h，济青北线通行能力为 1 600 pcu/h/ln，那么

$$N_{X_0} = 2\,063 > C_{X_1} - N_{X_1} = 1\,200 - 310 = 890$$

$$\begin{aligned} N_{X_0} &= 2\,063 < (C_{X_1} - N_{X_1}) + (C_{X_2} - N_{X_2}) \\ &= 890 + (1\,600 \times 2 - 2\,020) = 2\,070 \end{aligned}$$

所以，确定并行线为 S329 和济青北线。

表 4　各级道路设计通行能力

等　级	高速公路			一　级						二级	三级	四级
				干线道路			集散道路					
设计车速 km/h	120	100	80	100	80	60	100	80	60	40～80	30～40	20
设计通行能力 pcu/h/ln	1 600	1 400	1 200	1 400	1 200	9 00	850～1 000	700～900	550～700	550～1 600	400～700	＜400

对管理路网的部分并行辅助线确定，考虑以下几点：

① 在红石崖立交到辛兴立交之间，S328 与济青南线的距离相当接近，3～4 km，S328 为省道二级公路，是济青南线上车流遇灾变事件时，分流和迂回的较好绕行路线；

② 在新庄至沂源东立交间的 S236 与济青南线的距离也相当接近，相距2～3 km，也将其补充到管理路网；

③ 沂源东至沂源立交之间，新建沂源连接线，与 S329 连成一线，作为管理路网的一部分；

④ 路线 3 因全线相关性较差，不纳入路网，但其中的疏港高速与南线距离较近，考虑到青岛段的交通量较大，江疏港高速纳入路网中。

由此确定管理路网为如图 5－2 所示。

附录 B

表 1　济青南线青岛至莱芜段第二层次管理单元划分及主线信息发布设施布设位置

结点编号	结点编号	单元编号	单元起点立交	单元终点立交	起点桩号	终点桩号	单元长度/km	小型可变信息板 SCMS		大型可变信息板 CMS		F形可变信息板（人口处）	车辆检测器数量/个
								右幅	左幅	右幅	左幅		
0	1	JQ1	青岛(虚结点)	红石崖立交	−K1−050	K0+000	—			建议增设			
1	2	JQ2	红石崖立交	徐村立交	K0+000	K6+044	6.044				K1+220		1
2	3	JQ3	徐村立交	黄山立交	K6+044	K11+904	5.861	K7+000	K10+400	K9+780			2
3	4	JQ4	黄山立交	胶南立交	K11+904	K13+340	1.436					Y	1
4	5	JQ5	胶南立交	里岔立交	K13+340	K29+586	16.246	K14+550	K27+950		K14+710		2
5	Q14	JQ6-1	里岔立交	胶河特大桥	K29+586	K36+937	7.351	K30+120				Y	2
Q1	Q2	JQ6-2	胶河特大桥		K36+937	K37+423	0.486						
Q2	6	JQ6-3	胶河特大桥	辛兴立交	K37+423	K48+707	11.284		K47+500				

续　表

结点编号	结点编号	单元编号	单元起点立交	单元终点立交	起点桩号	终点桩号	单元长度/km	小型可变信息板SCMS		大型可变信息板CMS		F形可变信息板（入口处）	车辆检测器数量/个
								右幅	左幅	右幅	左幅		
6	7	JQ7	辛兴立交	诸城东立交	K48+707	K58+970	10.263	K48+840	K58+000		K57+500	Y	2
7	Q3	JQ8-1	诸城东立交	潍河特大桥	K58+970	K63+307	4.337	K59+200				Y	1
Q3	Q4	JQ8-2	潍河特大桥		K63+307	K64+033	0.726						
Q4	8	JQ8-3	潍河特大桥	诸城立交	K64+033	K65+612	1.579		K65+350				
8	9	JQ9	诸城立交	诸城西立交	K65+612	K83+256	17.644	K67+200	K82+100			Y	2
9	10	JQ10	诸城西立交	孟疃立交	K83+256	K97+443	14.187	K83+400	K97+000		K84+050	Y	2
10	11	JQ11	孟疃立交	杨庄立交	K97+443	K115+204	17.761	K98+800	K113+700	K113+700		Y	2
11	12	JQ12	杨庄立交	马站互通	K115+204	K127+560	12.356	K115+600		Y		Y	2
12	Q5	JQ13-1	马站互通	沭河特大桥	K127+560	K133+117	5.557						
Q5	Q6	JQ13-2	沭河特大桥		K133+117	K134+083	0.996						
Q6	S1	JQ13-3	沭河特大桥	上虎峪隧道	K134+083	K141+257	7.174						
S1	S2	JQ13-4	上虎峪隧道		K141+257	K142+32.5	0.7755						
S2	13	JQ13-5	上虎峪隧道	新庄互通	K142+32.5	K143+999	1.9665	Y	Y		Y	Y	2
13	S3	JQ14-1	新庄互通	黄家峪隧道	K143+999	K153+232.5	9.2335						
S3	S4	JQ14-2	黄家峪隧道		K153+232.5	K154+341	1.108 5						

续　表

结点编号	结点编号	单元编号	单元起点立交	单元终点立交	起点桩号	终点桩号	单元长度/km	小型可变信息板SCMS		大型可变信息板CMS		F形可变信息板（入口处）	车辆检测器数量/个
								右幅	左幅	右幅	左幅		
S4	Q7	JQ14-3	黄家峪隧道	特大桥1	K154+341	K154+787	0.446	Y	Y			Y	2
Q7	Q8	JQ14-5	特大桥1		K154+787	K155+933	1.146						
Q8	14	JQ14-6	特大桥1	张家坡互通	K155+933	K156+280	0.347						
14	S5	JQ15-1	张家坡互通	亳山峪隧道	K156+280	K160+175	3.895						
S5	S6	JQ15-2	亳山峪隧道		K160+175	K160+882.5	0.707 5						
S6	15	JQ15-3	亳山峪隧道	沂源东互通	K160+882.5	K177+601	16.7185	Y	Y			Y	2
15	16	JQ16	沂源东互通	沂源互通	K177+601	K187+341	9.740	Y	Y			Y	2
16	Q9	JQ17-1	沂源互通	田庄水库Ⅰ号特大桥	K187+341	K188+562	1.221	Y	Y	Y		Y	2
Q9	Q10	JQ17-2	田庄水库Ⅰ号特大桥		K188+562	K189+318	0.756						
Q10	S7	JQ17-3	田庄水库Ⅰ号特大桥	沂源隧道	K189+318	K190+125	0.807						
S7	S8	JQ17-4	沂源隧道		K190+125	K191+817.5	1.692 5						
S8	Q11	JQ17-5	沂源隧道	田庄水库Ⅱ号特大桥	K191+817.5	K192+072	0.2545				Y		
Q11	Q12	JQ17-6	田庄水库Ⅱ号特大桥		K192+072	K193+248	1.176						

续 表

结点编号	结点编号	单元编号	单元起点立交	单元终点立交	起点桩号	终点桩号	单元长度/km	小型可变信息板 SCMS		大型可变信息板 CMS		F形可变信息板(入口处)	车辆检测器数量/个
								右幅	左幅	右幅	左幅		
Q12	17	JQ17-7	田庄水库Ⅱ号特大桥	沂源西互通	K193+248	K201+845	8.597						
17	S9	JQ18-1	沂源西互通	东铁车隧道	K201+845	K210+030	8.185						
S9	S10	JQ18-2	东铁车隧道		K210+030	K210+842.5	0.8125	Y	Y			Y	2
S10	S11	JQ18-3	东铁车隧道	城岭隧道	K210+842.5	K212+540	1.6975			Y			
S11	S12	JQ18-4	城岭隧道		K212+540	K214+475	1.935						
S12	18	JQ18-5	城岭隧道	辛庄互通	K214+475	K217+375	2.9				Y		
18	Q13	JQ19-1	辛庄互通	特大桥 2	K217+375	K223+347	5.972	Y	Y	Y		Y	2
Q13	Q14	JQ19-2	特大桥 2		K223+347	K224+103	0.756						
Q14	19	JQ19-3	特大桥 2	莱芜枢纽	K224+103	K224+762	0.659						
19	55	JQ20	莱芜枢纽	济南（虚结点）	K224+762	—					Y	Y	2

注：a：不同行车方向管理单元编号可加"Y"或"Z"区别，分别代表右线或左线，如JQ2的右线：JQY2，左线：JQZ2；b：标注"Y"代表单元间存在相应的信息板设施，具体桩号位置有待确定。

表 2　济青南线 CMS 诱导区域划分

编　号	CMS 位置		诱导区域	
	右　幅	左　幅	右　幅	左　幅
CMS01	－K1－050		结点 1→结点 3	
CMS02		K1＋220		结点 1→结点 0
CMS03	K9＋780		结点 3→结点 8	
CMS04		K14＋710		结点 4→结点 1
CMS05		K57＋500		结点 6→结点 4
CMS06	K64＋500		结点 8→结点 11	
CMS07		K84＋050		结点 9→结点 6
CMS08	K113＋700		结点 11→结点 12	
CMS09	Y		结点 12→结点 17	
CMS10		Y		结点 12→结点 9
CMS11	Y		结点 17→结点 18	
CMS12		Y		结点 16→结点 12
CMS13	Y		结点 18→结点 19	
CMS14		Y		结点 17→结点 16
CMS15	Y		结点 19→结点 55	
CMS16		Y		结点 19→结点 17

注：其中－K1－050 和 K64＋500 为建议增设的 CMS；CMS09—CMS16 的具体位置有待查证。

表 3　属性符号汇总

符　号	说　　明	符　号	说　　明
LS1	管理单元道路设施类型	LS8	桥梁检测
LS2	普通路段道路线形	LS9	养护系统
LS3	普通路段路面使用状况属性	LS10	隧道线形
LS4	普通路段视距	LS11	隧道横向连接通道
LS5	普通路段沿线景观优劣属性	LS12	隧道路面使用状况
LS6	桥梁线形属性	LS13	隧道洞口景观
LS7	桥梁路面使用状况	LS14	隧道机电通风设施

续 表

符 号	说 明	符 号	说 明
LS15	隧道照明设施	LS37	车道宽度
LS16	隧道交通监控子系统	LS38	侧向净空
LS17	隧道通风监控子系统	LS39	车辆检测器布设
LS18	隧道照明监控子系统		
LS19	隧道火灾监控子系统	LD1	车流密度
LS20	匝道线形	LD2	流量
LS21	匝道类型	LD3	运行速度
LS22	立交路面使用状况	LD4	车头间距
LS23	立交主线线形	LD5	自由流车速
LS24	交通防护和隔离设施	LD6	能见度
LS25	防眩设施	LD7	降雨强度
LS26	视线诱导设施	LD8	结冰面积率
LS27	标志标线及信息板设施	LD9	积雪厚度
LS28	监控设施	LD10	气温
LS29	信息设施	LD11	风速
LS30	警报设施	LD12	事故等级
LS31	管理单元长度	LD13	水膜厚度
LS32	管理单元公路等级	LD14	路面附着系数
LS33	管理单元车道数	LD15	可视距离
LS34	设计车速	LD16	反应时间
LS35	阻塞密度	LD17	通行能力属性
LS36	年平均日交通量		

参考文献

[1] 交通概况[EB/OL]2007－10－11 http://www.moc.gov.cn.

[2] http://www.gs.xinhuanet.com.

[3] 山东省公路基本情况[EB/OL]http://www.sdgl.gov.cn.

[4] 山东高速调研报告[EB/OL]http://finance.sina.com.cn.

[5] 高速公路丛书编委会.高速公路运营管理[M].北京：清华大学出版社，2004.

[6] Wang Xiao-fei, Liu Ben-ming, Guo Zhong-yin. System of Freeway Network Management for All-circumstance Safety Operation [C]//2006 6th International Conference on ITS Telecommunications Proceedings.

[7] 齐莹菲.基于GIS的高速公路网运营安全管理系统研究[D].2007.3.

[8] 何向明.2004年安全生产领域道路交通事件成为"第一杀手"[J].商用汽车，2005(2):100.

[9] http://www.hsisinfo.org.

[10] U.S. Department of Transportation. Federal Highway Administration: An Introduction to Standards for Road Weather Information Systems[M]. 2002.

[11] Paul Pisano. Best Practices for Road Weather Management U.S. DOT [M]. Washington: Federal Highway Administration, 2003.

[12] Traffic and Operational Decisions. FHWA Road Weather Management Program, Weather Impacts on Roads[Z]. May 2004.

[13] Cambridge Systematic Inc., Weather-Responsive Traffic Management-Concept of Operations[R]. January 10, 2003.

[14] Paul Pisano, Research Needs for Weather-Responsive Traffic Management[Z]. TRB Annual Meeting, 2004.

[15] Utah DOT Low Visibility Warning System, Montana DOT High Wind Warning System[Z]. Best Practices for Road Weather Management. Version 2.0.

[16] 张丽君.灾害性天气高速公路行车控制标准研究[D].上海：同济大学，2006.

[17] The Federal Highway Administration, Highway Safety Improvement Program(HSIP)[Z]. FHWA-TS-81-218, 1981.

[18] American Association of State Highway and Transportation Officials. Highway Safety Design and Operations Guide 1997[M]. Washington D. C. , 1997.

[19] Geni Bahar, et al. Integrated Safety Management Process. Transportation Research Board, Washington D. C. , 2003.

[20] 纪纲.加拿大高速公路交通管理系统[J].中国公路,2003(22):71-72.

[21] 灾害性天气精确预报示范及高等级公路安全技术工作会议.瑞典公路天气信息系统简介[C].上海:市政管理局 & 气象局,2004.

[22] Corridor Traffic Management,2005-12-27. http://ops. fhwa. dot. gov.

[23] The Colorado Department of Transportation Safety and Traffic Engineering Branch. Guidelines for Developing Traffic Incident Management Plans for Work Zones[Z]. September 2003.

[24] 于春全.北京市道路交通流实时动态信息系统的研究[J].交通运输系统工程与信息,2002,2(8):22-28.

[25] http://www. szyouth. org. cn, 2006-2-22 .

[26] http://www. highway. sh. cn, 2005-12-8.

[27] http://www. shanghai. gov. cn, 2005-6-29.

[28] 郭忠印课题组.高速公路灾害性天气事件预防管理系统研究[R].上海:同济大学,2005.

[29] 张仲仁.异常气象条件下的安全驾驶方法[J].公路交通科技窗,2005(5):28-29.

[30] 王晓飞,柳本民,郭忠印.并列型高速公路安全管理路网构建[M].第七届世界华人交通运输学术会议论文集,上海:同济大学出版社,2007.

[31] 樊军.灾变条件下公路重大交通基础设施运营安全对策研究[D]. 2007.

[32] http://www. chinahighway. com, 2003-10-28.

[33] 杨兆升,初连禹.动态路径诱导系统的研究进展[J].公路交通科技,2000, 17(1):34-38.

[34] 杨兆升,赛峰,胡坚明.城市交通流诱导系统理论模型和实施技术研究——智能运输系统重要研究内容[J].道路交通与安全,2003,(6):9-14.

[35] 杨兆升.城市交通流诱导系统理论与模型[M].北京:人民交通出版社,2000.

[36] 陈洪亮,张保忠.交通路线诱导系统及其技术发展跟踪[J].中国公路学报,1996, 9(2):84-89.

[37] VICE Homepage. http://www. vics. or. jp/english/.

[38] Nobuo Nishi, Etsuji Kuroda, Akio Uekawa. Evaluation for Effectiveness of CDRGS[C]. //Proceedings of the 4th World Congress on ITS, Berlin, 1997.

[39] Homepage of ADVANCE Project: http://ais. its-program. ani. gov/.
[40] Glenn D. Lyons, Mike McDonald. Traveler information and the Internet[J]. Traffic Engineering Control, 1998(1): 24 - 32.
[41] Intelligent Transportation Systems in the Transportation Equity Act for the 21st century[EB/OL]. http://www. its. dot. gov/tea2l/tea21 bro. pdf.
[42] http://www. china67. com/technic/detail. php? id=104.
[43] http://www. traffic2000. com. cn/cannel/general/tech/7. htm.
[44] http://www. cnbeb. com/news-market. asp? ID=785.
[45] 刘冰,邹南吕. 汽车自动定位和导航系统[G]. 97 北京智能交通系统发展趋势国际学术研讨会论文集,1997: 199 - 202.
[46] 邵敏华,孙立军. 公路管理单元动态划分技术与数据模型研究[J]. 同济大学学报. 2004. 3.
[47] 杨少伟. 道路立体交叉规划与设计[M]. 北京: 人民交通出版社,2000.
[48] 盛彦婷. 高速公路出入口区域行车安全性的仿真分析[D]. 2007.
[49] 张小东. 高速公路出入口安全性分析[D]. 2005.
[50] 杨少伟,徐岳主编. 高速公路立交工程[M]. 北京: 人民交通出版社,2001.
[51] 刘思峰,等. 灰色系统理论及其应用(第三版)[M]. 北京: 科学出版社,2004.
[52] 胡永宏,贺思辉. 综合评价方法[M]. 北京: 科学出版社,2000.
[53] 张俊友. 高速公路交通控制与诱导方法的研究[D]. 中国农业大学,2005.
[54] 卢开澄,卢华明. 图论及其应用[M]. 北京: 清华大学出版社,1995.
[55] 谭云江. 路网节点间空车调配模型与算法研究[D]. 西南交通大学,2006.
[56] 陈森发. 网络模型及其优化[M]. 南京:东南大学出版社,1992.
[57] 陈宽民,严宝杰. 道路通行能力分析[M]. 北京: 人民交通出版社,2003.
[58] 彭祖增,孙韫玉. 模糊(Fuzzy)数学及其应用[M]. 武汉: 武汉大学出版社,2002.
[59] 裴玉龙,张亚平. 道路交通系统仿真[M]. 北京: 人民交通出版社,2004.
[60] 金冶富. 道路交通规划与组织[M]. 北京: 中国人民公安大学出版社,2004.
[61] [苏] B. Φ. 巴布可夫教授主编,道路条件与交通组织[M]. 祁振庆译. 北京: 中国建筑工业出版社,1983.
[62] 蒋锐. 高速公路基本路段交通安全分析[D]. 福建农业大学,2005.
[63] 陈胜营,汪亚干,张剑飞. 公路设计指南[M]. 北京: 人民交通出版社,2000.
[64] 徐吉谦. 交通工程总论[M]. 北京: 人民交通出版社,2000.
[65] Haglund M, Abergl. Speed choice in relation to speed limit and influence from other drivers[J]. Transportation Research Part F,2000,34: 39 - 51.
[66] 臧华,彭国雄. 高速道路异常状况下车辆排队长度的预测模型[J]. 交通与计算机, 2003. 3.

[67] 郭忠印，方守恩等. 道路安全工程[M]. 北京：人民交通出版社，2003.

[68] 沙庆龄. 高速公路沥青路面早期破坏现象及预防[M]. 北京：人民交通出版社，2001.

[69] Christopher K. Kennedy, Arthur E. Young, and Ian C. Butler. Measurement of Skidding Resistance and Surface Texture and the Use of Results in the United Kingdom [J]. Surface Characteristics of Roadways: International Research and Technologies. ASTM 1031, 1990. pp. 87 - 102.

[70] 沈金安. 沥青及沥青混料的路用性能[M]. 北京：人民交通出版社，2001.

[71] Dowson D. History of Tribology[M]. Longman, London, 1979.

[72] 彭旭东，雷毅，宗长畜，郭孔辉，谢友柏. 冰雪面上汽车轮胎的摩擦学研究[G]. 第七届全国摩擦学大会论文集. 2002.

[73] 彭旭东，雷毅，郭孔辉，谢友柏. 冰雪路面上轮胎摩擦特性的控制方法研究[J]. 北京：中国机械工程，2001. 11.

[74] 彭旭东，孟祥凯，卢荡，郭孔辉，谢友柏. 冰雪路面汽车轮胎摩擦特性研究进展[J]. 摩擦学学报. 2003，23:44.

[75] 周纯秀. 博士论文. 冰雪地区橡胶颗粒沥青混合料应用技术的研究[D]. 哈尔滨工业大学，2006.

[76] 林兆璋，徐金辉，宋纪娣. 气象观测[M]. 南京：南京气象学院出版社，1987.

[77] 中央气象局. 地面气象观测规范[M]. 北京：气象出版社，1979.

[78] 李百川. 汽车驾驶员适宜性检测及评价[M]. 北京：人民交通出版社，2003.

[79] 范 • 波莫，德 • 波尔. 道路照明[M]. 林贤光，李景色译. 轻工业出版社，1990.

[80] 瞿佳. 视光学理论和方法[M]. 北京：人民卫生出版社 2004.

[81] 杨公侠，杨旭东. 不舒适眩光与不舒适眩光评价[J]. 照明工程学报，2006，17(2).

[82] 于连栋，刘巧云，丁苏红，等. 失能眩光形成机理的研究[J]. 合肥工业大学学报：自然科学版[M]. 北京：2005，28(8)：8.

[83] 项震，照明眩光及眩光后视觉恢复特性[J]. 照明工程学报，2006，13 (2)：1 - 4.

[84] 张雨化. 道路勘测设计[M]. 北京：人民交通出版社，2000.

[85] 王炜，过秀成. 交通工程学[M]. 南京：东南大学出版社，2000.

[86] 任福田，刘小明. 交通工程学[M]. 北京：人民交通出版社，2003.

[87] 张起森，张亚平. 道路通行能力分析[M]. 北京：人民交通出版社，2002.

[88] 美国交通研究委员会专题报告. 道路通行能力手册[M]. 任福田译. 北京：中国建筑工业出版社，1991.

[89] Transportation Research Board. Highway Capacity Manual 2000[J]. Tr News, 1997, 1(1 - 2): 5 - 7.

[90] 交通部公路司，中国工程建设标准化协会公路工程委员会，中华人民共和国行业标准，JTG B012003 公路工程技术标准[S]. 北京：人民交通出版社，2003.

[91] 华杰工程咨询有限公司. 公路项目安全性评价指南(JTG/T B05—2004)[M]. 北京：人民交通出版社，2004.

[92] 罗霞，杜进有，陈应文. 混合车流交通流特性分析[J]. 西南交通大学学报，2000，35(3)：297－300.

[93] 陆鼎中，程家驹. 路基路面工程[M]. 上海：同济大学出版社，1999.

[94] 王文武，李迁生. 高速公路安全管理[M]. 北京：人民交通出版社，2001.

[95] 陆化普，史其信，殷亚峰. 动态交通分配理论的回顾和展望[J]. 公路交通科技，1996，13(2)：34－43.

[96] 佐佐木纲，饭田恭敬. 交通工程学[M]. 邵春福，杨海，史其信，等译. 北京：人民交通出版社，1994.

[97] 王晓飞，郭忠印. 基于路段二级模糊评判的路网运营安全性研究[J]. 同济大学学报(自然科学版)，2007，35(12)：1632－1636.

[98] 李晶，徐广勇，刘丽. 双车道自由流车速分析[J]. 辽宁省交通高等专科学校学报，2003.5 (4)：627/22.

[99] Drakopulos A，MR Shrestha，Ornek E. Freeway Crash Timeline Characteristics and Uses[J]. Transportation Research Record 1748，2001，132－143.

[100] 李作敏主编. 交通工程学[M]. 北京：人民交通出版社，2000.

[101] Idia Y，Asakura Y，Tanaka H. Optimal On-rump traffic Control Method for Urban Expressway Network with Multiple Routes [J]. Proceedings of infrastructure Planning，1986，12B:305－312.

[102] Idia Y，Hasegawa T，Asakuray，et al. A Formulation of on-ramp traffic control system with route guidance for urban expressway[A]. IFAC/IFFIP/IFORS-sixth International Conference on Control in Transportation systems[C]. France，Paris，1989. 229－236.

[103] Yang H，Yagar S，Idia Y，et al. An Algorithm for the Inflow Control Problem on Urban Freeway Networks with user optimal flows[J]. Transportation Research，1994，28B：123－139.

[104] 宋一凡，高自友. 城市高速公路网络入口流量控制的双层规划模型及求解算法[J]. 北方交通大学学报，1999，23(3)：86－89.

[105] 谭满春，高速公路网动态交通分配离散模型与算法[J]. 暨南大学学报(自然科学版)，2002，10：1－4.

[106] 陆化普，交通规划理论与方法[M]. 北京：清华大学出版社，1998.

[107] 马寿峰，卜军峰，张安训. 交通诱导中系统最优与用户最优的博弈协调[J]. 系统工程学报，2005，2：30－37.

[108] 甘应爱，田丰，李维铮等. 运筹学[M]. 北京：清华大学出版社，2005.

[109] 卜月华，吴建专，顾国华等. 图论及其应用[M]. 南京：东南大学出版社，2002.

[110] 王炜. 多路径交通分配模型的改进及节点分配算法[J]. 东南大学学报，1994，24(6)：21-24.

[111] 王炜. 路段交通量与 O—D 出行量互算关系的研究[J]. 南京工学院学报，1988，18(1)：68-79.

[112] 施锡拴. 博弈论[M]. 上海：上海财经大学出版社，2000.

[113] Mahmassani H N, et al. Development and testing of dynamic traffic assignment and simulation procedures of ATIS/ATMS application[R]. Technical Report TFH61-90-C-00074-FG. U. S. Department of Transportation.

[114] 姜桂艳. 道路交通状态判别技术与应用[M]. 北京：人民交通出版社，2004.

[115] 史忠科，黄辉先，曲仕茹，等. 交通控制系统导论[M]. 科学出版社，2003.

[116] Allsop RE. Some possible using traffic control to influence etrip distribution androute choice[A]//Proceedings of 6th International Symposium on Transportation and Traffic Theory[C], 1974. 345-374.

[117] Mather M J, et al. There-distributional effects of an area control policy [J]. Traffic Engineering and Control, 1975, 16(9): 383-385.

[118] Gartner N H. Area traffic control and network equilibrium [A]. Proceedings of International Symposium on Transportation Equilibrium Method, 1976, 95-110.

[119] 裴玉龙，王炜. 道路交通事件成因及预防对策[M]. 北京：科学出版社，2004.

[120] 郭忠印课题组. 高速公路安全性评价与对策研究[R]. 上海：同济大学学院，2005.

[121] 刘伟铭，杨兆升. 高速公路系统控制方法[M]. 北京：人民交通出版社，2002.

[122] 徐学才，刘澜. 事件自动检测算法的比较及评估[J]. 交通科技与经济，2004，6(2)：42-44.

[123] 谭光莉，姜紫峰. 高速公路事件自动检测算法的研讨[J]. 西安公路交通大学学报. 1999(3)：55-57.

[124] 杨耀华，李昕等. 高速公路事件检测系统及算法[J]. 公路交通科技. 2003，20(3)：133-136.

[125] 孙桂林，隋鹏程. 系统可靠性与风险分析[M]. 北京：北京经济学院出版社，1987.

[126] 路线技术指标运用均衡性评价方法研究报告二[R]. 上海：同济大学，2004.

[127] 姚祖康. 路面管理系统[M]. 人民交通出版社，1993.

[128] 刘运通. 道路交通安全指南[M]. 北京：人民交通出版社，2004.

[129] 王文武，李迁生. 高速公路安全管理[M]. 北京：人民交通出版社，2001.

[130] 马壮林. 高速公路交通事件分析及预防对策[D]. 西安：长安大学. 2006.

[131] 贺春宇，乔宗昭，沈婕青. 隧道横向连接通道设置[J]. 地下工程与隧道. 2005(3)：53-56.

[132] 吕康成.公路隧道运营设施[M].北京：人民交通出版社，1999.
[133] 陈双林.立交桥设计中的若干问题[J].道路交通.2006(3)：6-8.
[134] 刘朝晖，秦仁杰.公路环境与景观设计[M].北京：人民交通出版社，2003.
[135] 石茂清.恶劣气象条件下的道路交通安全研究[S].交通与安全.交通标准化.2005.
[136] 刘剑，贾进章，郑丹著.流体网络理论[M].北京：煤炭工业出版社，2002.
[137] 王殿海.交通流理论[M].北京：人民交通出版社，2005.

后 记

时光如水，日月如梭，转眼间三年的博士学习生涯已然结束，回首过去的一千多个日日夜夜，感叹万千……

本书从开题至定稿，都倾注了导师郭忠印教授悉心指导。郭老师广博的知识、开阔的视野，令学生“仰之弥高，钻之弥坚”；郭老师严谨的治学作风，崇高的敬业精神、平易近人的待人风格和坦荡的胸襟将是学生终生的榜样和追求的目标；郭老师对学生的关心和爱护，学生将永铭于心。

感谢柳本民老师、高建平老师、孔令旗老师、杨群老师、丛林老师、陈崇驹老师、毛菊良等老师给我的帮助，使我不断的进步。

感谢师兄弟姐妹们给我学习上的灵感和生活中的乐趣，并衷心祝愿课题组能够永葆团结、向上和进取之风，取得更大成就！感谢梅明为老师在日常生活中对我的关心。感谢阎莹和马艳，无论在生活中还是在学习中，总是给我最真诚的帮助和祝福，不会忘记深夜里强顶着瞌睡一遍遍听我的试讲，不会忘记分享的一锅锅热腾腾的美食……感谢徐晓冰、胡莲、张倩、田欣、邱艳华、梁峰等，在上海一起度过的日子永远难以忘怀！

深深感谢生我鞠我、顾我复我的父母王维生、单甩琴，感谢给我无私关爱的公公婆婆李田林、刘爱珍，欲报之德，昊天罔极。感谢在我学习、生活中不断给予我鼓励、帮助和启发的姥爷聂森堂和姥姥何振爱。

感谢我的爱人李新伟，给我最真诚的支持和理解，未知之路，有你无恐！

王晓飞